河南省科学技术协会资助出版·中原科普书系
河南省“四优四化”科技支撑行动计划丛书

密码：
农产品质量安全
溯源码研究及应用

MIMA:
NONGCHANPIN
ZHILIANG ANQUAN
SUYUANMA
YANJIU JI YINGYONG

汪懋华　丛书主编
张　伏　屈　哲　主　编

中原农民出版社
·郑州·

图书在版编目（CIP）数据

密码：农产品质量安全溯源码研究及应用 / 张伏，屈哲主编. —郑州：中原农民出版社，2022. 12

ISBN 978-7-5542-2721-3

Ⅰ. ①密… Ⅱ. ①张… ②屈… Ⅲ. ①信息技术-应用-农产品-质量管理-安全管理-研究 Ⅳ. ①F326. 5-39

中国国家版本馆 CIP 数据核字（2023）第 001108 号

密码：农产品质量安全溯源码研究与应用

MIMA：NONGCHANPIN ZHILIANG ANQUAN SUYUANMA YANJIU YU YINGYONG

出 版 人：刘宏伟
策划编辑：段敬杰
责任编辑：苏国栋
责任校对：李秋娟
责任印刷：孙　瑞
美术编辑：杨　柳
封面设计：吴丹青　薛　莲
版式设计：杨　柳

出版发行：中原农民出版社
　　　　　地址：郑州市郑东新区祥盛街 27 号　　邮编：450016
　　　　　电话：0371-65788819（发行部）　　0371-65788651（天下农书第一编辑部）
经　　销：全国新华书店
印　　刷：河南奈斯数字科技有限公司
开　　本：787 mm×1092 mm　1/16
印　　张：14. 5
字　　数：244 千字
版　　次：2023 年 3 月第 1 版
印　　次：2023 年 3 月第 1 次印刷
定　　价：39. 00 元

编 委 会

主　编　张　伏　屈　哲

副主编　张亚坤　王甲甲　刘颖华

参　编　史小磊　李晓鹏　张　辉　郭惠明

崔夏华　贾文峰　张朝臣　滕　帅

前　言

食品安全关系到人民群众的健康和生命安全，关系到社会的和谐稳定。而农产品作为食品生产中的主要原材料，其质量管理显得尤为重要。在加强对农业生产的监督和管理上，通过各级政府的积极作为，我国农产品的质量安全水平显著提高。但目前，我国农业生产经营管理体系还处于较低水平，严重影响了农产品的质量安全。此外，随着人们生活水平的稳步提高与安全消费意识的增强，农产品质量安全受到人们越来越多的关注。一方面，消费者有权利了解农产品供应链的信息；另一方面，供应商也迫切需要找到一条解决农产品的信息获取、农产品质量安全监督、农产品安全问题的预防与处置的渠道。当前，由于我国农业产前、产中、产后三个阶段的监管体系尚不健全，且大部分产品的生产与经营方式较为分散，导致了许多产品出现了质量问题，如三聚氰胺奶粉、苏丹红超标食品等。消费者基于这些事件对农产品的质量安全提出了新的要求，希望相关部门能完善现有管理体制，推出卓有成效的解决手段来保障农产品的品质安全，以保护人民群众的身体和生命安全。

信息化时代，各个领域都朝着信息化管理的目标迈进，运用信息化技术构建“从田间到餐桌”的全过程监控和追溯的农产品质量安全溯源系统与体系势在必行，这对实现农产品质量安全溯源的信息化管理、监管以及避免农产品质量安全问题的发生具有重要的意义。

本书主要介绍了国内外农产品质量安全及溯源装备应用现状、农产品质量安全及溯源系统与主要质量认证体系，深入分析了我国实行农产品可溯源的必要性，重点介绍了目前常见的农产品质量安全检测和溯源技术，包括追溯编码技术、离子电极传感器技术、光谱无损检测技术、机器视觉检测技术、基于物联网的农产品溯源技术等，并详细讨论了蔬菜质量安全溯源系统、水产品质量安全溯源系统、肉类食品加工质量溯源系统的设计分析与实施过程。

本书由张伏、屈哲任主编，张亚坤、王甲甲、刘颖华任副主编，史小磊、李晓鹏、张辉、郭惠明、崔夏华、贾文峰、张朝臣、滕帅参编。第一章由张伏负责编写，第二章和第三章由张亚坤负责编写，第四章和第五章由王甲甲负责编写，第六章和第七章由屈哲负责编写，第八章由刘颖华负责编写，史小磊、李晓鹏、张辉、郭惠明、崔夏华、贾文峰、张朝臣和滕帅负责全书校对工作。张伏、张亚坤、王甲甲、屈哲负责全书的组织和统稿工作。

编者

2022 年 12 月

目录

第一章
绪论

第一节　问题提出与研究的意义

农产品的质量安全关乎国家民生大计。近年来，农产品质量安全问题越来越受到广大人民的关注。

一、农产品质量安全问题

近几年，在提高农产品供给总量、丰富农产品种类以及改善人民健康营养状况方面，我国取得的成就令世人瞩目，农产品质量安全水平有了显著提高。但是，农产品质量安全的风险隐患仍然存在，农产品质量安全问题已经成为人们普遍关心的焦点。我国的农产品质量安全存在着不少问题，这里仅针对农产品的栽培和处理中出现的问题进行讨论。

（一）农产品原料生产培育过程中出现的“工业污染”问题

植物食品原料在种植与培育过程中使用的化肥、农药等化学品，动物在饲养过程中使用的激素等都可能造成食品的工业污染，如饲料中残留的一些性激素、生长激素、兴奋剂（盐酸克伦特罗）及霉玉米中含有的赤霉醇，随着动物性食品被人体摄入、消化吸收，可能致癌和起激素样作用，严重时引起人中毒、死亡等后果。远超正常使用剂量的重金属类微量元素的化学制剂（如锌制剂、铜制剂）可以使猪的毛皮异于正常而发红发亮，这些元素积存超过安全阈值时将对动物产生有害作用，并经由动物性食品，在人体摄入后对人体造成毒害作用。

（二）农产品的处理、存储、运输过程中出现的“添加污染”问题

“添加污染”指在农产品处理过程中超正常剂量或不符合规定使用添加剂、着色剂等造成的污染，在存储运输过程中远超标准用量使用防腐剂等食品污染。

（三）法制体系的不完善引发的问题

我国农业法规存在一些盲点，很多关于农产品安全相关内容的规章制度没有形成一个有机整体，一些法律规定过于笼统而难以操作，部分标准体系严重滞后，一些现有的食品安全标准较低，许多指标远远低于国际标准，许多重要标准尚未制定，这给那些非法生产超低标准和不合格的农产品的人提供了机会。

（四）社会失信成本较低的问题

一些生产者诚信意识不强，失信行为受到的惩罚不够严厉，失信成本过低，再加上缺乏正常的食品安全监管的公共渠道，在农产品安全管理过程中，很难与政府形成协同效应和整体合力。

二、农产品质量安全研究的背景与意义

（一）研究背景

农业发展步入新阶段后，农产品受市场制约明显增强，特别是我国加入世界贸易组织后，农产品的质量安全问题凸显，这成为制约我国农业进一步增长、阻碍农业现代化进程的重要因素。

1.我国农产品出口频频碰壁

加入世界贸易组织后，我国农产品在国际市场上不仅没有因为低价而像想象中那样走红，反而一再被一些国家和地区政府阻挠，直接影响了我国农产品出口创汇。山东省是我国最大的农产品出口省。烟台苹果、寿光蔬菜和家禽养殖在我国相当有名，但2002年年初，山东遭遇了农产品出口的“寒潮”。当时，欧盟以食品安全为由，对中国出口的动物源性食品实施了禁令。结果，山东8万多名农民和许多加工企业的收入大幅减少，直接影响了山东省高达3亿美元的出口收入。

日本对我国农产品加大检验检疫力度，从抽样检验变为批样检验，并实行农业身份证制度，这使得许多山东省出口产品再次遭遇退货。面对更严格的检验标准，我国农产品本身暴露出来的问题更值得反思。

农业发达国家不断设置技术壁垒，严重阻断我国农产品出口。比如，美国食品和药物管理局（Food and Drug Administration，简称FDA）1995年颁布的《加工和进口水产品安全卫生规程》规定，凡出口美国的水产品，其生产加工企业必须实施危害分析与关键点控制（HACCP）管理，并经美国官方机构注册。

2001 年 1 月，FDA 出台新规，将果蔬汁产品强制纳入 HACCP 管理。FDA 已将浓缩果汁的检查项目增加到 26 项。欧盟对茶叶中农药残留采取更为严格的检验措施；不仅需要对农药残留进行检查，还需要对出口国制造商的卫生条件进行检查。日本对从我国进口的大米进行了 104 项检测，此外还要求对鳗鱼和鳗鱼产品进行磺胺类兽药残留和霍乱菌检测，更提出对从我国进口的蔬菜中的农药残留进行 21 项检测。俄罗斯对从我国进口的茶叶提出了十几项质量标准与安全卫生标准。1998 年 9 月，美国农业部签署了一项新法律，要求所有来自我国的木质包装和由我国出入境检验检疫机构签发的木质床上用品必须有证书，证明该包装在进入美国之前已经过热处理或防腐处理，直接导致我国出口美国的 1/3 以上的该种产品被退回。我国出口到欧盟的罐头全部被退回，原因是其中部分罐头的铁盖上有小锈斑。

我国在蔬菜、水果、畜禽、水产品等劳动密集型农产品价格上仍具有比较优势，如苹果和橙子的均价为国际市场的 60%，蔬菜的均价仅为国际市场的 1/8 至 1/5。我国自加入世界贸易组织后，农产品出口理应有较大的增长，但现实情况是，面对各种技术壁垒，我国农产品的这种比较优势逐渐被规模小、技术含量低的弱点所抵消。虽然国外的农产品技术壁垒有贸易保护的因素，但仍要认清我国农产品自身存在的问题。例如部分生产者在农产品生产的过程中缺乏质量规范和安全约束，种蔬菜时大量使用违禁农药、化肥，在生产水产品时则经常性地投喂各种化学制剂，部分肉鸡使用添加剂和药物催熟，在日趋严格的检测标准下，这些都会对我国农产品的比较优势产生致命的冲击。

目前，我国国内市场销售的农药、兽药、化肥、饲料添加剂等生产材料质量参差不齐，一些养殖户难以保证产品质量。这些问题最终将积压到出口企业身上。如果对我国企业在农产品质量标准、检测、监督三大体系上进行指导和规范，农产品的内部竞争力将得到根本提高。

2. 生活质量提高，人民渴望更安全、健康的农产品

我国农村经济已经步入新的阶段，现有农产品供应充足，甚至出现相对过剩的局面，但农产品有效需求量不足。在农业和农村经济结构战略调整的非常时期，工作重心应该放在提高农产品的质量上。实现农产品质量提高，不仅能满足城乡居民生活质量提高需求、扩大出口、全面提高农业和农村经济运行质

量和效益的主要手段，也是推动农业迈上新台阶、为农业可持续发展注入活力和动力的关键，增强抵御市场风险的先决条件。就目前而言，我国农产品的质量与众多消费者的需求和国际前沿水平相比，仍有许多不足。如大多数农产品的档次低下、质量较差，缺少知名产品；一些农产品的农药、兽药残留与其他有毒有害物质超标的问题，严重危及食品安全和人类健康。因兽药残留和其他有毒有害物质超标造成的餐桌污染与中毒事件时有发生，动物食品质量堪忧，如浙江发生的“瘦肉精”中毒，内蒙古使用的“死因不明”羊肉，江西用病死肉加工食品，河北用死鸡加工食品等肉类食品污染等事件。此外，不卫生的注水肉类存在于大部分省市。1999 年，中国主要城市的肉制品合格率低至 64.4%，但到 2021 年年底，中国主要城市的肉制品合格率达到 97.05%。然而动物性产品有害物质残留过多、染病、品控差等问题仍不能忽视。诸如此类的问题不仅影响了国内消费，也钳制了我国畜牧业的发展。

3.世界关注的焦点投向农产品质量安全问题

目前，世界农产品安全形势尚不明朗，主要体现为食源性疾病不断出现、农产品污染事件屡次发生，农产品生产、加工新技术与新工艺带来新危害。世界范围的农产品贸易纠纷不断，其往往是由农产品安全质量纠纷引起的。这些问题严重阻碍各国经济发展与国际贸易。

农产品的质量安全在我国是农业发展的重点，在世界上也备受瞩目。国内外近年来发生的大量食品质量安全问题。例如，新的致病微生物引起的食物中毒，畜牧业兽药滥用，抗生素、激素类化学药剂的负面影响，以及发生在欧洲的牛海绵状脑病事件，发生在亚洲的高致病性禽流感等，都是农产品质量安全的代表性问题。如今，农产品质量安全问题已远远超出传统食品卫生与食品污染的范畴，进而成为人类健康发展的整个食物链的治理问题。为保证农产品质量，世界部分国家搭建了自己独特的农产品质量安全管理体系，从监管体系、法规体系、监测体系、标准检验体系、认证体系等方面确保农产品质量安全，在世界贸易中，农产品将经受更为严格的检验和繁杂的认证。

近年来，各国政府和联合国有关机构也高度重视农产品质量安全。世界卫生组织（世卫组织）将农产品质量安全确定为世界公共卫生领域的重点内容。我国政府还先后在食用安全“菜篮子工程”和国内外食品贸易农产品质量安全问题上多次强调，加强农产品质量安全管理工作，确保农产品质量安全等。这些不仅有利于保护人民群众的健康，而且对我国农业、畜牧业和加工业的发展大有裨益。

本书通过对国外先进质量安全管理体系的比较分析，对我国农产品质量安全进行调查研究，希望能为我国农产品质量安全管理体系的建立和实施提供符合国际标准的质量标准体系的参考，为我国农产品走向现代化、标准化奠定良好的基础。

（二）研究意义

1.农产品质量安全是增强我国农产品世界核心竞争力的重要手段

农产品的竞争力并非一个单一的概念。通常，农产品的竞争力取决于农业生产结构、农民的组织程度、农产品的质量水平、安全卫生水平以及农产品的科技含量。在国际市场农产品竞争日趋激烈的局势下，农产品的生产基地、种植形式和内部质量成为越来越受到关注的重点。从世界市场来看，农产品对市场的争夺已经从产量和价格逐步转变为内部质量等不由价格决定的因素。农产品质量安全水平转变为世界竞争力的重心。面对发达国家不断提高的各种农产品出口质量标准，与国外优质农产品进入我国市场造成的市场争夺局面，为了提升农产品的核心竞争力，我国应趁势加强农产品生产的质量安全治理，逐步完善农产品质量安全规范化体系，提高农产品品质安全水平。

2.农产品质量安全是满足我国人民日益提高的小康家庭生活质量的客观要求

当前，我国居民总体上已经过上小康生活，正稳步向“更高层次的小康生活”迈进。生活水平和生活品质不断提高，食品消费结构不断优化。

人们对食品的要求已经从“吃饱”变成了“吃得好”和“吃得安全舒适”。健康、安全、美味的食品受到人们的喜爱。人们对食品的需求变得更加多样化，质量要求也逐步提高。传统植物性食品占比有所下滑，而肉、禽、蛋、水产品、水果和鲜奶的消费比重却开始攀升，大大丰富了食品的概念。为了提供“营养、健康的食品”，满足人民对美好生活的需要，努力提高农产品质量安全迫在眉睫。

3. 农产品质量安全促进我国农业的持续发展

一段时间以来，农业生态环境恶化和农产品质量安全问题突出，是困扰我国农业进一步发展的两大问题。这两个问题不及时处理或处理不当，可能会相互影响。目前，我国的化肥与农药使用量居世界第一，长期使用农药和化肥，造成了土地的破坏和环境的恶化。此外，高毒性、高残留农药的大规模使用，使粮食、蔬果和部分农产品中有害成分含量增多，若进入餐桌势必危害人们的身体健康。

目前，我国高度重视农产品质量安全问题，努力推动以研发安全食物为中心的新生产模式，取代旧的不合理的农业生产模式，倡导低化学药剂投入量，推崇绿色食品、环保食品、安全农产品。这些举措的实施，将对保护环境资源、缓解农业危害、加强农业的持续发展起到积极作用。

4. 农产品质量安全是增加我国农民收入的可靠途径

我国是一个拥有 14 亿人口的大国，长期以来，为减缓粮食等农产品的出产压力，农业长期以来实行以产量最大化为中心目标的粗放经营模式，单方面地追求农产品的增产而忽视质量。步入 21 世纪，我国农业发展迈上历史新台阶，农产品的产量压力基本缓解，部分主要农产品出现一定程度的结构性过剩，出现了“难卖”现象。普通农产品的现有生产模式的比较利益不断下滑，农民不能相应地增加收入。让农民增收已成为我国当前经济生活中的重要命题。我们认为，通过战略性调整农业结构，大力发展优质、安全的农产品品种，是改善当前农产品“滞销”局面，提高农产品价格，扩大农产品出口创收能力，实现农民增收的现实有效途径。

第二节 研究现状

一、农产品质量安全及溯源装备应用现状

自 20 世纪末，各种工业化科学技术不断精进，从物质角度来看，在提高了劳动效益的同时，也危害了人类健康，如被施用了大量化学制剂的农作物成为危害人类健康的农产品。

为了及时有效地监管农产品质量，保证人民群众的食品安全，需要建设农

产品质量安全溯源系统。农产品质量安全溯源系统旨在建立一个确保农产品生产、流通过程安全的，以市场监管部门为核心的快速应急的农产品监管网络和群控体系。农产品质量安全溯源系统通过正确辨识农产品的信息、记录真实生产过程、传递信息等功能来解决农产品质量安全问题。企业拥有农产品质量安全追溯体系，可借此建立起农产品质量安全的销售供应链，为消费者提供溯源查询的信息，让消费者安心地购买产品。此外，建设农产品质量安全溯源体系，不仅可以帮助企业提高声誉和增强核心竞争力，并且可以成为政府对农产品质量安全监管的重要手段。

农产品，特别是食用农产品的质量安全，不仅与农民收入的高低、农业与农村经济的发展密切相关，而且关乎人民群众的身体健康与生命安全，并影响到国家的农产品质量安全水平。而农产品质量安全溯源系统是能够确保农产品质量安全的有效工具之一。迄今为止，大部分国家的政府机关、各种农产品相关企业与消费者迫切希望建设以农产品供应链为基础的可溯源机制，很多国家已经制定了相关法律法规，以法律法规的形式将溯源体系融入农产品的物流体系中去。在众多发达国家中，进入市场的农产品必须是能够追溯的农产品。要建立农产品质量安全的溯源机制，就要求企业在农产品的生产和加工过程中，必须建立记录农产品生产过程中各个环节的农产品生产档案。

（一）国外农产品质量安全溯源系统的研究现状

自 1990 年，溯源系统在多个国家与地区的农产品质量安全管理中已投入使用。由于发达国家对农产品质量安全的重要性认识得更早一些，相关法规及应用手段也更完善一些。因不同国家的农业发展水平不同，其农产品质量安全监管体系呈现不同的特点。

美国是由三个部门分别负责，农业部（USDA）负责农作物食品、肉和禽类产品的品质安全，食品药品管理局（FDA）负责管理美国的国产和进口食品安全，除肉类和家禽之外，环境保护署（EPA）则负责饮用水、新农药和毒药、废物等的安全，并为农药和环境化学品制定残留限量和法规。此外，美国还出台了很多法律法规，对农产品质量安全进行全面监测和监管。

欧盟食用农产品的质量安全管理体系是由欧盟委员会、各成员国、生产者和经营者联合构成的体系。《欧盟食品安全白皮书》确立了基于从农场到餐桌全过程控制原则的食品安全监测理念，能确保农产品生产和销售的透明度。食物安全法规和标准也提出了原则要求。

在日本，为了消除人们对农产品质量安全的疑虑，通过对进入市场的农产品采用条码技术详细记录各种数据（包括产地、采摘日期、加工地等信息）。这样消费者就能够全面了解所要购买的农产品的详细情况。日本的农产品质量安全管理体系是由劳动省、农林水产省和食物安全委员会全权负责。

韩国通过有机结合农产品及相关信息，对超过一千种农产品实行“农产品生产简历 ID 卡”，并依据相关法规进行从宏观到微观的调整与把控，将农产品从生产基地到餐桌的质量安全全过程呈现给消费者。韩国农林畜产品食品部也投入了大量的物力人力，并将网络化销售体系也融入其中，取得了理想效果。

国家牲畜标识计划是澳大利亚的家畜识别和可溯源系统，是一个永久性的识别系统，可追踪家畜从出生到屠宰的全部过程。耳朵标记或瘤胃标识球用来认证每头家畜，家畜售卖转移时，从农场到寄养销售场或屠宰场的移动过程将由射频身份读取器读取并在数据库中记录。该方法的优势体现为，通过将家畜身体信息与家畜个体生产数据相关联，大大改良了管理和育种的决断能力，既满足消费者需求，也提高了家畜记录的准确性。

（二）我国农产品质量安全溯源系统的研究现状

溯源系统在我国较早出现，但在农产品质量安全上的应用起步较晚。21 世纪伊始，国家农业信息化工程技术研究中心组织制定了农产品质量安全追溯体系。这些可追溯性系统根据生产标准、信息技术和专题网站，为农产品的质量追溯性提供全面的服务，如中国食品（产品）安全追溯平台（图 1-1）是国家发改委确定的重点食品质量安全追溯物联网应用示范工程，主要针对国家食品生产企业，实现食品追溯、防伪及监管。它由中国物品编码中心建设运行维护，供政府、企业、消费者和第三方机构使用。国家平台接收 31 个省级平台上传的食品（产品）质量监管与追溯数据；完善并整合条码基础数据库、QS（Quality Safety，食品生产许可）、监管抽查数据库等质检系统内部现有资源（分散存储、互联互通）；通过对食品企业质量安全数据的分析和处理，实现信息公示、公众查询、诊断预警、质量投诉等功能。

图 1-1　中国食品（产品）安全追溯平台

北京是我国承担农产品质量安全试点的城市之一，2009 年成立了北京农产品质量安全学会，并召开了第一届会员代表大会，努力为北京市农产品质量安全保障体系建设提供服务，按照开发建设农产品质量安全体系的需要，大力举办学术交流和科普活动，为生产质量安全管理体系建设做出贡献。2016 年，随着消费者安全意识的不断提高和国家有关政策的实施，北京市农产品质量合格率达到 97.2%，全市新增无公害农产品认证 556 项、绿色食品 7 项、有机农产品 59 项，“三品”比例不断提高，确保全年无重大农产品质量安全事故发生，并保持北京市农产品质量合格率居全国前列。北京市将专项整治作为中心，加大农产品质量安全监管力度，并将重点风险管理转向综合风险控制。同时，北京市农产品质量安全追溯体系也广泛应用于各种企业和消费者，如在北京市农业农村局的食品农产品质量安全追溯体系中，产品可追溯性代码位于产品包装的条形码标签上，消费者只需输入产品追溯码，点击“查询”即可获取详细的产销简历信息。

上海市近年来将焦点投向主要农产品的质量安全溯源体系的建设，以生产源头、市场流通、政府监控、服务市民 4 个方面作为切入点，创建了包含从生产基地、批发市场到超市、到餐桌的全过程的农产品追溯系统，如在生产源头，以规模化生产的农民合作社和农业企业为依托，以一系列包含溯源条形码管理功能的生产档案管理系统作为基础的数据源，结合农产品的生产标准化、HACCP 的数值化管理，对农作物生产、买卖全程进行记录。在流通环节，批发市场的经营管理系统和蔬菜加工配送信息系统在信息链中起着重要的作用，以条形码或射频技术（RFID）所记录的编码信息为线索，将质量安全信息逐步传输到终端消费市场。消费者、企业和政府监管部门可以从上海市食品安全信息追溯平台的数据库中提取数据，查询有关食品质量安全的详细信息，如产地、用药、收获、检测等。2010 年上海世博会期间，为进一步保证农产品的质量安全，全国各地农业部门按照农业部的统一部署和要求，认真组织了进博会农产品质量安全监管制度。当地农业部门及时制订工作计划，细化监管任务和要求，以审批和准入为重点，加强农产品质量安全的可追溯性。所有供应上海农产品的农业生产基地均已纳入监管范围，严格执行“一备一试一标志”的标准，严格核查原产地信息。

南京市农产品质量安全建设和监督工作一直走在我国同类城市的前列。2020 年，南京市先后投资 1 000 多万元，建成了蔬菜、畜产品、水产品和农业环境质量安全检测站，还在农产品生产基地设置 25 个蔬菜质量安全田头检测室、4 个池塘水产品质量安全塘口检测室，在国内首先建成农产品质量安全 IC 卡智能监管体系，形成了“产品审批、市场准入、标志追溯、实时监控、食用安全”的农产品质量安全监管运行模式。南京市将查询平台和管理平台完全分开。未来，消费者可以直接了解他们在农贸市场购买的农产品的来源信息，看到无公害产品的销售“地图”。这种触摸式多媒体 IC 卡查询系统具有直接为消费者提供溯源查询、地理查询、产品产地信息查询、引导购物信息查询、政策法规查询、监管信息查询等功能。例如，如果消费者想知道产品来自哪个批发市场以及生产地点，他可以在查询机上输入产品的 12 位代码。但目前只能查询有 IC 卡号的农产品。

深圳市是农业部首批实施“无公害食品行动计划”的 4 个试点城市之一。2004 年，深圳市在批发市场的菜农菜商中推行“IC 卡计算机信息管理系统”。该系统将菜农菜商的详细信息记录在 IC 卡中，通过识别条码读取批发市场信息，可以识别蔬菜是否来自农产品质量管理部门认定的生产基地，能及时读取生产基地信息和信用记录，追踪有毒蔬菜来源，对农药污染率进行统计分析，建立监控档案，实现农产品质量安全的可追溯性。系统推行后，全市蔬菜不合格率由试点前的 26% 下降至 10% ，蔬菜质量安全水平总体上显著提升。

山东省将自身情况与国家统一的农产品质量安全监控体系要求进行了分析对比，针对本身特殊的农业发展要求，建立了农业产品质量安全监测体系，覆盖农业生产、加工、流通各环节。2011 年，国家质检总局公布了首批 25 个重点推广出口食品和农产品质量安全典型示范区名单，山东拥有 10 个，数量居全国第一。山东省于 2005 年开始试行出口农产品质量安全区域管理模式，目前这种管理模式已覆盖全省。截至 2021 年 9 月 5 日，山东共有地理标志认证商标 844 个，居全国第一，对促进农产品加工销售、增加农民收入起到了重要作用。国家条码推进工程办公室自 2004 年 6 月起在山东省潍坊市寿光田苑和洛城蔬菜基地实施“蔬菜安全可追溯性信息系统研究与应用示范工程”，该项目从源头把握质量，实行农产品市场准入制度、识别召回制度，采用电子拍卖、网上销售等电子商务模式，结合农业供应链进行跟踪和追溯研究，建立无公害蔬菜质量追溯体系。

国家食品药品监督管理局等 8 个部门于 2004 年确定在肉类行业开始食品安全信用体系试点建设，启动肉类食品追溯体系和体系建设项目，试点相关任务包括制定适合我国国情的技术标准和管理规范，制定《肉类制品跟踪与溯源应用指南》和《生鲜产品跟踪与溯源应用指南》、建立我国肉制品及鲜肉食品追溯体系、制订肉类食品追溯应用解决方案等。

综上所述，建立健全的农产品质量安全溯源系统已成为各个城市解决民生问题的重要举措之一，同时也是我国食品安全战略实施和人民群众舌尖上的安全的重要保障。

二、农产品质量安全及溯源装备开发研究

近年来，农产品的质量安全和可追溯性问题已成为农业生产中人们关注的焦点。农产品的质量安全关系到人们的身体健康和生命安全，关系到经济发展和社会稳定；同时，农产品的质量安全也是举世瞩目的关键问题，关系到农产品的国际竞争力和国家声誉。农产品质量安全的管理、检测和追溯已成为基础农业、食品科学、农业工程等诸多领域的共同热点。因此，尽快建立和实施农产品质量安全追溯体系势在必行。

20世纪70年代以来，食品安全问题日益突出，食源性疾病危害较大。在国际上，牛海绵状脑病、高致病禽流感等疾病相继暴发和蔓延。在我国，出现了劣质奶粉、有毒奶粉等食品质量事件，食品安全问题引起广泛关注。追溯体系建设作为农产品质量安全管理的有效手段越来越受到国家重视。因此，农产品质量安全可追溯系统的重要性不言而喻。

鉴于发展趋势，我国应逐步建立和实施农产品质量安全追溯体系。目前，我国农产品质量安全的主要问题之一是市场信用缺失。消费者无法分辨哪些是安全农产品，生产者和经营者也因管理分散、产品标签管理不规范而无法承担责任。因此，为了保证农产品的质量安全，就必须推进农产品质量安全追溯体系，加强源头监管，明确责任主体。

沈阳市标准化研究院建立农产品质量安全追溯体系。按照生产、运输到销售各环节相互追溯的原则，对沈阳市的重要农产品，如肉、蛋、禽、蔬菜、水果、谷物等从生产、加工、运输、销售的全过程质量控制技术进行系统研究。该系统包括条码技术、识别读取技术、计算机信息网络技术，主要由企业管理信息系统、农产品质量安全追溯数据平台和超市终端查询系统组成。系统全力实现生产监控、条码识别、网络查询的系统化管理，建立农业生产、加工、运输、管理的记录体系。

沈阳市标准化研究院建立的农产品质量安全追溯系统由数据输入、查询、报表、统计、发布等功能模块组成，通过各功能模块的运行，对农产品生产、加工、运输、储存、销售的全过程进行追溯。

该系统选定沈阳市几家有代表性的企业，如辽宁中稻股份有限公司、辽宁新大地食品有限公司作为试点，对农业生产、加工、运输、仓储、销售等全过程进行跟踪追溯，以及时掌握农产品质量安全问题，快速有效地发现原材料或加工环节出现的问题，必要时召回产品，实施针对性惩戒措施，从而提高农产品质量。沈阳消费者可以通过安装在超市的触摸查询屏幕等终端查询设备，找到农产品种植、生产、销售信息，产品质量检验和质量认证等产品质量可追溯信息，感受便捷、准确的产品质量信息服务。在方便群众的同时，也为企业和监管部门开展农产品质量监督管理提供了优质、高效的质量信息平台。

三、实施农产品质量安全体系的成本和效益研究

目前，我国农产品质量安全事件时有发生，对消费者的身心健康造成巨大威胁，也对相关行业的发展造成巨大威胁，如2006年大菱鲆事件、红鸭蛋事件等。下面我们从经济学的角度来分析农产品的质量和安全问题。

（一）农产品质量安全问题产生的经济学分析

1. 农产品质量安全信息不对称

信息不对称是指市场参与者对特定农产品交易信息的所有权不平等，一些参与者比其他人拥有更多的信息。信息不对称的主要原因是不同经济个体获取信息的能力和难度的不对称。信息经济学认为，信息不对称造成市场交易双方利益失衡，影响社会公平正义原则以及市场资源配置效率。由于信息不对称，市场交易前后可能发生“逆向选择”和“道德败坏”，导致市场机制运行效率低下，甚至可能造成市场失灵。

农产品质量安全属性是在农业生产过程中形成的，买方只能观察农业生产结果，难以得出质量等级的结论，从而产生典型的产品属性经验，即只有通过消费才能确切地知道产品质量。例如，消费者无法通过消费活动确定他们消费的农产品是否含有过量的农药残留，或者它们是否是有机的。生产者或销售者处于产品供应链的高端，掌握有关农产品质量和安全的更多信息。但是，在销售农产品时，他们没有向消费者提供相应信息或故意隐瞒某些信息。因此，在市场交易中，生产者和消费者对农产品质量信息的掌握程度不同。农业供应链各环节的众多交易主体（农业生产要素供应商、农业生产者、农产品加工商、终端产品销售商、消费者）在两两交换时都很容易产生农产品质量安全信息不对称问题。

2. 农产品质量安全具有显著的外部性特征

农产品质量安全的外部性可以影响外部，导致私人成本与社会成本、私人收入和社会收入之间的偏差。根据这种偏差的不同方向，外部性可分为正外部性和负外部性。积极外部性可以对外界产生积极的影响，使他人和社会能够降低成本，增加效益，即正外部经济；消极外部性会对外产生负面影响，使他人和社会增加成本，减少收益，即负外部经济。农产品的质量安全属性具有明显的外部性，主要体现在两个方面：

一是生产、销售安全农产品的经营主体对消费者和生产、销售不安全农产品的经营主体产生的正外部性。对于消费者来说，生产销售的农产品符合质量标准，可以增强消费者信心，给消费者带来消费安全农产品的信任感，享受安全农产品的生产、销售，愉悦心理。

二是生产、销售不安全农产品对消费者和生产、销售安全农产品的经营主体产生负外部性。对消费者而言，经营主体生产、销售不安全农产品不仅不能达到农产品的正常食用功能，而且给消费者带来身体健康的损坏，甚至是恐慌等负外部性，进而损失生产、销售安全农产品的经营主体的合法利益，导致出现负外部性。

目前，国内信用体系建设不完善，消费者对农产品质量安全的信心尚未完全建立，对农产品质量安全评价偏低，农产品质量安全的负外部性明显强于其正外部性。某一行业或某一地区的个别产品或个别企业出现突出问题，消费品对于整个行业的消费者信心将受到严重打击，造成整个行业或整个地区遭到巨大损失，如2006年的大菱鲆事件，给山东大菱鲆养殖业造成了严重影响。

3. 农产品质量安全具有显著的公共产品属性

公共产品主要是指在消费中没有竞争力或排他性的商品。非竞争性意味着一个人对一种商品的消费不会影响或减少其他人对该商品的消费。非排他性是指消费者消费某件商品时，不能排除他人对该商品的消费。公共产品的特性决定了它们必须由政府提供（只是随着历史的改变和市场发展程度的不同，政府提供的公共产品的范围和提供公共产品的具体方式不同）。这是因为，由于公共产品具有非竞争性和非排他性等特点，而对其供给往往出现“搭便车”现象，即作为理性的主体，缺乏提供公益物的主动性，市场机制难以在提供公益物上下功夫，公益物的供求关系难以通过市场机制实现自我调节。

随着经济的发展，食品生产新技术的应用，新的食品和农产品质量安全隐患的出现以及贸易的全球化，农产品质量安全属性既影响着个体消费者的健康，又日益成为一个根本性公共卫生问题。公共卫生，无论是在经济学领域还是在公共管理领域，都是无可争议的政府必须提供的经典公共产品之一。

农产品质量安全信息是一种公共产品。如前所述，农产品生产者、销售者信息垄断和消费者信息搜索成本高，卖方处于信息不对称的状态，因此需要政府提供最重要的公共产品之一——“信息服务”，即政府利用其特殊地位，通过强制性法律、法规和制度，要求农产品生产者和销售者如实披露其生产和销售的农产品的真实质量安全信息，此外，通过建立对不同农产品质量安全状况的定期监管和抽查，并将监控信息公之于众，从而提高全社会信息共享程度，使消费者了解情况，从系统层面降低交易成本和健康风险，避免因信息不完整而导致效率低下。

（二）农产品质量安全政府监管的经济学分析

1.政府在农产品质量安全管理中的特殊地位

在农产品质量安全体系中，政府扮演着特殊的角色，对消费者和生产者起着两重作用。一方面，政府是消费者利益的保护者，为消费者提供安全的消费保障。消费者是产品的直接用户，他们注重产品质量特性带来的实用性与安全性，他们不需要了解生产过程中不同步骤的质量信息，也不可能掌握各种错综复杂的产品在检测指标所代表的意义，他们只需要确定符合一定质量标准的产品是否可以安全食用。如果消费者面对的是“三无”产品，他们就无法判断产品的安全与否。因此，要提高买卖双方的信息完整性，最重要的是政府要采取一定的措施，确保生产者提供的农产品符合质量标准。另一方面，政府是生产者利益的保护者，为生产者提供安全农产品起到促进作用。在农业生产过程中，生产者作为理性经济人，在追求利益最大化的同时，在农业生产过程中为了获得最大的经济效益而采取的一些“合理”措施，可能会影响农产品质量的安全水平。在农产品销售过程中，他们还将隐藏这些信息以获得经济利益。因为农产品市场存在逆向选择，当消费者被骗一次时，他们会在下一次消费中更加警惕，导致真正的优质农产品得不到消费者的认可，所以最终的受害者将是生产者。为了调整安全农产品的供应，保护生产者的利益，政府还需要采取一定的措施，促进生产者生产出合格、优质的农产品。也就是说由于安全农产品的公共产品和经验品属性，政府扮演着支持发展与监督的双重角色，政府对消费者与生产者都负有监督和管理的责任。

2.政府接手农产品质量安全监管的效益分析

正常情况下，政府监管可以分为两类，即经济监管和社会监管。从生产者获取监管和信息不对称的角度来看，农产品质量安全的监管属于经济监管，主要是农业产业的纵向监管机制。就农产品质量安全的外部性、社会和个人健康安全的公共产品属性以及农产品的质量安全而言，属于社会监管。因此，农产品质量安全监管是一种复合型监管，既要考虑农业产业纵向发展问题，也要考虑横向的社会福利。

政府监管的成本可划分为经济性成本和社会性成本。

（1）经济性成本　政府对农产品质量安全监管的经济性成本主要是指直接的经济投入成本，如收集农产品质量安全信息的成本、制定法规的成本、实施法规的成本等。政府对农产品质量安全监管的发展，涉及信息的收集、法规的制定和法规的实施，相应的经济性成本就会发生。经济性成本主要分为两部分：一部分是基本投资，如检验检测设备、执法队建设硬件投资成本等；另一部分是法规的实施成本，主要与政府法规的从宽程度和严格程度，以及程序和环节的数量有关，如一些市场准入测试成本，监督抽样检查成本等。这些成本与所管理对象的数量和频率相关，并且是可变的。

（2）社会性成本　农产品质量安全监管的社会性成本主要包括由于监管造成的农业生产者、企业和消费者遵守监管支付的额外费用，导致资源配置效率发生变化的机会成本。政府在实施监管的过程中，会对农业生产、管理和消费活动进行相关的指导，社会个体在遵守这些规定的过程中也会付出一定的时间成本和经济性成本，如保证产品质量投入的人力物力，建立质量控制体系和人才培养的时间成本和经济性成本。另外，为了满足法规要求，国家和社会个人都投入了一些成本，在投资其他生产活动时可能会产生更大的经济效益，从而造成社会法规的机会成本。

农产品质量安全可以增加社会效益。从长远来看，农产品质量安全法规的实施对农产品的质量安全提出了强制性要求，并促进了农业技术创新。先进栽培技术、生物工程等技术的普及和综合应用，将逐步降低安全农产品的生产成本，如使用有机肥的同时不用或少用化肥和添加剂，全面防治病虫害，不仅保证了农产品的安全有效生产，而且保护了土壤和生态环境不被破坏，满足了农业可持续发展的要求。与此同时，消费者信心提高将对供给生产产生刺激作用，促使生产者努力改善生产条件、压缩生产成本、提高农产品质量和产量，从而推动社会整体福利水平的提高，补足市场缺位，且不干扰市场自我调节机制。

（三）对策与建议

1.采取严格的农产品市场准入制度

加强政府监管管理，建立规范的管理体系，经合格认证机构或权威部门认证的农产品（如无公害农产品、绿色食品、有机食品等），只有经检验合格后才能进入市场。对未通过检验的农产品，禁止在市场上流通。建立原产地许可证制度、农业投入制度、证明制度、检测制度等作为保证农产品质量安全市场准入制度的基础和保障。

2. 建立完善的农产品质量安全信息传递发布机制

针对农产品质量安全信息不对称的问题，政府应设立统一的权威信息发布机制，主要功能包括政府部门之间的信息通报和协商机制、中央与地方政府之间的信息通报和咨询制度，以及向社会发布权威信息的机制。此外，要完善农产品包装的标签体系，督促生产者和企业主动向消费者提供产品信息，减少农产品体验属性，增加经验属性。要通过信息公开制度向社会公开报告农产品销售情况，同时披露以次充好的产品信息，并发布优秀企业名单，推荐优秀产品，向消费者提供足够的信息，使正规企业的良好行为得到市场进一步的认可，并使其产生的正外部性对非法生产企业造成打压。

3. 加强农产品质量安全知识宣传普及工作

一方面，加强公共卫生知识的普及，引导消费者在消费过程中尽量选择正规的经营单位和贴有正规标签的农产品，自觉选择安全健康的消费；另一方面，加强公众安全意识，如对农民加强农产品质量安全的宣传教育，引导他们在种植和养殖时合理使用农药和兽药，从源头上防止农产品污染。农产品的质量安全涉及的问题范围很广，因此在宣传方式上应结合各种媒体的具体情况来开展。此外，农产品质量安全在公众获取信息不足、消费者信心不足的情况下，还应大力加强社会媒体从业者的道德和社会责任教育，禁止追求所谓“轰动效应”而无视社会利益，避免将偶然的农产品质量安全事件无限放大，影响公众对农产品质量安全的信心。

4. 加大对不良商贩的惩罚力度

政府可以通过政府监管，提高非法经营者的违规成本，提高非法经营者的犯罪成本，使非法经营者预期的处罚机会成本加上其他成本超过预期收益，从而将不择手段的经营者的负外部性影响转化为非法制造商的内部成本，有效遏制不良商贩的造假行为，假冒行为，维护消费者的生命安全和合法权益。同时，政府监管部门要改变过去同一问题处罚力度相差太大的问题，以法律法规的形式明确规定对各种违法行为的具体惩戒标准，以增加法律的透明度，充分体现法律的威慑力和公信力。

四、国内外研究文献综述

（一）国外农产品质量安全研究述评

从世界看，农业龙头企业具有鲜明的中国特色，外国对农业龙头企业产品品质的研究还尚少，而对包括食品在内的农产品质量安全深入探索于20世纪80年代开始，主要聚焦在以下几个方面：

1.基于供应链及交易费用

Starbird等（1999年）认为，要确保农产品质量安全，就要从生产源头做起。Holleran（1999年）认为，农产品质量安全涉及从生产到销售的整个过程，交易成本的大小将直接影响供应商提供的农产品质量安全水平。Starbird（2000年）认为，农产品贸易环节之间的信息不对称和监管困难，使农产品企业逐步向垂直一体化经营、连锁经营和长期合作迈进。Marcos Singer等（2003年）指出，纵向整合虽然有助于质量的提高，但也伴随着效率的损失和成本的增加，有时从供应链中获取部分利润来激励高质量的生产者也可以有效地提高产品质量。因此，在现实中，一些生产商即使有很强的谈判能力，也拒绝实施纵向整合。Starbird（2005年）认为，食品质量信息在供应链上的分布是不均匀的，而精细设计的食品供应链契约能够区别质量安全的生产者与质量不安全的生产者。这种契约的有效性依赖于生产者的质量成本、质量检测失败概率以及惩罚成本的高低。

2.基于消费者与农产品质量安全的关系

Darby和Karni（1973年）根据消费者获取农产品质量和安全信息的方式，将农产品分为搜寻品、经验品和信任品三大类。一般而言，市场机制和价值规律可能由于消费者在购买体验产品时信息不对称而失衡，无法规范农产品的质量和安全。Crossman（1981年）认为，市场通过信用机制能有效地调节农产品质量安全的供求关系，从而达到物美价廉、低质低价的市场均衡。Shapiro（1983年）的研究也表明，经过多次重复试验后，企业将获得高质量、高价格和高回报的声誉机制。Caswell等（1996年）认为，在信息不对称和不完整的条件下，质量信号（如标志使用证、商标、标签等）甚至可以将农产品受信任产品的特征转化为搜寻品的特征。农产品质量安全控制的目标之一就是将更多的农产品特征转化为搜寻产品的特征，降低消费者的搜索成本，实现理性消费。David等（1996年）研究了消费者对普通农产品的需求以及对安全农产品的消费需求之间的关系，并阐述了影响农产品质量安全需求以及人们愿意为食品安全付出成本的因素。P.Karipidisa等（2009年）研究了消费者食品安全需求对小型企业质量安全管理行为的影响。

3.基于企业自身安全管理

国外学者对食品加工企业的质量安全管理行为进行了大量研究。J.I.Jouve（1999年）指出，为了保证安全目标的实现，企业应以绩效要求的形式将标准分配到一个控制或联合控制。Starbird（2000年）认为，企业提供优质安全产品的主要动机是避免因违反规定而受到惩罚，从而因承担责任而能在消费者中提高企业声誉并由此带来利润。R.B.Tompkin（2001年）指出，确保食品安全是政府和企业的共同目标，企业承担主要责任。David A.Baker（2002年）强调了食品安全管理政策和标准在生产中的一般指导原则。Thomas Reardon（2002年）提出，企业应建立并实施一系列自己的食品标准，以确保质量和安全，从而适应市场竞争。此外，企业特点、企业战略目标、制度环境以及产品和市场特点也是决定性因素。总而言之，发达国家在农产品质量安全管理研究中建立了一套行之有效的理论和实证研究体系，在一定程度上揭示了市场经济条件下农产品质量安全管理发展的一般规律。但由于市场结构、产业组织程度、生产者质量等方面的差异，其在我国的适用性需要进一步研究和试验。此外Gale和Huang（2007年）用恩格尔系数模型估算了中国城市居民家庭食品消费的“质量—收入”弹性，提出所有大类食品品质需求的收入弹性大于零，这说明随着收入水平的提高，城市居民家庭偏向于购买更高品质的农产品。在研究方法上，主要采用定性分析；在企业食品质量安全定量分析方面，目前的研究主要采用案例分析法和简单的数据处理方法，在数学模型方面尚未统一。

（二）国内农产品质量安全研究述评

相较于国外的研究，国内学术界对农产品质量安全问题的研究相对较迟，不论是研究的深度与广度都与发达国家有较大差距。自2000年，国内学术界也开始将视线聚焦于农产品质量安全问题并逐步进行深入研究，取得了一批重要的学术成果，主要表现在以下几个方面。

1.基于农产品质量安全主要问题的解析

王玉秀（2000年）认为中国农产品质量存在以下问题：一是化肥农药的残留污染问题十分严峻；二是农产品生产、制造过程中缺乏规则意识，滥用化学添加剂等，致使安全事件频发；三是农产品及其加工产品出口面临困难；四是无公害农产品市场发育不良，质量观念淡薄；五是环境污染，重金属含量高。作为农产品竞争力的重要组成部分，除上述问题外，翁鸣（2003年）认为制约中国农产品质量提高的原因还包括农产品质量督查体系不完善，农产品质量标准体系不健全，农业生产方式落后，农民素质和技术能力仍需进一步提高，农业科技资金投入偏低等。为适应农业走向国际化、现代化和消费者农产品安全意识不断增强的要求，全面提高农产品质量势在必行，但是，农产品质量结构不合理已成为我国农业发展新阶段的新问题，这反映了农业生产结构未能适应需求结构的变化。周盈恒（2003 年）特别指出，在食品生产制造过程中，行为者在利益驱动的投入品的选择和使用量上违反了国家标准，从而导致了质量和安全问题，表现出强烈的预见性。

2.基于经济鼓励的农产品质量安全把控实证研究

从经济激励的角度来看。王艳霞（2004 年）利用信息不对称原理分析了逆向选择是中国农产品质量下降的原因。陆建飞（2006 年）通过对南京某龙头企业的研究发现，应该建立有效的运行机制，构建强大的科技支撑体系；完善全过程质量控制体系；建设高效绿色营销网络和龙头企业参与安全农产品生产，是我国农业生产分散小规模背景下值得推广的模式。在这种模式下，龙头企业是农业安全生产的组织者、推动者和市场开拓者，具有开拓安全农产品销售市场、引导安全农产品生产、深化对农产品安全加工的保障，并提供技术服务，乃至技术创新等综合功能，是发展安全农产品生产的核心力量。杨天河（2006 年）从农民生产行为的角度对农产品质量安全进行了实证研究。王瑜、应瑞瑶（2008 年）利用交易成本理论分析了垂直协作在农产品质量控制中的作用，然后比较了不同组织治理模型中交易成本的内化和外部化能力，勾勒出不同垂直协作关系下交易成本边界的比较曲线。

本书探讨了不同垂直合作关系对农产品质量安全控制的影响及其成因，提出了一套能够稳定供应安全优质农产品的长效机制。吴晨、王厚俊（2010 年）将关系契约引入农产品质量与安全产业链治理研究，明确了农产品质量安全产业链中不同组织间关系租金、龙头企业与农民专项投资的不同含义。结果表明，农业龙头企业与农民不同组织之间合作关系契约的自我执行性受到关系租金、质量安全特定投资、贴现等多种因素的影响。关系契约的自我执行性与关系租金和贴现系数呈正相关。同时，双方围绕农产品生产质量和安全的投入力度越强，农业龙头企业关系契约的自我执行力越强，而农民表现出故意违约机会主义的倾向越小。

3.基于督查机制的农产品质量安全控制实证研究

周洁红、叶俊焘（2007年）通过实证研究，我国HACCP体系实施的主要障碍是能力、认知和对外推动不足，提出了以市场激励为主体、行政控制为辅助的食品安全管理策略。赵建欣、王俊阁（2010年）认为，分散经营的小农户在保证农产品质量安全方面存在诸多困难，而农民专业合作社组织是最有效的经济组织，组织小农户以最低的成本从源头上保障农产品质量安全。在对浙江临海合作组织调查的基础上，深入分析了确保农产品质量安全的具体措施和制度安排，为其他地区合作组织提升农产品质量控制功能提供了经验，为政府有关部门规范合作组织行为提供了经验参考。万俊毅等（2010年）认为，造成问题的原因很多，农产品质量安全从生产过程控制是根本，但我国广大农民仍处于分散状态，如何把原子型农民纳入工业化组织成为解决问题的关键。通过对广东温氏食品集团有限公司实证研究表明，有组织的准车间农户生产可以实现生产过程的标准化，有利于农产品质量安全控制，温氏模式的有效性还在于其独特的组织和运行机制。苏俊、李林等（2010年）基于中国对农产品出口有关要求，从质量安全体系、质量标准体系和质量保证体系等方面探讨了云南特色农产品出口质量控制体系的建设。

4.基于不同视角的农产品质量安全把控研究

郑红军（2007年）提出，从全新的角度研究制定系统化对策，提高中国农产品质量。徐振宇（2010年）通过回顾我国农产品质量安全研究的背景和农产品质量安全研究的现状，发现我国目前对农产品质量安全进行深入交叉研究的情况非常少见，指出对于农产品的质量安全这样一个典型的复杂话题，不仅要努力扩大跨学科研究，还需要学术界、政界和工商界的密切合作。

总之，我国农产品质量安全研究数量丰富，增长迅速，但基本上来自某一学科或领域。学者们在各自领域做出了独特而重要的贡献。但从整体上看，目前对农产品质量安全的研究在很大程度上仍被各学科、学术界、政界、产业界所分离和锁定，缺乏必要的沟通和深入合作，如工程师很少想到与社会科学（经济学、社会学、法律、管理学）的学者合作，社会科学领域的学者很少积极与工程学领域的学者合作。农产品质量安全涉及生产者、销售者、加工者、监管者、消费者等多重行为主体，涉及生产、消费、经销、运输、加工等环节，跨越法律、行政、经济、政治、科学、技术、文化等领域，向工程、医学、科学、法律、管理、经济学、社会学等学科迈进。任何学科或领域的研究成果都只能是多角度中的一个，任何创新观点都必然是跨学科和交叉的。因此，各个学科、学术界、政界和工商界需要相辅相成、相互支持。显然，仅仅依靠一个方面的研究，很难真正探索问题的实质。目前，跨学科研究已初步在各个学科、学术界、政界和工商界之间展开，我们期待真正深入的高水平跨学科研究成果的到来。

第三节 农产品质量安全溯源系统及其主要特征分析

农产品质量安全监督追溯是各级政府关注的重点问题之一。为满足农业生产企业、生产基地、超市和批发市场的需求，应利用网络技术、条码技术，MySQL 数据库、Microsoft.NET Framework，开发农产品质量安全监管和溯源信息平台，促进农业标准化生产，实现产区、生产、质检等环节的监管追溯。

系统集成利用网络技术、条码识别等多种前沿技术，实现农业生产过程、流通信息化管理和农产品质量追溯管理，农业生产档案（产区条件、生产过程、质检）管理、条码标签设计与打印，基于 Web 和手机短信平台的质量安全追溯等功能，基于单机或网络环境，可用于农产品质量监督部门和农业生产企业。

一、系统功能

（一）农产品安全生产监管

农产品安全生产监管以农业生产者生产档案信息为基础，实现基础信息实时记录、生产过程信息实时记录、生产运行预警、生产档案查询上传等功能。

（二）农产品流通管理

农产品流通管理以市场准入督查为设计基础，实行市场准入申报，对批发市场经营者进行管控，记录经营产品的交易实况，实现批发市场的全程安全治理。

（三）农产品质量监督管理

实现农产品质量监督管理，即完成相关法律法规、政策的宣传与管控功能，并完成企业、农产品信息库的搭建、管理、查询及分配监管防伪条码等功能。

（四）农产品质量追溯

利用网络技术、短线技术、条码识别技术等技术多位一体，实现网站、POS

机、短信和电话号码于一身的多终端农产品质量追查。

二、系统特点

◆随时记录农业生产过程中的生产信息，包括生产基地、生产流程、病虫害防治、品质检验等信息。

◆农产品的RFID标签信息可切换为含有农产品信息的一维条码、二维条码，使信息链畅通。

◆智能化信息采集功能。种植、采购、生产、运输、政府监管到消费者查询追溯全程使用条码进行数据的采集。

◆本应用系统采用了网络架构（java开发）。种植地点、生产工厂、分销机构和场外营业网点在同一系统中使用。良好的数据完整性可以跨平台部署。支持Oracle、SQLServer等数据库。完全支持分布式部署。完善数据同步处理机制。数据采集终端采用C++语言开发，采集性能好，速度快。传输系统采用http协议进行传输，支持断点续传。采用多线程技术。

◆传输数据经过高度压缩和加密处理，安全性好。条码解析器采用数据内存预加载方式，解码速度快。

◆系统资料全部采用内存预加载方式进行，系统处理速度快。

第四节　我国实行农产品可追溯的必要性

农产品质量安全是政府当前高度重视和社会关注的热点问题，不仅关系到人民群众的健康，而且对农业发展、农民收入、贸易流通和农业现代化都有重大的影响。中国的食品质量追溯体系才刚刚起步，多数人对它还比较陌生。2021年年底，农业农村部公布了国家农产品质量安全常规监测结果，监测数据显示全国蔬菜抽样合格率为97.1%，但食品安全问题仍屡屡发生，如海南毒豇豆、青岛毒韭菜。面对这些有毒产品的危害，由于没有质量追溯，无法追溯问题产品具体产地，只能一刀切，大面积区域统一销毁，给同一地区按标准化进行生产的基地和农户带来巨大的经济与声誉损失。要打破这一局面，只有实施质量追溯，实行问责制，才能真正保证农产品质量安全，才能使消费者放心享用优质产品。

一、企业持续发展的需要

产品分销是现代企业销售产品最重要的手段之一，在当今竞争激烈的市场环境下，产品渠道流通的速度和质量是衡量企业能否持续发展的一个标准，因此对产品分销的管理需要重点关注。近年来，企业在产品分销过程中面临的主要管控问题有以下方面。

（一）管理的复杂性

企业在配送业务中需要管理大量的资源，如分公司、远程仓储、经销商、加盟商、销售人员、客户、消费者、商品、库存、资金等。一方面，组织管理水平、区域等因素具有复杂性和多样性；另一方面，这些资源本身具有动态属性，从而形成一个具有时间和区域特征的多维空间，集工作流、资金流、物流、信息流于一体。这些管理因素的复杂性导致管理难度的增加。此外，这些资源能否得到整合利用，也关系到企业运营的效率和成本。

（二）业务信息的反馈时效

现代商业战争的一个明显特点是信息响应速度大大加快。在商品分配过程中，如何在整个企业组织中建立一套快速反应体系，是赢得胜利的关键。在没有协同系统的情况下，业务范围广，客户、销售人员、仓库管理人员、采购人员和决策者只能通过电话、传真或电子邮件等方式来构建整个系统，而这个系统缺乏一套标准化的流程和规范，严重依赖于个人的责任感和表达力，因此，无法保证企业拥有稳定快速的沟通体系，意见不一、推卸责任的现象时有发生，严重影响工作效率和企业的名誉。

（三）业务过程的控制

分销企业的特点决定了企业是多方面的，这增加了监控业务流程的难度。企业须确保制订的计划能高效实施，并对销售流程进行督查，从而快速做出反应，提高企业执行能力，降低销售成本。

（四）计划与业务过程分析

管理的复杂性使得企业难以制订准确高效的业务发展计划，即便制订了计划，也很难监督计划的实施和相应的效果。例如，许多公司愿意投资广告和促销活动，但很少有公司愿意计算这些活动的回报，评估计划的结果，并分析哪些组织成功完成了该计划，以及在计划实施过程中发生了哪些问题。

（五）企业发展的要求

由于企业发展，组织结构更加复杂，企业的产品更加多样化，导致企业发展过程中管控混乱，致使许多企业规模的扩大并没有带来效率的提高，反而导致企业盈利能力的下降。提高企业管理效率是赢得绩效的必经之路，而分销企业管理的重心是企业应对的速度、数量、质量和成本。因此，企业的可持续发展势必建立农产品追溯体系。农产品追溯体系充分利用了现代信息化管理技术，实现农产品质量安全“数字化”和“身份证”管理，保证产品有证可查，不良产品可以追溯，消费者可以即时了解和监督购买到的农产品从生产到销售的每一个环节的质量安全信息，做到“懂买，放心消费”，确保消费者权益得到保障。结合信息系统建设和管理体系建设，实施农产品质量安全追溯体系是生产质量安全管理机制和创新方式。加强对农产品质量安全的监管和加强生产过程控制，引导和帮助农业生产者提高标准化生产管理水平，提高农产品市场竞争力和品牌影响力，对提高企业内部管理水平和增强政府职能部门的监管效率起到重要推动作用，因此推进农产品质量安全追溯体系势在必行。

二、国内外发展趋势要求

20 世纪 90 年代，发达国家开始实行农产品质量安全追溯体系。在西方国家，商品追溯体系已经实施了几十年甚至几百年，对食品安全和卫生监管尤其严格。欧盟有关文件规定，每个农业企业必须在生产、加工和销售过程中提供原材料、辅料和相关材料安全的保证措施和数据，确保安全性和可追溯性，并要求从 2005 年 1 月 1 日起，在欧盟销售的所有肉类时能够实施跟踪和追溯，否则不允许出售。2003 年 5 月，美国食品和药物管理局发布《食品安全跟踪条例》，要求所有从事食品运输、配送和进口的企业建立并维护食品流通全过程记录。日本和韩国于 2005 年引进了进入市场的农产品识别系统。

在我国，2005 年中央一号文件规定，农产品生产中的质量安全检测、监测和强制检测，农业资源利用、农业生态环境和农业投入物利用情况监测是公益性技术推广工作，各级财政部门要有资金保障。2006 年中央一号文件指出，要加快推进农业标准化，完善检验检测制度，加强农业生产物资和饲料质量管理，进一步提高农产品的质量安全水平。

2007 年中央一号文件率先提出加快完善农产品质量安全标准体系，建立农产品质量安全追溯体系。2007 年 9 月，《农业部办公厅关于加强高毒农药和种植业产品监管专项整治工作的通知》（农办农〔2007〕80 号）中提出了《种植业产品质量可追溯制度建设方案》。2008 年中央一号文件指出，实施农产品质量安全检验检测体系建设规划，依法进行质量安全监测检查，完善农产品标签和追溯体系，推进出口农产品质量追溯体系建设。2008—2010 年连续三年中央一号文件均提出要推进农产品质量可追溯体系建设。十七届三中全会决议指出，加强农产品标准化和农产品质量安全工作，严格地对产地环境、投入品使用、生产过程、产品质量全程监控，切实落实农产品生产、收购、储运、加工、销售各环节的质量安全监管责任，杜绝不合格产品进入市场。

第五节　农产品质量安全及溯源系统与主要质量认证体系

一、农产品质量追溯的技术体系

农产品质量追溯是对农产品生产全过程的信息跟踪与追溯，实质就是通过信息化的手段，对农产品生产过程进行“数字化管理”，是一条解决和实现对农产品“从地头到市场”的全程质量监控的有效途径。农产品质量追溯的技术体系包括以下几个基本方面。

（一）One-Up-One-Down 可追溯和“中心”追溯

1. One-Up-One-Down 可追溯

在美国的《反生物恐怖主义法》和《欧盟食品法》等可追溯法规中，One-Up- One-Down 可追溯是最低要求。在这个系统中，产品供应链中的每个实体都负责信息的输入和输出，但不负责供应链中经过多个步骤的信息。One-Up-One-Down 可追溯实施简单，保密效果好，为单笔交易提供了最大的可行性。但是，由于连接点数量过多，可能会发生可追溯性故障，其完整性取决于供应链的每个成员。因此，此系统是最容易受到攻击的连接系统。

2.“中心”追溯

基于供应链中多个合作伙伴的组合，通过建立数据存储和接入中心，可以实现可追溯信息的存储、调度和管理。这种模式是有效的，但要求在平台上运营的所有合作伙伴都遵守相同的数据标准，否则信息不兼容。这种模式可以用于一个环节，可以在不同的供应链之间建立，甚至可以应用于全链条的可追溯性。但是，这种模式的实施存在许多限制和障碍，如商业秘密和数据标准。

（二）产品标识

产品标识作为农产品质量溯源体系的基石，分为三个层次：批次、销售单元和物流单元。

批次是指产品在相同条件下生产，通常与较大量的产品相关联。批次通常由许多因素决定，如位置、时间、数量和生产的特定阶段。虽然产品来自同一批次，但不一定包装在同一销售单元。销售单元 ID 是分配给每个销售单元的唯一代码，因此没有两个或多个销售单元具有相同的 ID。销售单元 ID 确保可以按单位跟踪产品。对于水产品，销售单元可以是一整船鱼、一篮子鱼或一条鱼。销售单元可以包装成更大的单元，以便于运输。这个较大的单元是物流单元，物流部门确保运输包裹的可追溯性。

（三）产品标签

产品信息可以使用产品标签链接到实际的产品包装。产品包装上必须贴有产品标签或印有产品标识，通过产品标签或计算机信息数据库，可以找到各种有用的信息。如果没有产品标签，则不会对产品的身份进行验证。标签可能包含要传递到供应链下一步的部分或全部信息。对于农产品生产者来说，由于环境特性和产品特性，不可能在每个产品单元上贴上标签。在这种情况下，他们可以在整个农产品上粘贴标签，将信息传输到供应链的下一个环节。

（四）追溯验证技术

目前，追溯信息可靠性的验证技术主要通过对农产品的物质和元素成分的检验来判断和确定农产品的种类、产地和纯度。一般来说，有两种方法：一种是物种鉴定，这是基于脂肪酸和蛋白质；另一种是纯度鉴定，这是基于原产地和物品的真实性。

（五）可追溯系统实施所用的工具

建立追溯体系的必要条件包括记录和传递追溯信息的工具（设备）。以下三种类型的工具（设备）用于实现可追溯性系统。

1. 纸质可追溯系统

农业供应链中不同的利益相关者，无论规模大小，都有相同形式的采购、加工，再到销售和交付的统一体系。在较小的公司中，这些系统通常依靠员工来记录，存储和评估记录在纸上的各种相关信息。农产品的质量可追溯性可以通过将各个系统连接在一起，并由加工商在加工和储存产品时执行其他程序来实现。纸质可追溯性的优点是执行成本低，在加工过程中应用极其方便灵活；纸质可追溯性的缺点是纸质记录的处理和维护非常耗时，编写和分析记录需要花费大量时间。

2. 条码系统

条码系统主要依靠手持扫描器读取条码信息，并根据需要输入附加信息，并利用打印机打印标签，采用并行计算机管理信息系统。该系统可以广泛应用到生产末端从原材料采购信息中读取产品贴标，对不同领域（如全程追溯系统）操作。条码系统的优点是可以节省资金并最大限度地提高设备使用的效用，可以获得实时记录，以加强库存和过程控制，可以分析和处理从数据库下载的信息，以提供所需的报告和记录。

3. 射频识别技术

射频识别（简称 RFID）技术是一种非接触式自动识别技术，这种技术可以通过射频信号，自动识别目标，并获取相关数据，而且其识别工作不需要人工干预，也可以在各种恶劣环境中工作。该技术可识别高速运动的物体，并可以同时识别多个标签。操作快速简单，具有巨大的发展潜力和推广空间。

二、主要质量安全认证体系

把质量安全认证用作质量安全管理和保证的重要手段是国际惯例。发达国家在农产品质量安全认证初期就普遍建立了比较完整的认证体系和认证程序。随着我国农业进入一个新的阶段，特别是加入世界贸易组织之后，农产品质量和安全的要求越来越严格，农产品的质量安全认证也以前所未有的速度进行。笔者分析了我国农产品质量安全认证的现状，并思考了其发展前景。

（一）我国农产品质量安全认证的基本类型

近些年来，在国家有关机关的大力支持下，我国农产品认证工作实现了从无到有并且逐步规范化，经过不断发展，形成了以产品认证为重点，体系认证作为农产品认证补充的体系。

1. 产品认证

当前，我国农产品认证主要有无公害农产品、绿色食品和有机食品认证 3 项。它们是我国农业发展的必然产物，在层次定位、产品结构、技术体系、运行模式、发展机制、标识管理等方面各具特色。

（1）无公害农产品认证　无公害农产品是指产地环境、生产过程和产品质量符合国家有关标准和规范的要求，经认证合格获得认证证书并允许使用无公害农产品标志的未经加工或者初加工的食用农产品（见《无公害农产品管理办法》）。无公害农产品是在我国农产品质量安全严峻的形势下生产的。为解决我国农产品基本质量安全问题，经国务院批准，农业部于 2001 年启动了“无公害食品行动计划”，并率先在京津沪深试点。2002 年 12 月，农业部成立农产品质量安全中心，组织无公害农产品认证。2003 年 4 月，全国统一标志无公害农产品认证工作正式启动。

无公害农产品是公共安全品牌，保障基本安全，满足大众消费。认证实施无公害食品标准是对农产品质量的最低要求，是市场准入的基本标准。认证产品主要是散装初级农产品。实行“标准化生产、投入监督、关键点控制、安全保障”的技术体系。认证采取原产地鉴定与产品认证相结合的方式，原产地鉴定主要解决原产地环境和生产过程的质量安全控制问题，是产品认证的前提和依据，由省级农业部门组织；产品认证主要解决产品安全和市场准入问题，由农业部（现农业农村部）农产品质量安全中心组织实施。无公害农产品认证保证农产品生产和消费并实施政府质量安全保障体系，属于公益事业，实行政府推动的发展机制，认证不收费。

为方便消费者识别，2013 年，农业部和国家认证认可批准管理委员会联合公告无公害农产品标识设计，实行全国统一标识管理。该标识除了采用多种传统静态防伪技术外，还采用防伪数字查询功能的动态防伪技术，可通过电话、手机短信、互联网查询，实现农产品无公害质量安全溯源管理，强化国家对无公害农产品进行有效的监督管理。

截至 2019 年，我国省级无公害农产品事业机构 68 个，无公害农产品指定监测机构 54 个，产区环境监测机构 114 个。到 2020 年，已有 71 185 种产品被指定为无公害农产品。

（2）绿色食品认证　绿色食品是指产自优良生态环境、按照绿色食品标准生产，实行土地到餐桌全程质量控制，按照《绿色食品标志管理办法》规定的程序获得绿色食品标志使用权的安全、优质食用农产品及相关产品。绿色食品的生产顺应农业可持续发展的趋势，满足国内外市场的需求。1990 年，农业部开启了绿色食品开发和管理工作。1992 年，农业部创立绿色食品管理办公室，并于同年11月建立中国绿色食品发展中心。

绿色食品是一个优质的农业品牌，其质量和安全达到发达国家的水平，满足了国内大中城市和国际市场的消费需求。其质量标准是指国际食品法典委员会标准和美国、日本等发达国家的标准。认证产品以初级农产品为基础，以加工农产品为主体。按照“从土地到餐桌”的技术路线，建立了“两端监控、过程控制、质量认证、标志管理”的质量安全保障体系。实行质量认证与商标管理相结合的认证管理模式，采用政府推广与市场运作相结合的发展机制。

绿色食品标识是全国统一、唯一的质量认证商标。1996年由国家工商行政管理总局商标局注册，依照《中华人民共和国商标法》和《中华人民共和国集体商标、证明商标注册和管理办法》进行监督管理。

经过不断的探索，绿色食品管理上建立了比较完整的绿色食品标准体系和比较完善的绿色食品认证管理体系。到2017年，中国绿色食品发展中心已定点委托全国36家绿色食品工作机构，到2022年已设立91家指定监测机构。2020年农业农村部发布了9项绿色食品标准和74项产品标准。2020年，我国绿色食品生产企业总数达到19 321家，建立了742个绿色食品原料标准化生产基地，占地面积1.7亿亩；绿色食品总量突破2亿吨，绿色食品销售额突破5 000亿元，出口额突破36亿美元。

（3）有机食品认证　有机食品是按照有机农业和有机食品生产、加工标准或生产加工技术规范而生产和加工的，并取得有机食品认证机构颁发的证书，供人类消费的农副产品。

我国有机食品认证工作始于20世纪90年代初，由国外有机食品认证机构对我国农业生产企业进行认证检查。1994年，经国家环境保护局批准，国家环境保护局有机食品发展中心在南京成立。有机食品认证工作的农业体系始于AA级绿色食品认证。1995年，中国绿色食品发展中心启动了AA级绿色食品认证，以与国际有机食品接轨。2002年年底，经农业部批准，中国绿色食品发展中心成立了中绿华夏有机食品认证中心，专门从事农业系统有机食品认证工作。截至2019年，中国已有90多家有机食品认证机构。此外，还有国外认证机构在中国开展有机食品认证，主要是美国国际有机作物改良协会、法国国际生态认证中心、瑞士市场生态研究所，在中国开展了大量的有机食品认证工作。

有机食品按照有机农业生产模式，对产品质量安全不做特殊要求，满足特定消费，主要服务于出口贸易；产品主要是初级和初级加工农产品；强调从传统农业向有机农业的转变，推行基本不使用化学投入的技术体系，保护生态环境和生物多样性，维护人与自然的和谐关系；注意生产过程的监控，一般不做环境监控和产品检测；按照国际惯例，采用市场运作。有机食品标签因国家或地区而异，也因认证机构而异。

截至2019年年底，我国企业约13 813家（包括部分重复认证机构），其中国外认证机构认证企业220余家，国内认证机构认证企业13 593家，21 746件产品被不同认证机构认证为有机食品，有机食品总产量524.9万吨，总产值678.21亿元。

2. 体系认证

在我国，HACCP（危害分析和关键点控制）体系认证广泛应用于农产品质量安全管理。认证体系不仅适应国内农产品的实际生产，满足特殊管理的需要，而且贴合国际标准，可促进农产品出口。

HACCP认证是国际公认的预防系统，旨在确保食品免受生物、化学和物理危害。它于20世纪60年代在美国航空航天食品生产企业中诞生，主要是指运用科学、系统的方法，发现和分析食品生产过程中的危害，确定具体的防控措施和关键控制点，实施有效监测，从而确保产品的安全卫生质量。1989年，美国颁布了《HACCP食品生产规则》。1997年12月，美国要求向美国出口水产品的企业建立HACCP体系，否则其产品无法进入美国市场。迄今为止，HACCP已被众多国际组织认可，作为确保食品安全和健康的全球标准，被联合国食品法典委员会采用并向世界推广。

20世纪80年代，我国国家进出商品检验局开始研究HACCP体系，在出口食品企业开展试点。2002年，我国食品生产企业发布了《食品生产企业危害分析与关键控制点（HACCP）管理体系认证管理规定》，要求相关机构和出口食品加工企业按照相应规定，建立、实施和验证HACCP管理体系。同年，国家食品药品监督管理局还发布了《出口食品生产企业卫生要求》和《卫生注册需评审HACCP体系产品目录》，要求出口程度较高的食品生产企业开展强制性认证与卫生登记相结合，强制要求卫生登记需评审HACCP体系的产品有六大类，即罐头食品、水产品（活体产品、冷藏产品、风干和盐渍产品除外）、肉类和肉制品、速冻蔬菜、果蔬汁、含肉或水产品的速冻方便食品等食品。截至2019年，中国有超过 11 000 家食品生产企业获得 HACCP 认证。

1991 年，农业部在农产品质量安全领域推行 HACCP 体系，并率先在水产品加工行业进行试点。1996 年，结合水产品出口贸易形势，农业部组建了中国水产品质量认证中心，开展 HACCP 认证试点，在水产品加工行业全面推行 HACCP 体系。1999 年，中国水产品质量认证中心获得水产品 HACCP 认证。2002 年，国家畜牧兽医总站组织了畜禽产品 HACCP 体系国际培训研讨会，随后 HACCP 及其认证应用于畜禽产品加工业、饲料生产行业。现在，农业农村部已将 HACCP 认证作为衡量农产品质量管理的一项措施，纳入整个农产品质量认证和认可体系。

第二章
农产品追溯码编码设计

第一节 追溯码编码的研究现状

国外大部分采用EAN·UCC系统（全球统一标识系统）对农产品的生产过程进行跟踪与溯源。EAN·UCC系统是由国际物品编码协会和美国统一代码委员会一同开发、管理和维护的全球统一标志系统和通用商业语言，已广泛使用于工业、商业、运输业、物流等领域，其代码由全球贸易项目代码（GTIN）、属性代码（如批次、有效期、保质期等）、全球位置代码（GLN）、物流单元标识代码（SSCC-18）、储运单元标识代码（ITF-14）等组成；欧盟已采用EAN·UCC系统成功对牛肉、蔬菜等进行了食品跟踪研究。

追溯码编码的研究在国内起步较晚，但发展迅速，如中国商品编码中心引进了《牛肉产品追溯指南》《生鲜产品追溯指南》和2003年版的《EAN·UCC规范用于水果、蔬菜和马铃薯的标识与追溯》，并结合我国国情出版了《牛肉产品跟踪与追溯指南》和《水果、蔬菜跟踪与追溯指南》等；中国农业部于2002年颁布了《动物免疫标识管理办法》，规定动物免疫标识的编码和标准由农业部统一设计，并且全国统一。免疫标编码是8位阿拉伯数字，分为两行：顶部的6位数字编码是免疫工作的地点，使用当地邮政编码；底部的2位数字编码是防疫人员的编号。除了政府部门出台的相关法规和措施外，一些学者也研究了农产品溯源码，提出了相关设计方案，如杨鑫庭通过对果蔬物流情况的分析和编码标准研究，提出采用全球贸易+代码+产品日期+产品原产地相结合的条形码设计方案；一些学者从分析水产养殖产品的业务流程出发，提出了产品代码与过程代码相结合的编码方法，建立了适合国情、符合国际标准的水产养殖产品质量追溯码编码方案。Qu等在分析果蔬物流溯源地理空间特征的基础上，采用区位码+地块码+生产日期+生产批次+验证码的编码方法设计了追溯码，其中区位码与省级、县级、基地代码相结合。邓勋飞等对种植区生产区域进行划分，以行政区划代码和地块编号为主体进行统一编码。

对现有农产品追溯码编码方法的综合分析表明，农产品追溯码编码方法存在一些问题，如长度长、加密能力弱等，所有追溯信息采集都必须依靠数据库，质量安全问题无法快速定位到产品产地等。

第二节　追溯码编码的构成

追溯码编码除遵循产品条目编码的基本原则外，还应考虑追溯信息的全面性，尽可能缩短追溯码的长度，不仅为了打印条码方便，也为在使用短信方式追溯查询时尽量使用较少的字符，从而方便用户查询；同时，为了防止追溯码未经许可被篡改，在追溯码的设计中要采取一定的防伪与加密技术。

在该代码中，批次作为可追溯单位，同一批次是指同一责任主体同时生产的同一品种的产品。考虑到认证类型对农产品的质量安全很重要，该代码一般由产地位置码、产品码、生产日期码、认证类型码等26位数字组成。

一、产地位置码

产地位置码有13位数字，表示经度的有7位，表示纬度的有6位，可精确到秒，其中经度的度为3位（L1L2L3）、分为2位（L4L5）、秒为2位（L6L7），纬度的度、分、秒均为2位（L8~L13）。

二、产品码

产品码又称商品代码，由6位数字组成，包括2位用于类别（P1P2）的数字和2位用于名称（P3P4）的数字。产品码范围从01到49，包括每个类别下的50种。产品码按自动增量编号。以蔬菜为例，根据其生物特性可分为11类，即根菜类、白菜类、绿叶蔬菜、葱蒜类、茄果类、瓜类、豆类、薯芋类、水生蔬菜、多年生蔬菜和食用菌类。我国种植的蔬菜有100多种，蔬菜的品种比其他农产品多。因此，采用该产品码可以确保我国大多数农产品能够覆盖在多样性和多品种性的问题之下。即使随着生物技术的发展和品种的增加，在产品码中也有扩展和储备。

三、生产日期码

生产日期码由3部分，总6位数字组成，包括年份2位（YY），编号为00~

50，范围表示则为2000年到2050年；月份2位（MM），编号为01~12；日2位（DD），编号为01~31。

四、认证类型码

认证类型码仅有1位数字（A），认证类型包含无公害认证、绿色认证、有机认证及其他认证，分别编码为1、2、3、4。

第三节 几种追溯码编码的技术

一、条形码技术

条形码技术是在计算机技术和信息技术的基础上发展起来的一套编码、打印、识别、数据采集和处理技术。条形码技术最早发展于20世纪70年代，经过40多年的发展，条形码技术已广泛使用于各个领域，它大大提高了人们的工作效率，为管理科学和现代化做出了不小的贡献。条形码技术分为一维条形码、二维条形码和三维条形码三种。

（一）一维条形码技术

现实中普遍使用的是条形码发展的早期产品——一维条形码，随着社会和科技的更迭，人们逐渐发现了它的缺陷。一维条形码只在一个方位上（水平方向）表达信息，仅能储存一个代号，因此它存在表征信息量少的缺陷。由于受到信息容量的限制，一维条形码通常只对产品进行标识，而不是对产品进行描述。在使用过程中，一维条形码通常要依靠有效的外部数据库的支持，而且它们只起到指针的作用，没有外部数据库的一维条形码本身没有实际意义。几乎所有使用一维条形码的系统都依赖这种模式，严重钳制了一维条形码的发展。一维条形码的另一个巨大缺点是它们只能表达字母和数字，不能表达汉字和图像，这对于需要汉字和图像的情况是不能够满足需要的。

（二）二维条形码技术

鉴于一维条形码的种种缺点，20世纪80年代末出现了二维条形码。它利用某种特定的几何图形按照一定的规则在平面（二维方向）上分布的条、空相间的图形来记录数据符号信息，具有信息密度高、信息容量大、抗干扰能力强和纠错效果好等特点。二维条形码不仅能标识物品，而且能描述物品，它的信息存储量是一维条形码的几百倍，降低了对网络和数据库的依赖，它的出现给条码的应用带来革命性的发展。

1.二维条形码类型

根据二维条形码的生成原理和形状，目前国际上使用的二维条形码大致有两类：排列式二维条形码（又称堆叠二维条形码）和矩阵式二维条形码。

（1）排列式二维条形码　编码原理是在一维条形码的基础上实现的。层排的高度截断后的一维条形码根据需要堆叠成两行或多行，以达到信息的表达。典型的排列式二维条形码有 PDF417 码、Code49 码、Code16K 码等。

（2）矩阵式二维条形码　在计算机图像处理技术与组合编码原理的基础上，一种新型的图形符号编码机制自动识别处理，在矩形元素位置，用点（方点、圆点等）的出现表示二进制的“1”，点的不出现表示二进制的“0”，这就是矩阵式二维条形码的生成原理。所述矩阵中二维条形码数据根据信息的排列和组合的不同而不同。典型的矩阵式二维条形码有 DataMatrix 码、Maxicode 码、QR 码、CodeOne 码和汉信码。

2.二维条形码选择

二维条形码有很多种，不同的编码原理也不同，各有优缺点。最常见的二维条形码的比较如表 2-1 所示，可为追溯系统中使用的二维条形码的选择提供参考和科学依据。从表 2-1 可以看出，QR 码无论是从识别速度、汉字支持程度还是应用范围来看，都具有良好的特性。

表 2-1　常见的二维条形码对比

	QR 码	DataMatrix 码	PDF417 码
类型	矩阵式二维条形码	矩阵式二维条形码	排列式二维条形码
研制公司	日本 Denso Wave 公司	美国 I. D. Matrix 公司	美国 Symbol Technologies 公司
识别速度	30 个/秒	2～3 个/秒	3 个/秒
识别方向	全方位	全方位	+/−10 度
汉字表示	13 位	16 位	16 位
特点	识别速度快、信息密度大、体积小、可全方位识别、对汉字支持好	可全方位识别，但识别速度相对较慢	简单，但不容易识别，识别速度慢，并且图像占用面积大，不适合空间较小的地方用
应用范围	广	不太广	较广

（三）三维条形码编码技术

深圳大学光电子学研究所开发的任意进制三维条形码编码技术，是具有完全自主知识产权的条形码技术。与传统的二维条形码相比，三维条形码具有更大的信息容量，相同的识别简便性和更好的安全性。在中国物联网校企联盟的“科技一体化”模式中，三维条形码的出现是响应图像识别的产物和信息时代要求的产物。

1.三维条形码的优点

“任意十六进制三维码生成与识别系统”由于采用了全新的三维编码和国家全国物品编码标准化技术委员会认可的算法，并在相对封闭的环境中使用，其安全性能远优于开放式二维码应用系统，是一种具有自主知识产权和国际领先水平的条形码技术，有非常大的发展空间。

三维条形码的另一个特点是信息量大，在同一编码区域内，其最大可表示的数据量是PDF417码的10倍以上，因此它可以在普通条形码的大小下包含大量的辅助信息，足以识别信息的真实性。

三维条形码是如何实现携带大量信息的？我们知道一维条形码和二维条形码都印在平面上。它们是二维空间的代码。这些代码使用一定长度和宽度的条形和空白来表示数据。二维条形码与一维条形码相比，具有信息量大的优点，因为三维条形码在二维条形码的基础上又增加了一个维度，可以表示更多的数据，具有更多的信息容量。也就是说，空间中的任何一点都可以分别用 X、Y 和 Z 轴的参数来描述，在 X 轴和 Y 轴确定的二维平面码的基础上引入 Z 轴层高的概念，从而大大增加了编码能力。

2.三维条形码公共安全领域的应用前景

防伪技术是维护社会公共安全、国家和人民财产安全的重要手段，“任意十六进制三维码生成和识别系统”本质上是对图像、信息进行数据采集和处理，可以应用于产品防伪、金融流通票据和有价证券防伪、所有证件的防伪，如在进入机场进行安检时，可以通过读卡器刷卡，就像我们现在刷卡一样，所有个人信息都会显示出来，方便快捷。它具有以下特点：一是可靠，世界上没有比这更先进可靠的安全识别系统了；二是识别方便，使用非常简单，大大提高了工作效率；三是生产成本低，更容易推广。它还可以广泛应用于国家重点保密部门、银行金库和海关安检，改变了过去的密码认证防伪模式，将图像、数据库、语言、防伪、密码、IC卡与防伪系统有机结合了起来。

二、二维条形码编码（QR码）技术概述

QR码是二维条形码的一种，QR来自英文“Quick Response”的缩写，即快速反应的意思，取发明者希望QR码可让其内容快速被解码之意。QR码比普通条形码存储的数据更多，并且不需要与扫描仪直接对齐。QR码是方形的，只有黑白两种颜色。在四个角中的三个角里，有较小的方形图案，像“回”字一样。这三者有助于解码软件定位图案，用户不需要对齐，无论在任何角度扫描，数据仍然可以被正确读取。QR码在日本最常见，是目前日本最流行的二维空间条形码。日本QR码标准JIS X0510于1999年1月发布，其相应的ISO国际标准ISO/IEC 18004于2000年6月获得批准。根据Denso Wave公司的网站资料，QR码是属于开放式的标准，QR码的规格是公开的，而由Denso Wave公司持有的专利权益，则不会被强制执行。除了标准的QR码之外，还有一种格式被称为“微型QR码”，是QR码标准的简化版，主要为处理较大型扫描的应用而设计。微型QR码仍有多种标准，最多可储存35个字符。

QR码在设计之初旨在使跟踪汽车工厂中的零件变得更加容易，现在被广泛用于管理各种行业的库存。用户还可以使用具有RS-232C接口和解码器的个人电脑连接扫描仪或照相机，获取二维条形码中的数据，非常适合食品物流、隐形眼镜、服装等领域的库存管理企业应用。QR码在日本、韩国越来越受欢迎。手机内置的QR码解码软件让更多的消费者了解和使用基于二维条形码提供的服务，中国移动推出了QR码离线业务，使QR码从企业应用走向平民生活。目前，二维条形码业务已应用于智能制造、金融支付、电子商务、新闻媒体、网络交友、网络信息安全、经济运行环境、社会公共安全等和人民日常生活密切相关的领域。

（一）QR码应用

1. 手机二维条形码读取

读取引擎是一种支持手机扫描识别二维条形码的软件。只要搭载摄像头的手机内置或下载了二维条形码读取引擎，就可以扫描物品上的二维条形码，解读二维条形码中隐含的信息，享受二维条形码带来的便利。

2. 数据录入应用

用手机拍摄二维条形码，读取条码内信息并存储的应用都可归为此类应用。

3. 处理交通违章

结合手机二维条形码读取引擎处理交通事故。交警在执勤时一旦发现交通违章（如违章停车、酒后驾驶等），就可以使用手机对车辆的二维条形码进行读取，在处理交通违章的同时输入相应的代码完成数据录入后，在警车的便携式打印机上打印出罚单，二维条形码中的信息和违章记录将自动传输到中央数据库。整个过程都可以在 30 秒内完成。这大大提高了车辆的管理水平和交警的工作效率，确保交通的安全和畅通。

（二） QR 码安全

手机病毒可以通过 QR 码传播，伪装成手机聊天软件，并通过 QR 码提供下载链接，一旦用户扫描二维条形码，手机病毒会自动向用户发送短信，骗取手机账单等。对此，中国移动物联网基地相关专家表示，由于二维条形码技术已经发展得非常成熟，“门槛”低，普通网民在互联网上搜索二维条形码生成器，可以根据自己的意愿，制作二维条形码。但别担心，专家也给出了两种保护措施，只要严格遵守，就可以享受便捷的同时确保“万无一失”：一不要“看码就刷”，特别是不要刷一些非正式网站提供的二维条形码，在刷码之前要鉴别是否为权威来源；二是在手机中安装相应的保护程序，一旦出现有害信息，可及时提醒。

（三） QR 码的特点

☞QR 码相较其他二维条形码，拥有解读速度快、数据密度大、占用空间小的优势。

☞QR 码的三个角上有三个寻象图形，使用电荷耦合器件（CCD）识读设备纳入码的位置、大小、倾斜角度等信息并加以解码，实现全方位高速解读。每秒可读 30 个含有 100 个字符的 QR 码。

☞QR 码占用空间小但储存内容多，可以放入 1 817 个汉字、7 089 个数字、4 200 个英文字母。

☞QR 码用数据压缩的方式表示汉字，仅用 13 bit 即可表示一个汉字，相较其他二维条码表示汉字的效率高了 20% 。

☞QR 具有 4 个等级的识错功能，即使被破坏也能够正确读取（最高可达到 7% ~30% 面积破损仍可被解读）。

☞QR 码抗弯折的性能强，QR 码中每隔一定的距离配置有校正图形，从码的外形求得推测校正图形中心点与实际校正图形中心点的误差来修正各个模块的中心距离，故QR码贴在弯曲的物品上也能够完成快速解读。

☞QR码可以分割成16个，可以一次性识读多个分割码，适用于印刷面积有限及细长空间印刷。

☞微型QR码可将35个数字或9个汉字或21个英文字母放入1厘米的空间，能满足小型电路板对ID号码进行采集的需要。

（四） QR码的发展

近年来，随着互联网技术和计算机硬件技术的飞速发展，信息化、信息传播和认可成为当前讨论的主要话题。我们要去超市购物，可以通过扫描商品的图标查看商品信息，这些部位的图标被称为一维条形码，已经得到了广泛的应用，但是编码只有数字和字母，而不支持中文，只能检查不能纠错，应用必须依靠数据库或通信网络的存在。二维条形码纵向和横向的编码技术，大大扩展了编码能力，对数字、字母、中文、图像和声音都可以进行编码，具有很强的纠错能力，并且可以根据需要设置不同的纠错级别，在应用方面不依赖于数据库或通信网络而单独存在。可以说，如果一维条形码是给物品编码，那么二维条形码就是描述物品的细节。近年来，我国信息技术和自动化管理得到了快速发展，在信息产业和企业自动化管理的带动下，作为自动采集信息数据的重要手段之一的二维条形码技术在我国得到了迅速的推广和应用。自1998年以来，二维条形码读取设备在我国的销量呈指数级增长，设备供给略大于需求，供需基本均衡，发展势头令人满意。鉴于此，对二维条形码技术进行研究已成为国家信息化发展的必然趋势。

三、QR码编码技术要求

（一）范围

标准规定了QR码模式2中符号的特征、数据字符编码、符号格式、尺寸特性、纠错规则、参考译码算法、符号质量要求，以及可由用户选择的应用参数。

（二）一致性

符合QR码模式2或模式1中规定的QR码符号（以及设计用于生成或读取QR码符号的设备）应被视为符合本规范。但请注意，模式2是新的和开放的系统应用程序的推荐表示法。

（三）引用标准

以下标准文件包含的规定，在本文中通过引用构成本国际标准的规定。但是，鼓励基于国际标准的协定缔约方调查适用下列标准文件最新版本的可能性。未注明日期的参考标准适用于所提交申请的最新版本。ISO 和 IEC 的成员仍然是当前有效标准的注册机构。

ISO/IEC 15424《信息技术　自动识别和数据采集技术　数据载体标识符》

ISO/IEC 15416—2016《信息技术　自动识别和数据捕获技术　条形码打刷质量测试规范　线性符号》

EN 1556《条码——术语》

JIS X0201《信息交换用 JIS 8 位字符集》

JIS X0208—1997《信息交换用日语图形字符集》

ANSI X3.4《编码字符集——信息交换用 7 位美国国家标准码（7 位 ASCII）》

《AIM 国际技术规范扩展解释——第一部分：识别方案与协议（称作“AIM ECI 规范”）》

（四）术语和定义

EN 1556 中的术语和下列各项适用于本标准：

1. 校正图形

用于确立矩阵符号位置的一个固定参照图形，译码软件可以通过它在图像有中等程度破损的情况下，再同步图像模块的坐标映象。

2. 字符计数指示符

定义某一模式下的数据串长度的位序列。

3. 扩展解释指示符

6 位数字，用于标记具体的扩展解释任务。

4. 编码区域

在符号中没有被功能图形占用，可以对数据或纠错码进行编码的区域。

5. 扩展解释

在某些码制中，对输出数据流允许有与缺省字符集不同解释的协议。

6. 扩展图形

模式 1 中，不表示数据的一种功能型图形。

7. 格式信息

一种功能图形，它包括符号使用的纠错等级以及使用掩模图形的信息，以便对编码区域的剩余部分进行译码。

8. 功能图形

符号中用于符号定位与特征识别的特定图形。

9. 掩模图形参考

用于符号的三位掩模图形标识符。

10. 掩模

在编码区域内，用掩模图形对位图进行 XOR 操作，其目的是使符号中深色与浅色模块数的比例均衡，并且减少影响图像快速处理的图形出现。

11. 模式

将特定的字符集表示成位串的方法。

12. 模式指示符

4 位标识符，指示随后的数据序列所用的编码模式。

13. 填充位

值为 0，不表达数据，用于填充数据位流最后一个码字中终止符后面的空位。

14. 位置探测图形

组成寻象图形的三个相同的图形之一。

15. 剩余位

值为 0，不表示数据，当编码区域不能正好被 8 位的码字填满时，用于填充最后一个码字后的空位。

16. 剩余码字

一种填充码字，当所有的数据码字和纠错码字不能正好填满符号的容量时，用于填充所空码字位置，它们紧跟在最后一个纠错码字之后。

17. 段

以同一扩展解释或编码模式编码的数据序列。

18. 分隔符

全部由浅色模块组成的功能图形，宽度为一个模块，用于将位置探测图形与符号的其余部分分开。

19. 终止符

用于结束表示数据位流的位图 0000。

20. 定位图形

深颜色与浅颜色模块交错的图形，便于决定符号中模块的坐标。

21. 版本

用于表示符号规格的系列。某一特定版本是根据它在所允许的规格系列中的位置来确立的。QR 码所允许规格系列为（21×21）模块（版本 1）~（177×177）模块（版本 40）。它也可同时指示符号所应用的纠错等级。

22. 版本信息

包括符号版本的信息及该数据纠错位的功能图形。

（五）运算符（缩略符）

在公式和方程中使用的数学符号，是在它们所在的公式或方程之后定义的。

本书中使用的数学运算符定义如下：

div 整除运算符。

mod 整除后的余数。

XOR 逻辑“异或”功能，当两个输入不等时，它的输出为 1。

（六）有关 QR 码的约定

1. 模块位置

为便于参考，用在符号中的行、列坐标表示模块的位置，格式为（i，j）。其中，i 表示模块所在行数（从上向下计算），j 表示列数（从左向右计算），计数从 0 开始，因此模块（0，0）是符号中左上角的模块。

2. 字节表示

字节的内容用十六进制表示。

3. 版本参考

符号版本用版本 V-E 的方式表示，其中 V 表示版本号（1~40），E 表示纠错等级（L，M，Q，H）。

（七）符号描述

本标准的条款规定了 QR 码模式 2 符号的技术规范，除非在书中作特别说明，否则也适用于模式 1 符号。

1. 基本特征

QR 码为矩阵式二维条形码，具有如下特征：

（1）编码字符集

①数字型数据（数字 0~9）。

②字母数字型数据（数字 0～9；大写字母 A～Z；9 个其他字符：space，$，%，*，+，-，.，/，:）。

③8 位字节型数据［与 JIS X 0201 一致的 JIS8 位字符集（拉丁名和假名）］。

④日本汉字字符（与 JIS X 0208 一致的转化 JIS 字符集。注意：在 QR 码中的日本汉字字符的值为：8140_{HEX}-$9FFC_{HEX}$ 和 $E040_{HEX}$-$EBBF_{HEX}$，可以压缩为 13 位）。

⑤中国汉字字符（与《信息技术　中文编码字符集中规定》双字节字符表表示一致的字符集）。

（2）数据表示法　深色模块表示二进制 1，浅色模块表示二进制 0。

（3）符号规格（不包括空白区）　（21×21）模块~（177×177）模块（版本 1 到 40，每版本符号每边增加 4 个模块）。

每个符号的数据字符数（最大规格的符号—版本 40-L）。

数字数据（7 089 个字符）、字母数字数据（4 296 个字符）、8 位字节数据（2 953 个字符）、日本汉字数据（1 817 个字符）、中国汉字数据（21 008 个字符）。

（4）纠错的选择　4 种纠错等级，可恢复的码字比例为：L（7%）、M（15%）、Q（25%）、H（30%）。

（5）独立定位　图 2-1 为 QR 码符号版本 1 的示例。

图 2-1　QR 码符号版本 1 的示例

2. 其他特征综述

以下 QR 码特征有些是固有的，有些是可选的：

(1) 结构链接（可选） 允许把数据文件用最多 16 个 QR 码符号在逻辑上连续地表示。它们可以以任意的顺序扫描，而原始数据能正确地重新连接起来。

(2) 掩模（固有） 可以使符号中深色与浅色模块的比例接近 1 : 1，使因相邻模块的排列造成译码困难的可能性降为最小。

(3) 扩展解释（可选） 这种方式使符号可以表示缺省字符集以外的数据（如阿拉伯字符、古斯拉夫字符、希腊字母等），以及其他解释（如用一定的压缩方式表示的数据）或者对行业特点的需要进行编码。

（八）符号结构

每个 QR 码符号由名义上的正方形模块构成，组成一个正方形阵列，它由编码区域和包括寻象图形、分隔符、定位图形和校正图形在内的功能图形组成。功能图形不能用于数据编码，符号的四周由空白区包围。图 2-2 为 QR 码版本 7 的符号结构图。

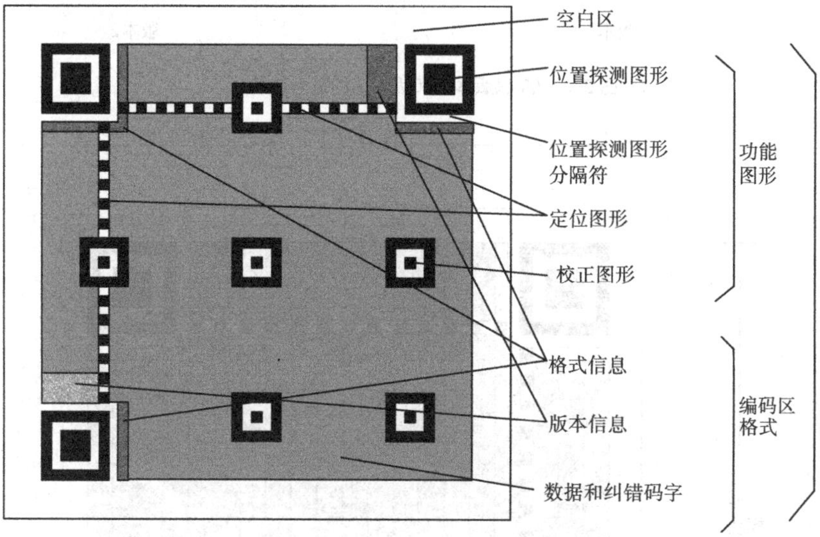

图 2-2 QR 码版本 7 的符号结构

1. 符号版本和规格

QR 码符号共有 40 种规格，分别为版本 1、版本 2……版本 40。版本 1 的规格为（21×21）模块，版本 2 为（25×25）模块，以此类推，每一版本符号比前一版本每边增加 4 个模块，直到版本 40，规格为（177×177）模块。图 2-3 至图 2-8 为版本 1、版本 2、版本 6、版本 7、版本 14、版本 21 和版本 40 的符号结构。

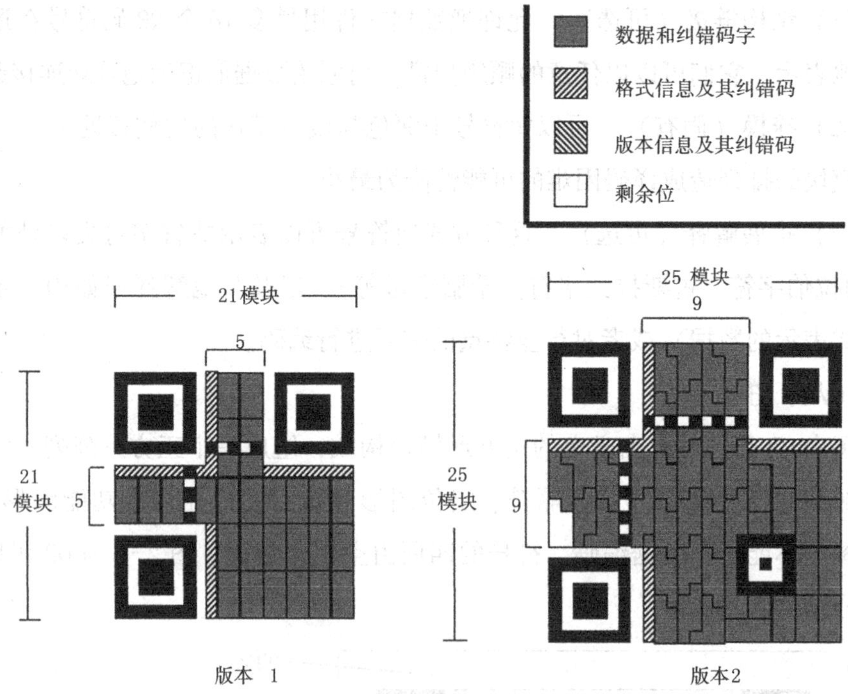

图 2-3　QR 码版本 1 和版本 2 的符号结构

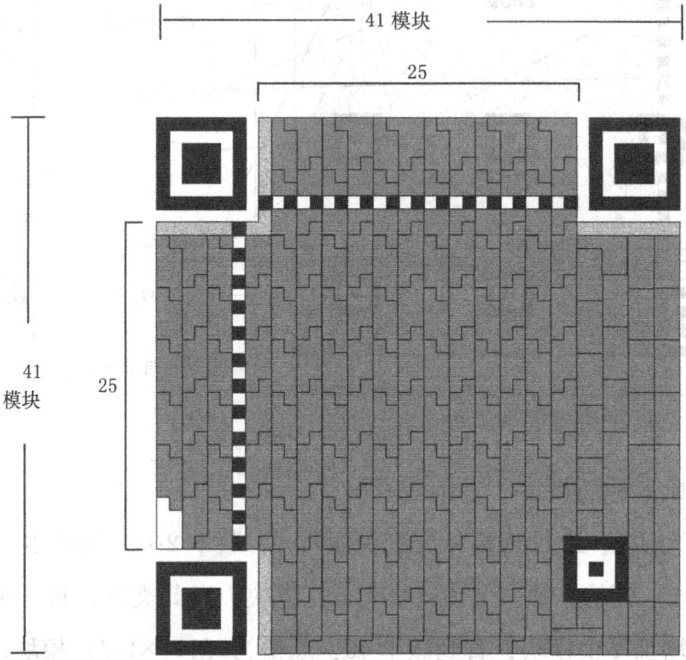

图 2-4　QR 码版本 6 的符号结构

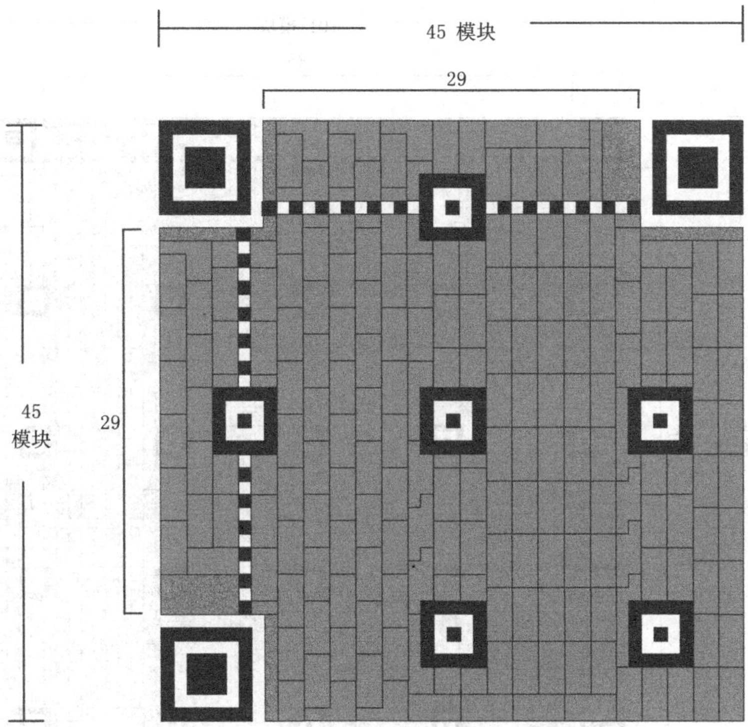

图 2-5　QR 码版本 7 的符号结构

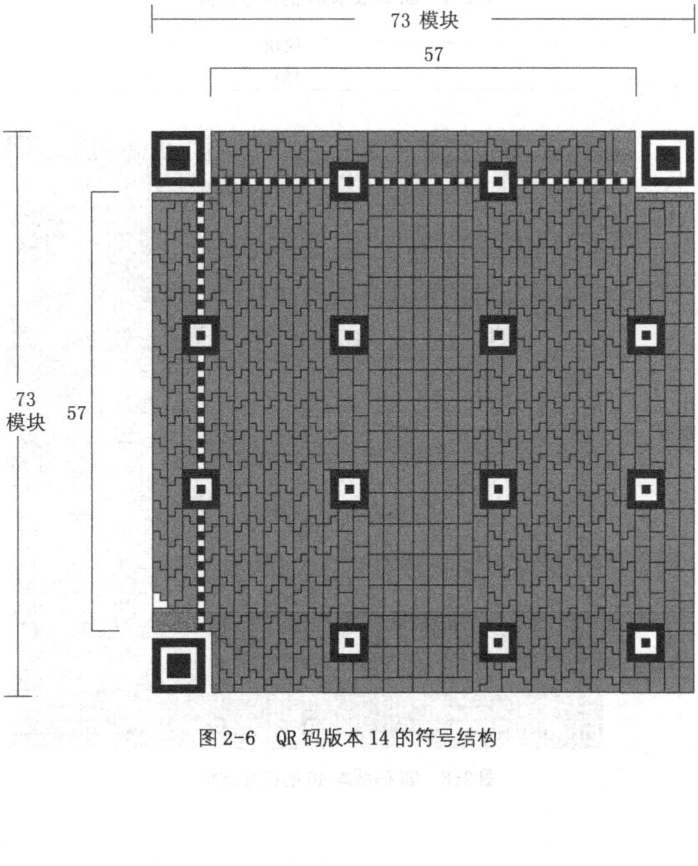

图 2-6　QR 码版本 14 的符号结构

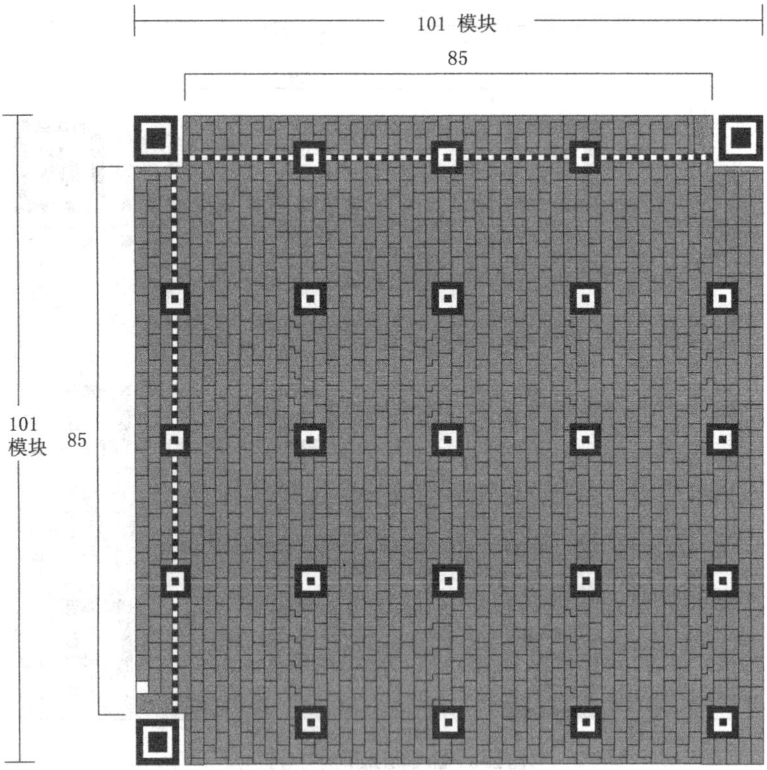

图 2-7　QR 码版本 21 的符号结构

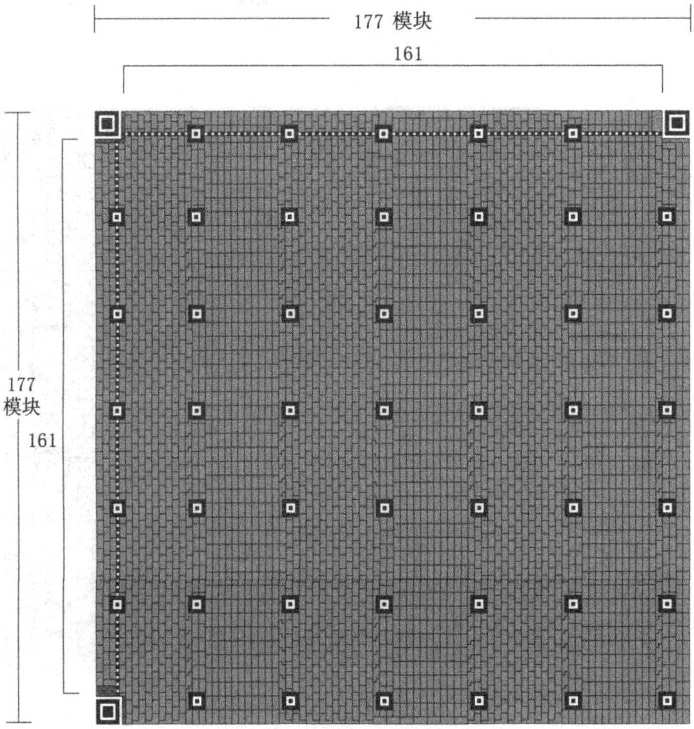

图 2-8　QR 码版本 40 的符号结构

2. 寻象图形

寻象图形查找图由三个相同的位置探测图组成，分别位于符号的左上角、右上角和左下角，如图 2-9 所示。每个位置探测模式都可以被认为是由三个重叠的同心正方形组成，具有（7×7）个暗模块，（5×5）个光模块和（3×3）个暗模块。位置探测图形的模块宽度比为 1 : 1 : 3 : 1 : 1。在符号的其他地方遇到类似模式的可能性很小，因此可以在视野中快速识别可能的 QR 码符号。通过识别构成图像搜索模式的三种位置探测模式，可以明确地确定视场中符号的位置和方向。

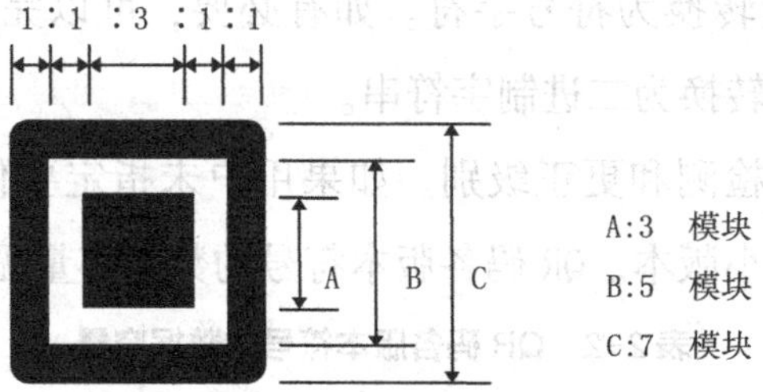

图 2-9 位置探测图形的结构

3. 分隔符

在每个位置探测图形和编码区域之间有宽度为 1 个模块的分隔符，全部由浅色模块组成。

4. 定位图形

水平和垂直定位图分别是一个模块宽的一行和一列，由深浅模块交替组成，其开始和结尾都是深色模块。水平定位图位于两个上部位置检测图之间，符号的第六行。垂直定位图位于交易品种左侧第六列的两个位置检测图之间。它们的作用是确定符号的密度和版本，为确定模块坐标提供参考位置。

5. 校正图形

每个校正图形可看作是 3 个重叠的同心正方形，由（5×5）个的深色模块，（3×3）个的浅色模块以及位于中心的一个深色模块组成。校正图形的数量视符号的版本号而定，在模式 2 的符号中，版本 2 以上（含版本 2）的符号均有校正图形。

6. 编码区域

编码区域包括表示数据码字、纠错码字、版本信息和格式信息的符号字符。

7. 空白区

空白区为环绕在符号四周的 4 个模块宽的区域，其反射率应与浅色模块相同。

四、QR 码编码方法

（一）编码步骤

1. 数据分析

分析输入数据流以确定要编码的字符类型。QR 码支持扩展解释，并且可以对与缺省的字符集不同的数据进行编码。QR 码包括几种不同的模式，可以有效地将不同的字符子集转换为符号字符。如有必要，可以完成架构之间的转换，以便更有效地将数据转换为二进制字符串。

选择所需的错误检测和更正级别。如果用户未指定要使用的符号版本，则选择适合于数据的最小版本。QR 码各版本符号的数据容量见表 2-2。

表 2-2　QR 码各版本符号的数据容量

版本	每边的模块数（A）	功能图形模块数（B）	格式及版本信息模块数（C）	除 C 以外的数据模块数（$D=A^2-B-C$）	数据容量*［码字］(E)	剩余位
1	21	202	31	208	26	0
2	25	235	31	359	44	7
3	29	243	31	567	70	7
4	33	251	31	807	100	7
5	37	259	31	1 079	134	7
6	41	267	31	1 383	172	7
7	45	390	67	1 568	196	0
8	49	398	67	1 936	242	0
9	53	406	67	2 336	292	0
10	57	414	67	2 768	346	0
11	61	422	67	3 232	404	0
12	65	430	67	3 728	466	0
13	69	438	67	4 256	532	0
14	73	611	67	4 651	581	3
15	77	619	67	5 243	655	3

续表

版本	每边的模块数（A）	功能图形模块数（B）	格式及版本信息模块数（C）	除 C 以外的数据模块数（$D=A^2-B-C$）	数据容量*[码字]（E）	剩余位
16	81	627	67	5 867	733	3
17	85	635	67	6 523	815	3
18	89	643	67	7 211	901	3
19	93	651	67	7 931	991	3
20	97	659	67	8 683	1 085	3
21	101	882	67	9 252	1 156	4
22	105	890	67	10 068	1 258	4
23	109	898	67	10 916	1 364	4
24	113	906	67	11 796	1 474	4
25	117	914	67	12 708	1 588	4
26	121	922	67	13 652	1 706	4
27	125	930	67	14 628	1 828	4
28	129	1 203	67	15 371	1 921	3
29	133	1 211	67	16 411	2 051	3
30	137	1 219	67	17 483	2 185	3
31	141	1 227	67	18 587	2 323	3
32	145	1 235	67	19 723	2 465	3
33	149	1 243	67	20 891	2 611	3
34	153	1 251	67	22 091	2 761	3
35	157	1 574	67	23 008	2 876	0
36	161	1 582	67	24 272	3 034	0
37	165	1 590	67	25 568	3 196	0
38	169	1 598	67	26 896	3 362	0
39	173	1 606	67	28 256	3 532	0
40	177	1 614	67	29 648	3 706	0

注：* 表示码字的长度为 8 位。

2. 数据编码

对于采用的模式根据上面定义的规则，将数据字符转换为比特流。当需要进行模式转换时，会在开始用于模式转换的新模式部分之前添加模式指示符。将终止符添加到数据序列的末尾。将生成的位流分为每8位一个代码字。如有必要，根据版本要求添加填充字符以填充数据代码中的字符数。

3. 纠错编码

按需要将码字序列分块，以便按块生成相应的纠错码字，并将其加入到相应的数据码字序列的后面。

4. 构造最终信息

按“纠错编码”的描述，在每一块中置入数据和纠错码字，必要时加剩余位。

5. 在矩阵中布置模块

将寻象图形、分隔符、定位图形、校正图形与码字模块一起放入矩阵。

6. 掩模

依次将掩模图形用于符号的编码区域。并选择评价结果中使深色、浅色模块比率最优，且使不希望出现的图形最少化的结果。

7. 格式和版本信息

生成格式和版本信息（如果用到时），形成符号。

（二）数据分析

分析输入数据，确定其内容，然后选择使用默认或其他适当的扩展解释和适当的模式。从数字模式到汉字模式，每种模式下字符所需的位数依次增加。在符号中，可以通过模式的转换使数据的位流长度最短。在一种模式下编码的部分数据可以比其他部分更有效。例如，一个数字序列后跟一个字母序列。从理论上讲，使用每个数据字符所需位数最少的架构进行编码是最有效的，但每次模式转换都需要以相关架构指示符和字符号指示符的形式提供额外的开销，因此对于少量字符，模式转换并不总是能使位流总量最少。同时，由于每个版本的容量逐步增加，因此可能无法在所有情况下都达到最大的转换效率。

（三）模式

以下模式是根据默认的扩展解释有关字符值和任务定义的。如果使用其他ECI，则应使用字节值而不是特定的字符任务来选择最佳压缩模式。例如，如果数据字节序列值为30_{HEX}到39_{HEX}，请使用数值模式。在这种情况下，将压缩与字节值对应的默认数字或字母数字。

1. 扩展解释模式

扩展解释协议允许输出数据流与默认字符集不同的解释。扩展解释协议在某些代码系统中是一致的。QR 码支持四大类解释：国际字符集（或代码页），用于加密或压缩一般目的的解释，闭环系统中的用户定义解释，以及无缓冲模式下结构链接的控制信息。

扩展解释协议在 AIM ECI 规范中有全面的定义，该协议提供了一种在打印之前和译码后详细解释字节值的方法。QR 码的缺省解释是扩展解释 000020，表示 JIS8 和转换 JIS 字符集。

2. 数字模式

数字模式对十进制数字 0~9（ASCII 值 30_{HEX} 至 39_{HEX}）编码，通常的密度为每 10 位表示 3 个字符。

3. 字母数字模式

字母数字模式对 45 个字符的字符集进行编码，即 10 个数字 0~9（ASCII 值 30_{HEX} 至 39_{HEX}），26 个字母字符 A~Z（ASCII 值 41_{HEX} 至 $5A_{HEX}$）以及 9 个符号 SP、$ 、% 、* 、+、-、. 、/、:（ASCII 值分别为 20_{HEX}，24_{HEX}，25_{HEX}，$2A_{HEX}$，$2B_{HEX}$，$2D_{HEX}$，$2E_{HEX}$，$2F_{HEX}$，$3A_{HEX}$）。通常情况下，两个输入字符用 11 位表示。

4. 8 位字节模式

8 位字节模式用于表示与 JIS X 0201 一致的 8 位拉丁/假名字符集（字符值为 00_{HEX} 至 FF_{HEX}），其编码密度为每个字符 8 位。

5. 日本汉字模式

日本汉字模式用于表示与基于 JIS X 0208 的转换 JIS 系统一致的日本汉字字符。转换后的 JIS 值从 JIS X 0208 转换而来。有关详细信息，请参阅 JIS X 0208 转换代码表示形式。每个双字节字符由一个 13 位二进制代码字表示。

6. 中国汉字模式

中国汉字模式用于表示《信息交换用汉字编码字符集》规定的双字节表示的中国汉字和非汉字字符，其字符值为《信息交换用汉字编码字符集》规定字符对应的内码值，见《信息技术　中文编码字符集》，每个双字节字符由 13 位二进制数表示。

7. 混合模式

QR 码符号可以包含上文中描述的多种模式所表示的混合数据序列。

8.结构链接模式

结构链接模式用于将数据文件单独表示为QR码符号的序列，要求所有符号都是可读的，并且数据要以正确的顺序重建。每个符号都有一个结构链接标头，用于标识序列的长度和符号在其中的位置，并验证所有可读符号是否属于同一文件。

9.FNC1模式

FNC1模式用于表示按UCC/EAN应用标识标准或国际AIM协会已经同意的具体行业标准格式化的数据。

（四）数据编码

输入数据被转换为比特流。如果初始扩展解释不是默认的扩展解释，则它前面有一个扩展解释标头，后跟一个或多个不同模式的段。如果使用默认的扩展解释，则比特流的开头是第一种模式的指示符。

扩展解释标头（如果有）应包含如下内容：

——扩展解释模式指示符（4位）

——扩展解释指定符（8，16或24位）

位流其余部分的第一段由以下内容组成，它们包含：

——模式指示符（4位）

——字符计数指示符

——数据位流

1.扩展解释标头

扩展解释标头以扩展解释模式指示符的最高位开头，以扩展解释说明符的最低位结束。每个模式段从模式指示符的最高位开始到数据流的最低位结束。段的长度已经由采用模式的规则和数据字符数显式确定，因此段之间没有特定的分隔。

给定的模式中对输入的数据序列编码的步骤。表2-3定义了每个模式的模式指示符。表2-4定义了采用不同模式和符号版本的字符计数指示符的位数。

表 2-3　每个模式的模式指示符

模式	指示符
扩展解释	0111
数字	0001
字母数字	0010
8 位字节	0100
日本汉字	1000
中国汉字	1101
结构链接	0011
FNC1	0101（第一位置） 1001（第二位置）
终止符（信息结尾）	0000

表 2-4　字符计数指示符的位数

版本	数字模式	字母数字模式	8 位字节模式	中国汉字模式
1～9	10	9	8	8
10～26	12	11	16	10
27～40	14	13	16	12

符号的末尾由 4 位终止符 0000 表示，当符号数据流后面的剩余位少于 4 位时，该终止符将被截断。终止符本身不是模式指示符。

2. 扩展解释(ECI)模式

此模式根据符合 AIM ECI 规范中预处理此类数据的规则的可选字节值解释(如不同的字符集）对一类数据进行编码。形态指标 0111 引入了形态。无须引入 QR 码默认扩展解释（ECI 标头 000020，对应于 JIS8/转换 JIS 字符集)，特别是在任何符号的开头。

ECI 只能用于识读器可以传送符号标识的情况，不能传送符号标识的识读器无法从包含 ECI 的符号中传输数据。

输入的 ECI 数据需要编码系统作为一系列 8 位字节的值进行处理。

ECI 序列中的数据可以一种或几种模式对其字节值进行最高效编码，而不必考虑其实际意义。例如：值为 30_{HEX} 到 39_{HEX} 的数据序列可以当作一个数字 0~9 序列用数字模式进行编码，即使也许实际上它并不表示数字数据。字符计数指示符由字节的数量决定（在日本汉字模式中为双字节、中国汉字模式中为双字节）。

（1）ECI 指定符 每个扩展解释被分配一个 6 位的任务号，它为紧接在 QR 符号的 ECI 模式指示符后的 1 个、2 个或 3 个码字。其编码规则见表 2-5。ECI 模式指示符编码为 ASCII/JIS8 字符 $5C_{HEX}$（¥ 或 ISO 646 IRV 中的反斜线，¥ 或 JIS8 中的日元符号），其后跟随 6 位任务号。如果 ASCII/JIS8 字符 $5C_{HEX}$ 本身是作为数据的内容，在应用 ECI 协议的符号编码前，应在数据串中重复该字符。

表 2-5　ECI 任务号的编码

ECI 任务号	码字数	码字值
000000 至 000127	1	0bbbbbbb
000000 至 016383	2	10bbbbbbbbbbbbbb
000000 至 999999	3	110bbbbbbbbbbbbbbbbbbbbb
		b……b 是 ECI 任务号的二进制值

在译码时，第一个 ECI 指定符码字（ECI 模式中模式指示符后的码字）的二进制图形，确定 ECI 指定符序列的长度。第一个“0”前面的“1”的个数量表示 ECI 任务号的第一个码字后的附加码字的数量。第一个“0”后面的各位，是 ECI 任务号的二进制表示。较低的 ECI 任务号有多种编码方式，最短的方式为首选。

如：假设编码的数据为希腊字母，字符集为 ISO8859-7（ECI000009），符号版本为 1-H。

要编码的数据 E：（字符值 $A1_{HEX}$，$A2_{HEX}$，$A3_{HEX}$，$A4_{HEX}$，$A5_{HEX}$）

符号中的位序列：

ECI 模式指示符 0111

ECI 任务号（000009）00001001

模式指示符（8 位字节）0100

字符计数指示符（5）00000101

数据：1010000110100010101000111010010010100101

最终的位串：

0111000010010100000001011010000110100010101000111010010010100101

（2）多种 ECI 请参阅 AIM ECI 规范中指定的 ECI 数据段中 ECI 指定符的作用的规则。例如，已应用于某一字符集 ECI 的数据也可一个与初始的 ECI 共存的非字符集 ECI 进行加密或压缩，或者第二个 ECI 可以取消第一个 ECI 并开始新的 ECI 段。数据中存在任何 ECI 说明符都会对 QR 码符号进行编码，并启动新的模式段。

（3）ECI 和结构链　引入的任何 ECI 必须符合上述规则和 AIM ECI 规范，直到编码数据结束或出现另一个 ECI（由模式指示符 0111 表示）。如果 ECI 编码的数据扩展到结构链接模式中的两个或多个符号，则在继续使用 ECI 模式的每个后续符号中，在结构链接标头之后立即提供由 ECI 模式提示符和 ECI 说明符组成的 ECI 标头。

3. 数字模式

输入数据分为三位一组，每组数据转换为 10 位二进制数。如果输入数据的位数不是 3 的倍数，则剩余的 1 位或 2 位应分别转换为 4 位或 7 位二进制。连接二进制数据，前面是模式指示符和字符计数指示符。

例：(符号版本 1-H)

输入的数据：　0123456789012345

a）分为三位一组：0123456789012345

b）将每组转换为二进制：012→0000001100

345→0101011001

678→1010100110

901→1110000101

234→0011101010

5→0101

c）将二进制数连接为一个序列：

0000001100010101100110101001101110000101001110101001 01

d）将字符计数指示符转换为二进制（版本 1-H 为 10 位）：

字符数：16→0000010000

e）加入模式指示符 0001 以及字符计数指示符的二进制数据：

00010000010000000000110001010110011010100110111000010100111010100101

数字模式中位流的长度计算公式如下：

$$B=4+C+10\ (D\ \ \text{DIV}\ \ 3)\ +R$$

式中，B——位流的位数；

C——字符计数指示符的位数；

D——输入的数据字符数；

R——0 当 (D MOD 3) = 0；

R——4 当 (D MOD 3) = 1；

R——7 当 (D MOD 3) = 2。

4. 字母数字模式

按照表 2-6，每个输入的字符赋予一个数值 V，它的值为 0 到 44。

表 2-6 字母数字模式的编码/译码表

字符	值	字符	值	字符	值	字符	值	字符	值	字符	值	字符	值	字符	值
0	0	6	6	C	12	I	18	O	24	U	30	SP	36	.	42
1	1	7	7	D	13	J	19	P	25	V	31	$	37	/	43
2	2	8	8	E	14	K	20	Q	26	W	32	%	38	:	44
3	3	9	9	F	15	L	21	R	27	X	33	*	39		
4	4	A	10	G	16	M	22	S	28	Y	34	+	40		
5	5	B	11	H	17	N	23	T	29	Z	35	-	41		

输入数据分为两个字符组，由 11 位二进制表示。将前一个字符的值乘以 45，然后将其与第二个字符相加，将结果转换为 11 位二进制数。如果输入数据中的字符数不是 2 的整数倍，则将最后一个字符编码为 6 位二进制数。连接生成的二进制数据，并在其前面加上模式指示符和字符计数指示符，在表中指定的字母数字模式下，它们的长度为 9 位、11 位或 13 位。将输入的字符数编码为 9 位、11 位或 13 位二进制代码，放在模式指示符之后，二进制数据序列之前。

例：(符号版本 1-H)

输入的数据：　　　　AC-42

a) 查出字符的值：　　AC-41→ (10，12，41，4，2)

b) 将结果分为 2 个一组：(10，12) (41，4) (2)

c) 将每组数据转换为 11 位二进制数：

(10，12) 10* 45+12→462→00111001110

(41，4) 41* 45+4→1849→11100111001

(2) →2→000010

d) 二进制数据顺次连接：00111001110111001110010000 10

e）将字符计数指示符转换为二进制（版本 1-H 为 9 位）：

输入的字符数　5→000000101

f）在二进制数据前加上模式指示符 0010 和字符计数指示符：

0010000000101001110011101110011100100000010

字母数据模式的二进制位流位数由下式计算：

$$B=4+C+11\ (\mathrm{DDIV2})\ +6\ (\mathrm{DMOD2})$$

式中，B——位流的位数；

C——字符计数指示符的位数（根据表 3）；

D——输入的字符数。

5.8 位字节模式

在此模式下，8 位码字直接表示输入数据字符的 JIS8 字符值，即密度为每个字符 8 位，如表 2-7 所示。在其他非默认 ECI 中，它直接表示 8 位字符值。

表 2-7　JIS8 字符集编码/译码表

字符	值	字符	值	字符	值	字符	值	字符	值	字符	值	字符	值	字符	值
NUL	00	SP	20	@	40	`	60		80		A0	ﾀ	C0		E0
SOH	01	!	21	A	41	A	61		81	｡	A1	ﾁ	C1		E1
STX	02	″	22	B	42	B	62		82	｢	A2	ﾂ	C2		E2
ETX	03	#	23	C	43	C	63		83	｣	A3	ﾃ	C3		E3
EOT	04	$	24	D	44	D	64		84	､	A4	ﾄ	C4		E4
ENQ	05	%	25	E	45	E	65		85	･	A5	ﾅ	C5		E5
ACK	06	&	26	F	46	F	66		86	ｦ	A6	ﾆ	C6		E6
BEL	07	’	27	G	47	G	67		87	ｧ	A7	ﾇ	C7		E7
BS	08	(	28	H	48	h	68		88	ｨ	A8	ﾈ	C8		E8
HT	09	)	29	I	49	I	69		89	ｩ	A9	ﾉ	C9		E9
LF	0A	*	2A	J	4A	j	6A		8A	ｪ	AA	ﾊ	CA		EA
VT	0B	+	2B	K	4B	k	6B		8B	ｫ	AB	ﾋ	CB		EB
FF	0C	,	2C	L	4C	l	6C		8C	ｬ	AC	ﾌ	CC		EC
CR	0D	–	2D	M	4D	m	6D		8D	ｭ	AD	ﾍ	CD		ED
SO	0E	.	2E	N	4E	n	6E		8E	ｮ	AE	ﾎ	CE		EE
SI	0F	/	2F	O	4F	o	6F		8F	ｯ	AF	ﾏ	CF		EF
DLE	10	0	30	P	50	p	70		90	ｰ	B0	ﾐ	D0		F0

续表

字符	值	字符	值	字符	值	字符	值	字符	值	字符	值	字符	值	字符	值
DC1	11	1	31	Q	51	q	71		91	ア	B1	ム	D1		F1
DC2	12	2	32	R	52	r	72		92	イ	B2	メ	D2		F2
DC3	13	3	33	S	53	s	73		93	ウ	B3	モ	D3		F3
DC4	14	4	34	T	54	t	74		94	エ	B4	ヤ	D4		F4
NAK	15	5	35	U	55	u	75		95	オ	B5	ユ	D5		F5
SYN	16	6	36	V	56	v	76		96	カ	B6	ヨ	D6		F6
ETB	17	7	37	W	57	w	77		97	キ	B7	ラ	D7		F7
CAN	18	8	38	X	58	x	78		98	ク	B8	リ	D8		F8
EM	19	9	39	Y	59	y	79		99	ケ	B9	ル	D9		F9
SUB	1A	:	3A	Z	5A	z	7A		9A	コ	BA	レ	DA		FA
ESC	1B	;	3B	[	5B	{	7B		9B	サ	BB	ロ	DB		FB
FS	1C	<	3C	¥	5C			7C		9C	シ	BC	ワ	DC		FC
GS	1D	=	3D	]	5D	}	7D		9D	ス	BD	ン	DD		FD
RS	1E	>	3E	^	5E		7E		9E	セ	BE	ﾞ	DE		FE
US	1F	?	3F	_	5F	DEL	7F		9F	ソ	BF	ﾟ	DF		FF

注 1：在 JIS8 字符集中，字符值 80_{HEX} 到 $9F_{HEX}$ 以及 $E0_{HEX}$ 到 FF_{HEX} 没有分配，为保留值。其中，有些值作为转换 JIS 字符集中的第一个字节，也可能用来区分 JIS8 和转换 JIS 字符集。

注 2：除 $5C_{HEX}$ 和 $7E_{HEX}$ 之外，JIS8 字符集中字节值 00_{HEX} 到 $7F_{HEX}$ 应和 ISO 646 IRV 一致。

连接二进制数据，前面是模式指示符和字符计数指示符。8 位字节模式的字符计数指示器为 8 位或 16 位，将输入字符号转换为 8 或 16 位二进制数据放置在模式指示符之后和二进制数据序列之前。

8 位字节模式的位流的位数计算公式如下：

$$B=4+C+8D$$

式中，B——位流的位数；

C——字符计数指示符的位数；

D——输入数据的字符数。

6. 日本汉字模式

在 JIS 中，两个字节表示一个日文汉字字符。字节的值从 JIS X 0208 的值转换而来。将输入数据字符按下面定义转换为 13 位二进制代码字。随后将二进制数据连接起来，并在前面加上一个模式指示符和一个字符计数指示符。汉字模式字符计数指示符具有 8 位、10 位或 12 位，并将字符计数指示符转换为相应的 8 位、10 位或 12 位二进制数，该数字位于模式指示符之后和二进制数据序列之前。

①对于转换 JIS 值为 8140_{HEX} 到 $9FFC_{HEX}$ 的字符：

a）将转换 JIS 值减去 8140_{HEX}；

b）将高位字节乘以 $C0_{HEX}$；

c）将 b 的结果加上低位字节；

d）将结果转换为 13 位二进制串。

②转换 JIS 值为 $E040_{HEX}$ 到 $EBBF_{HEX}$ 的字符：

a）将转换 JIS 值减去 $C140_{HEX}$；

b）将高位字节乘以 $C0_{HEX}$；

c）将 b 的结果加上低位字节；

d）将结果转为 13 位二进制串。

③对于所有的字符：在输入的数据字符的二进制队列前加上模式指示符（1000）和二进制表示的字符计数指示符（8 位，10 位或 12 位）。

日本汉字模式的位流的位数由以下公式计算：

$$B=4+C+13D$$

式中，B——位流的位数；

C——字符计数指示符的位数；

D——输入的数据字符数。

7. 中国汉字模式

中国汉字模式用于表示《信息交换用汉字编码字符集》规定的双字节表示的中国汉字和非汉字字符，其字符值为《信息交换用汉字编码字符集》规定字符对应的内码值，见《信息技术　中文编码字符集》，每个双字节字符由 13 位二进制数表示。

8. 混合模式

数据可以通过从一种模式切换到另一种模式来表示，具体取决于数据的内容或增加编码密度。每条数据都根据相应的模式进行编码。基本结构为模式指示符/字符计数指示符/数据，然后是下一段的模式指示符，表示另一个段落的开始。

图 2-10 显示了具有 N 个数据段的结构。

段 1			段 2			……	段 n		
模式指示符 1	字符计数指示符	数据	模式指示符 2	字符计数指示符	数据	……	模式指示符 n	字符计数指示符	数据

图 2-10　混合模式数据格式

9. FNC1 模式

有两种模式指示符，标识表示按特定的行业或应用的格式化信息的符号，它们与其相关的参数中的数据一起放到模式指示符之前来表示。

（1）FNC1 在第一位置　该模式指示符标识表示按 UCC/EAN 应用标识标准格式化信息的符号。因此，它在符号中只用一次，并总是放在用于高效对数据进行编码的第一个模式指示符（数字，字母数字，8 位字节或日本汉字、中国汉字）之前，ECI 或者结构链接头之后。在 UCC/EAN 规范中要求 FNC1 字符（在使用这一特殊字符的其他码制中）用作数据段分隔（即在可变长度数据段的末尾）时，QR 码符号将在字母数字模式中用“%”字符，在 8 位字节模式中用字符 GS（ASCII/JIS8 值 29）实现这一功能。如果在数据中也有“%”符号出现，则应按“%%”进行编码。译码器在这些符号中遇到“%”时，应按 ASCII/JIS8 值 29 进行传输；如果遇到“%%”，则按单个“%”字符传输。例：

a）输入的数据：

0104912345123459（应用标识符 01 = UCC/EAN 物品编码，定长；数据 04912345123459）

15970331（应用标识符 15=保质期，格式 YYMMDD，定长；数据 1997 年 3 月 31 日）

30128（应用标识符 30=数量，不定长；数据 128）（需要分隔符）

10ABC123（应用标识符 10=批号，不定长；数据 ABC123）

b）数据编码为：04912345123459159703313 0128% 10ABC123

c）符号中的位序列：

0101（模式指示符，意思是指在第一位置的是 FNC1）

0001（模式指示符，数字模式）

0000011101（字符计数指示符，29）

〈数据：04912345123459159703313 0128〉

0010（模式指示符，字母数字模式）

000001001（字符计数指示符，9）

〈数据：% 10ABC123〉

传送的数据

］Q30104912345123459159703313 0128〈ASCII29〉

10ABC123 其中带有% 的传送实例与数据的编码：

输入的数据：123%

编码为：123% %

传送为：123%

（2）FNC1 在第二位置　这个模式指示符标识显示按照 AIM 同意的特定应用规范格式化信息或特定的行业符号。它后方跟随着码字（一个一字节的），而应用在标识 AIM 所认可的规范中的应用指示符的值是这个码字的值。在这些情形下，它在字符中只能应用一次，并总是放在用于高效对数据进行编码的第一个模式指示符（8 位字节或日本汉字、数字、中国汉字、字母数字）之前，结构连接头或 ECI 的后面。应用指示符能够选择字符集（包括大写和小写）中任何一个拉丁字母（使用字符的 ASCII 值加上 100）或一个二位的数（径直使用它的数值）表达，放在前面的数据字符译码器可以代表并且传输（仅限前两个）。

例：（在本规范发布之时，这个例子中的应用指示符 37 并没有分配给所有组织，本例中的数据内容仅仅是随意的）

a）应用指示符：37

b）输入的数据：AA1234BBB112texttexttexttext〈CR〉

c）符号中的位序列：

1001（模式指示符，意思是指第二位置的是 FNC1）

00100101（应用指示符，37）

0010（模式指示符，字母数字模式）

000001100（字符计数指示符，12）

〈数据位：AA1234BBB112〉

0100（模式指示符，8 位字节模式）

00010100（字符计数指示符，20）

〈数据位：texttexttexttext〈CR〉〉

d）传送的数据：] Q537AA1234BBB112texttexttexttext〈CR〉

10. 终止符

符号的数据结尾由紧跟在最后一个模式段后面的终止符序列 0000 表示，当数据位流数量正好填满符号的容量时，它可以省略，或当符号所余的容量不足 4 位时它可以截短。

11. 位流到码字的转换

每个模式段的位流需要按顺序连接在一起，最后添加终止符，除非数据位流正好填满符号容量。所得的数据位流将被分为一个个码字；所有的码字的长度都是 8 位，如果位流长度最后一个码字不足 8 位，则用二进制值为 0 的填充位填充至 8 位，填充位应加在数据位流最后 1 位（最低位）的后面。然后按所定义的版本和纠错等级交替添加填充码字 11101100 和 00010001，将数据位流扩展，以填满符号的数据容量。为了正好填满符号容量，有些版本也许需要在信息的最后添加 3 个、4 个或 7 个剩余位（全为 0），见表 2-8 至表 2-12。

表 2-8　版本 1 ~8 的符号字符数和数据容量

版本	纠错等级	数据码字数*	数据位数**	数据容量			
				数字	字母数字	8 位字节	中国汉字
1	L	19	152	41	25	17	10
	M	16	128	34	20	14	8
	Q	13	104	27	16	11	7
	H	9	72	17	10	7	4

续表

版本	纠错等级	数据码字数*	数据位数**	数据容量			
				数字	字母数字	8位字节	中国汉字
2	L	34	272	77	47	32	20
	M	28	224	63	38	26	16
	Q	22	176	48	29	20	12
	H	16	128	34	20	14	8
3	L	55	440	127	77	53	32
	M	44	352	101	61	42	26
	Q	34	272	77	47	32	20
	H	26	208	58	35	24	15
4	L	80	640	187	114	78	48
	M	64	512	149	90	62	38
	Q	48	384	111	67	46	28
	H	36	288	82	50	34	21
5	L	108	864	255	154	106	65
	M	86	688	202	122	84	52
	Q	62	496	144	87	60	37
	H	46	368	106	64	44	27
6	L	136	1 088	322	195	134	82
	M	108	864	255	154	106	65
	Q	76	608	178	108	74	45
	H	60	480	139	84	58	36
7	L	156	1 248	370	224	154	95
	M	124	992	293	178	122	75
	Q	88	704	207	125	86	53
	H	66	528	154	93	64	39
8	L	194	1 552	461	279	192	118
	M	154	1 232	365	221	152	93
	Q	110	880	259	157	108	66
	H	86	688	202	122	84	52

注 1：* 表示所有码字的长度为 8 位。

注 2：* * 表示数据位的数量，包括模式指示符和字符计数指示符的位数。

表 2-9　版本 9 ~ 16 的符号字符数和数据容量

版本	纠错等级	数据码字数*	数据位数**	数据容量			
				数字	字母数字	8 位字节	中国汉字
9	L	232	1 856	552	335	230	141
	M	182	1 456	432	262	180	111
	Q	132	1 056	312	189	130	80
	H	100	800	235	143	98	60
10	L	274	2 192	652	395	271	167
	M	216	1 728	513	311	213	131
	Q	154	1 232	364	221	151	93
	H	122	976	288	174	119	74
11	L	324	2 592	772	468	321	198
	M	254	2 032	604	366	251	155
	Q	180	1 440	427	259	177	109
	H	140	1 120	331	200	137	85
12	L	370	2 960	883	535	367	226
	M	290	2 320	691	419	287	177
	Q	206	1 648	489	296	203	125
	H	158	1 264	374	227	155	96
13	L	428	3 424	1 022	619	425	262
	M	334	2 672	796	483	331	204
	Q	244	1 952	580	352	241	149
	H	180	1 440	427	259	177	109
14	L	461	3 688	1 101	667	458	282
	M	365	2 920	871	528	362	223
	Q	261	2 088	621	376	258	159
	H	197	1 576	468	283	194	120

续表

版本	纠错等级	数据码字数*	数据位数**	数据容量			
				数字	字母数字	8位字节	中国汉字
15	L	523	4 184	1 250	758	520	320
	M	415	3 320	991	600	412	254
	Q	295	2 360	703	426	292	180
	H	223	1 784	530	321	220	136
16	L	589	4 712	1 408	854	586	361
	M	453	3 624	1 082	656	450	277
	Q	325	2 600	775	470	322	198
	H	253	2 024	602	365	250	154

注 1：* 表示所有码字的长度为 8 位。

注 2：* * 表示数据位的数量，包括字符计数指示符的位数和模式指示符。

表 2–10　版本 17～24 的符号字符数和数据容量

版本	纠错等级	数据码字数*	数据位数**	数据容量			
				数字	字母数字	8位字节	中国汉字
17	L	647	5 176	1 548	938	644	397
	M	507	4 056	1 212	734	504	310
	Q	367	2 936	876	531	364	224
	H	283	2 264	674	408	280	C173
18	L	721	5 768	1 725	1 046	718	442
	M	563	4 504	1 346	816	560	345
	Q	397	3 176	948	574	394	243
	H	313	2 504	746	452	310	191
19	L	795	6 360	1 903	1 153	792	488
	M	627	5 016	1 500	909	624	384
	Q	445	3 560	1 063	644	442	272
	H	341	2 728	813	493	338	208

续表

版本	纠错等级	数据码字数*	数据位数**	数据容量			
				数字	字母数字	8位字节	中国汉字
20	L	861	6 888	2 061	1 249	858	528
	M	669	5 352	1 600	970	666	410
	Q	485	3 880	1 159	702	482	297
	H	385	3 080	919	557	382	235
21	L	932	7 456	2 232	1 352	929	572
	M	714	5 712	1 708	1 035	711	438
	Q	512	4 096	1 224	742	509	314
	H	406	3 248	969	587	403	248
22	L	1 006	8 048	2 409	1 460	1 003	618
	M	782	6 256	1 872	1 134	779	480
	Q	568	4 544	1 358	823	565	348
	H	442	3 536	1 056	640	439	270
23	L	1 094	8 752	2 620	1 588	1 091	672
	M	860	6 880	2 059	1 248	857	528
	Q	614	4 912	1 468	890	611	376
	H	464	3 712	1 108	672	461	284
24	L	1 174	9 392	2 812	1 704	1 171	721
	M	914	7 312	2 188	1 326	911	561
	Q	664	5 312	1 588	963	661	407
	H	514	4 112	1 228	744	511	315

注1：* 表示所有码字的长度为8位。

注2：* * 表示数据位的数量，包括字符计数指示符的位数和模式指示符。

表 2-11　版本 25 ~32 的符号字符数和数据容量

版本	纠错等级	数据码字数*	数据位数**	数据容量			
				数字	字母数字	8 位字节	中国汉字
25	L	1 276	10 208	3 057	1 853	1 273	784
	M	1 000	8 000	2 395	1 451	997	614
	Q	718	5 744	1 718	1 041	715	440
	H	538	4 304	1 286	779	535	330
26	L	1 370	10 960	3 283	1 990	1 367	842
	M	1 062	8 496	2 544	1 542	1 059	652
	Q	754	6 032	1 804	1 094	751	462
	H	596	4 768	1 425	864	593	365
27	L	1 468	11744	3 517	2 132	1 465	902
	M	1 128	9 024	2 701	1 637	1 125	692
	Q	808	6 464	1 933	1 172	805	496
	H	628	5 024	1 501	910	625	385
28	L	1 531	12 248	3 669	2 223	1 528	940
	M	1 193	9 544	2 857	1 732	1 190	732
	Q	871	6 968	2 085	1 263	868	534
	H	661	5 288	1 581	958	658	405
29	L	1 631	13 048	3 909	2 369	1 628	1 002
	M	1 267	10 136	3 035	1 839	1 264	778
	Q	911	7 288	2 181	1 322	908	559
	H	701	5 608	1 677	1 016	698	430
30	L	1 735	13 880	4 158	2 520	1 732	1 066
	M	1 373	10 984	3 289	1 994	1 370	843
	Q	985	7 880	2 358	1 429	982	604
	H	745	5 960	1 782	1 080	742	457
31	L	1 843	14 744	4 417	2 677	1 840	1 132
	M	1 455	11 640	3 486	2 113	1 452	894
	Q	1 033	8 264	2 473	1 499	1 030	634
	H	793	6 344	1 897	1 150	790	486

续表

版本	纠错等级	数据码字数*	数据位数**	数据容量			
				数字	字母数字	8 位字节	中国汉字
32	L	1 955	15 640	4 686	2 840	1 952	1 201
	M	1 541	12 328	3 693	2 238	1 538	947
	Q	1 115	8 920	2 670	1 618	1 112	684
	H	845	6 760	2 022	1 226	842	518

注 1：* 表示所有码字的长度为 8 位。

注 2：** 表示数据位的数量，包括字符计数指示符的位数和模式指示符。

表 2-12　版本 33～40 的符号字符数和数据容量

版本	纠错等级	数据码字数*	数据位数**	数据容量			
				数字	字母数字	8 位字节	中国汉字
33	L	2 071	16 568	4 965	3 009	2 068	1 273
	M	1 631	13 048	3 909	2 369	1 628	1 002
	Q	1 171	9 368	2 805	1 700	1 168	719
	H	901	7 208	2 157	1 307	898	553
34	L	2 191	17 528	5 253	3 183	2 188	1 347
	M	1 725	13 800	4 134	2 506	1 722	1 060
	Q	1 231	9 848	2 949	1 787	1 228	756
	H	961	7 688	2 301	1 394	958	590
35	L	2 306	18 448	5 529	3 351	2 303	1 417
	M	1 812	14 496	4 343	2 632	1 809	1 113
	Q	1 286	10 288	3 081	1 867	1 283	790
	H	986	7 888	2 361	1 431	983	605
36	L	2 434	19 472	5 836	3 537	2 431	1 496
	M	1 914	15 312	4 588	2 780	1 911	1 176
	Q	1 354	10 832	3 244	1 966	1 351	832
	H	1 054	8 432	2 524	1 530	1 051	647

续表

版本	纠错等级	数据码字数*	数据位数**	数据容量			
				数字	字母数字	8位字节	中国汉字
37	L	2 566	20 528	6 153	3 729	2 563	1 577
	M	1 992	15 936	4 775	2 894	1 989	1 224
	Q	1 426	11 408	3 417	2 071	1 423	876
	H	1 096	8 768	2 625	1 591	1 093	673
38	L	2 702	21 616	6 479	3 927	2 699	1 661
	M	2 102	16 816	5 039	3 054	2 099	1 292
	Q	1 502	12 016	3 599	2 181	1 499	923
	H	1 142	9 136	2 735	1 658	1 139	701
39	L	2 812	22 496	6 743	4 087	2 809	1 729
	M	2 216	17 728	5 313	3 220	2 213	1 362
	Q	1 582	12 656	3 791	2 298	1 579	972
	H	1 222	9 776	2 927	1 774	1 219	750
40	L	2 956	23 648	7 089	4 296	2 953	1 817
	M	2 334	18 672	5 596	3 391	2 331	1 435
	Q	1 666	13 328	3 993	2 420	1 663	1 024
	H	1 276	10 208	3 057	1 852	1 273	784

注 1：* 表示所有码字的长度为 8 位。

注 2：** 表示数据位的数量，包括字符计数指示符的位数和模式指示符。

（五）纠错编码

1. 纠错容量

QR 码采用纠错算法生成一系列纠错码字，添加在数据码字序列后，使得符号可以在遇到损坏时不致丢失数据。纠错包括 4 个纠错等级，其对照 4 种纠错容量，如表 2-13 所示。

表 2-13 纠错等级

纠错等级	恢复的容量/%（近似值）
L	7
M	15
Q	25
H	30

纠错码字可以纠正两种类型的错误，拒读错误（错误码字的位置已知）和替代错误（错误码字位置未知）。一个拒读错误是一个没扫描到或无法译码的符号字符，一个替代错误是错误译码的符号字符。由于 QR 码是矩阵型符号，如果一个缺陷使深色模块变成浅色模块或将浅色模块变成深色模块，将符号字符错误地译码为表面上有效，但却是另一个不同的码字。这种数据替代错误需要两个纠错码字来纠正。

可纠正的替代和拒读错误的数量由下式给出：

$$e+2t\leqslant d-p$$

式中，e——拒读错误数；

t——替代错误数；

d——纠错码字数；

p——错误译码保护码字。

版本 1-L 符号的 $p=3$，版本 2-L 符号和版本 1-M 符号的 $p=2$，版本 1-H、1-Q 和 3-L 符号的 $p=1$，其他情况下 $p=0$。$p>0$（即 1，2 或 3）时，有 p 个码字作为错误检测码字，防止从错误超过纠错容量的符号传输数据。e 一定要小于 $d/2$。例如，在版本 2-L 符号中码字总数为 44，包括 10 个纠错码字和 34 个数据码字。从表 2-14 中可以看出纠错容量为 4 个替代错误（$e=0$）。代入公式：

0+（2×4）=10-2

因此只需要 8 个纠错码字就可以纠正 4 个替代错误，剩下的 2 个纠错码字可用于检测（不能纠正）其他错误。如果替代错误超过 4 个时，那么译码就会失败。

根据版本和纠错等级，将数据码字序列分为 1 个或多个块，对每一个块分别进行纠错运算。表 2-14 到表 2-23 详细地写出了每个版本、每个纠错等级的码字总数、纠错码字总数及纠错块的结构和数量。如果某一符号版本需要剩余位填充符号容量中剩余的模块，那么剩余位都应为0。

表2-14　版本1～6的纠错特性

版本	码字总数	纠错等级	纠错码字数	纠错的块数	每一块的纠错代码*
1	26	L	7	1	(26, 19, 2) †
		M	10	1	(26, 16, 4) †
		Q	13	1	(26, 13, 6) †
		H	17	1	(26, 9, 8) †
2	44	L	10	1	(44, 34, 4) †
		M	16	1	(44, 28, 8)
		Q	22	1	(44, 22, 11)
		H	28	1	(44, 16, 14)
3	70	L	15	1	(70, 55, 7) †
		M	26	1	(70, 44, 13)
		Q	36	2	(35, 17, 9)
		H	44	2	(35, 13, 11)
4	100	L	20	1	(100, 80, 10)
		M	36	2	(50, 32, 9)
		Q	52	2	(50, 24, 13)
		H	64	4	(25, 9, 8)
5	134	L	26	1	(134, 108, 13)
		M	48	2	(67, 43, 12)
		Q	72	2	(33, 15, 9)
				2	(34, 16, 9)
		H	88	2	(33, 11, 11)
				2	(34, 12, 11)
6	172	L	36	2	(86, 68, 9)
		M	64	4	(43, 27, 8)
		Q	96	4	(43, 19, 12)
		H	112	4	(43, 15, 14)

注：* 表示 (c, k, r)，c——码字总数；

k——数据码字数；

r——纠错容量。

表 2-15 版本 7-10 的纠错特性

版本	码字总数	纠错等级	纠错码字数	纠错的块数	每一块的纠错代码*
7	196	L	40	2	(98，78，10)
		M	72	4	(49，31，9)
		Q	108	2	(32，14，9)
				4	(33，15，9)
		H	130	4	(39，13，13)
				1	(40，14，13)
8	242	L	48	2	(121，97，12)
		M	88	2	(60，38，11)
				2	(61，39，11)
		Q	132	4	(40，18，11)
				2	(41，19，11)
		H	156	4	(40，14，13)
				2	(41，15，13)
9	292	L	60	2	(146，116，15)
		M	110	3	(58，36，11)
				2	(59，37，11)
		Q	160	4	(36，16，10)
				4	(37，17，10)
		H	192	4	(36，12，12)
				4	(37，13，12)
10	346	L	72	2	(86，68，9)
				2	(87，69，9)
		M	130	4	(69，43，13)
				1	(70，44，13)
		Q	192	6	(43，19，12)
				2	(44，20，12)
		H	224	6	(43，15，14)
				2	(44，16，14)

注：*表示 (c, k, r)，c——码字总数；

k——数据码字数；

r——纠错容量。

表 2-16　版本 11 ~14 的纠错特性

版本	码字总数	纠错等级	纠错码字数	纠错的块数	每一块的纠错代码*
11	404	L	80	4	(101， 81， 10)
		M	150	1	(80， 50， 15)
				4	(81， 51， 15)
		Q	224	4	(50， 22， 14)
				4	(51， 23， 14)
		H	264	3	(36， 12， 12)
				8	(37， 13， 12)
12	466	L	96	2	(116， 92， 12)
				2	(117， 93， 12)
		M	176	6	(58， 36， 11)
				2	(59， 37， 11)
		Q	260	4	(46， 20， 13)
				6	(47， 21， 13)
		H	308	7	(42， 14， 14)
				4	(43， 15， 14)
13	532	L	104	4	(133， 107， 13)
		M	198	8	(59， 37， 11)
				1	(60， 38， 11)
		Q	288	8	(44， 20， 12)
				4	(45， 21， 12)
		H	352	12	(33， 11， 11)
				4	(34， 12， 11)
14	581	L	120	3	(145， 115， 15)
				1	(146， 116， 15)
		M	216	4	(64， 40， 12)
				5	(65， 41， 12)
		Q	320	11	(36， 16， 10)
				5	(37， 17， 10)

续表

版本	码字总数	纠错等级	纠错码字数	纠错的块数	每一块的纠错代码*
14	581	H	384	11	(36, 12, 12)
				5	(37, 13, 12)

注：* 表示 (c, k, r)，c——码字总数；

k——数据码字数；

r——纠错容量。

表 2-17　版本 15-18 的纠错特性

版本	码字总数	纠错等级	纠错码字数	纠错的块数	每一块的纠错代码*
15	655	L	132	5	(109, 87, 11)
				1	(110, 88, 11)
		M	240	5	(65, 41, 12)
				5	(66, 42, 12)
		Q	360	5	(54, 24, 15)
				7	(55, 25, 15)
		H	432	11	(36, 12, 12)
				7	(37, 13, 12)
16	733	L	144	5	(122, 98, 12)
				1	(123, 99, 12)
		M	280	7	(73, 45, 14)
				3	(74, 46, 14)
		Q	408	15	(43, 19, 12)
				2	(44, 20, 12)
		H	480	3	(45, 15, 15)
				13	(46, 16, 15)
17	815	L	168	1	(135, 107, 14)
				5	(136, 108, 14)
		M	308	10	(74, 46, 14)
				1	(75, 47, 14)

续表

版本	码字总数	纠错等级	纠错码字数	纠错的块数	每一块的纠错代码*
17	815	Q	448	1	(50, 22, 14)
				15	(51, 23, 14)
		H	532	2	(42, 14, 14)
				17	(43, 15, 14)
18	901	L	180	5	(150, 120, 15)
				1	(151, 121, 15)
		M	338	9	(69, 43, 13)
				4	(70, 44, 13)
		Q	504	17	(50, 22, 14)
				1	(51, 23, 14)
		H	588	2	(42, 14, 14)
				19	(43, 15, 14)

注：*表示（c，k，r），c——码字总数；

k——数据码字数；

r——纠错容量。

表 2-18 版本 19～22 的纠错特性

版本	码字总数	纠错等级	纠错码字数	纠错的块数	每一块的纠错代码*
19	991	L	196	3	(141, 113, 14)
				4	(142, 114, 14)
		M	364	3	(70, 44, 13)
				11	(71, 45, 13)
		Q	546	17	(47, 21, 13)
				4	(48, 22, 13)
		H	650	9	(39, 13, 13)
				16	(40, 14, 13)
20	1 085	L	224	3	(135, 107, 14)
				5	(136, 108, 14)

续表

版本	码字总数	纠错等级	纠错码字数	纠错的块数	每一块的纠错代码*
20	1 085	M	416	3	(67, 41, 13)
				13	(68, 42, 13)
		Q	600	15	(54, 24, 15)
				5	(55, 25, 15)
		H	700	15	(43, 15, 14)
				10	(44, 16, 14)
21	1 156	L	224	4	(144, 116, 14)
				4	(145, 117, 14)
		M	442	17	(68, 42, 13)
		Q	644	17	(50, 22, 14)
				6	(51, 23, 14)
		H	750	19	(46, 16, 15)
				6	(47, 17, 15)
22	1 258	L	252	2	(139, 111, 14)
				7	(140, 112, 14)
		M	476	17	(74, 46, 14)
		Q	690	7	(54, 24, 15)
				16	(55, 25, 15)
		H	816	34	(37, 13, 12)

注：* 表示 (c, k, r)，c——码字总数；

k——数据码字数；

r——纠错容量。

表 2-19　版本 23～26 的纠错特性

版本	码字总数	纠错等级	纠错码字数	纠错的块数	每一块的纠错代码*
23	1 364	L	270	4	(151, 121, 15)
				5	(152, 122, 15)
		M	504	4	(75, 47, 14)
				14	(76, 48, 14)

续表

版本	码字总数	纠错等级	纠错码字数	纠错的块数	每一块的纠错代码*
23	1 364	Q	750	11	(54， 24， 15)
				14	(55， 25， 15)
		H	900	16	(45， 15， 15)
				14	(46， 16， 15)
24	1 474	L	300	6	(147， 117， 15)
				4	(148， 118， 15)
		M	560	6	(73， 45， 14)
				14	(74， 46， 14)
		Q	810	11	(54， 24， 15)
				16	(55， 25， 15)
		H	960	30	(46， 16， 15)
				2	(47， 17， 15)
25	1588	L	312	8	(132， 106， 13)
				4	(133， 107， 13)
		M	588	8	(75， 47， 14)
				13	(76， 48， 14)
		Q	870	7	(54， 24， 15)
				22	(55， 25， 15)
		H	1 050	22	(45， 15， 15)
				13	(46， 16， 15)
26	1 706	L	336	10	(142， 114， 14)
				2	(143， 115， 14)
		M	644	19	(74， 46， 14)
				4	(75， 47， 14)
		Q	952	28	(50， 22， 14)
				6	(51， 23， 14)
		H	1 110	33	(46， 16， 15)
				4	(47， 17， 15)

注：* 表示 (c, k, r)，c——码字总数；

k——数据码字数；

r——纠错容量。

表 2-20　版本 27～30 的纠错特性

版本	码字总数	纠错等级	纠错码字数	纠错的块数	每一块的纠错代码*
27	1 828	L	360	8	(152，122，15)
				4	(153，123，15)
		M	700	22	(73，45，14)
				3	(74，46，14)
		Q	1 020	8	(53，23，15)
				26	(54，24，15)
		H	1 200	12	(45，15，15)
				28	(46，16，15)
28	1 921	L	390	3	(147，117，15)
				10	(148，118，15)
		M	728	3	(73，45，14)
				23	(74，46，14)
		Q	1 050	4	(54，24，15)
				31	(55，25，15)
		H	1 260	11	(45，15，15)
				31	(46，16，15)
29	2 051	L	420	7	(146，116，15)
				7	(147，117，15)
		M	784	21	(73，45，14)
				7	(74，46，14)
		Q	1 140	1	(53，23，15)
				37	(54，24，15)
		H	1 350	19	(45，15，15)
				26	(46，16，15)
30	2 185	L	450	5	(145，115，15)
				10	(146，116，15)
		M	812	19	(75，47，14)
				10	(76，48，14)

续表

版本	码字总数	纠错等级	纠错码字数	纠错的块数	每一块的纠错代码*
30	2 185	Q	1200	15	（54， 24， 15）
				25	（55， 25， 15）
		H	1 440	23	（45， 15， 15）
				25	（46， 16， 15）

注：*表示（c，k，r），c——码字总数；

k——数据码字数；

r——纠错容量。

表 2-21　版本 31～34 的纠错特性

版本	码字总数	纠错等级	纠错码字数	纠错的块数	每一块的纠错代码*
31	2 323	L	480	13	（145， 115， 15）
				3	（146， 116， 15）
		M	868	2	（74， 46， 14）
				29	（75， 47， 14）
		Q	1 290	42	（54， 24， 15）
				1	（55， 25， 15）
		H	1 530	23	（45， 15， 15）
				28	（46， 16， 15）
32	2 465	L	510	17	（145， 115， 15）
		M	924	10	（74， 46， 14）
				23	（75， 47， 14）
		Q	1 350	10	（54， 24， 15）
				35	（55， 25， 15）
		H	1 620	19	（45， 15， 15）
				35	（46， 16， 15）
33	2 611	L	540	17	（145， 115， 15）
				1	（146， 116， 15）
		M	980	14	（74， 46， 14）
				21	（75， 47， 14）

续表

版本	码字总数	纠错等级	纠错码字数	纠错的块数	每一块的 纠错代码*
33	2 611	Q	1440	29	(54, 24, 15)
				19	(55, 25, 15)
		H	1 710	11	(45, 15, 15)
				46	(46, 16, 15)
34	2 761	L	570	13	(145, 115, 15)
				6	(146, 116, 15)
		M	1 036	14	(74, 46, 14)
				23	(75, 47, 14)
		Q	1 530	44	(54, 24, 15)
				7	(55, 25, 15)
		H	1 800	59	(46, 16, 15)
				1	(47, 17, 15)

注：* 表示 (c, k, r)，c——码字总数；

k——数据码字数；

r——纠错容量。

表 2-22 版本 35～38 的纠错特性

版本	码字总数	纠错等级	纠错码字数	纠错的块数	每一块的 纠错代码*
35	2 876	L	570	12	(151, 121, 15)
				7	(152, 122, 15)
		M	1 064	12	(75, 47, 14)
				26	(76, 48, 14)
		Q	1 590	39	(54, 24, 15)
				14	(55, 25, 15)
		H	1 890	22	(45, 15, 15)
				41	(46, 16, 15)
36	3 034	L	600	6	(151, 121, 15)
				14	(152, 122, 15)

续表

版本	码字总数	纠错等级	纠错码字数	纠错的块数	每一块的纠错代码*
36	3 034	M	1 120	6	(75, 47, 14)
				34	(76, 48, 14)
		Q	1 680	46	(54, 24, 15)
				10	(55, 25, 15)
		H	1 980	2	(45, 15, 15)
				64	(46, 16, 15)
37	3 196	L	630	17	(152, 122, 15)
				4	(153, 123, 15)
		M	1 204	29	(74, 46, 14)
				14	(75, 47, 14)
		Q	1 770	49	(54, 24, 15)
				10	(55, 25, 15)
		H	2 100	24	(45, 15, 15)
				46	(46, 16, 15)
38	3 362	L	660	4	(152, 122, 15)
				18	(153, 123, 15)
		M	1 260	13	(74, 46, 14)
				32	(75, 47, 14)
		Q	1 860	48	(54, 24, 15)
				14	(55, 25, 15)
		H	2 220	42	(45, 15, 15)
				32	(46, 16, 15)

注：*表示 (c, k, r)，c——码字总数；

k——数据码字数；

r——纠错容量。

表 2-23　版本 39～40 的纠错特性

版本	码字总数	纠错等级	纠错码字数	纠错的块数	每一块的纠错代码*
39	3 532	L	720	20	(147, 117, 15)
				4	(148, 118, 15)
		M	1 316	40	(75, 47, 14)
				7	(76, 48, 14)
		Q	1 950	43	(54, 24, 15)
				22	(55, 25, 15)
		H	2 310	10	(45, 15, 15)
				67	(46, 16, 15)
40	3 706	L	750	19	(148, 118, 15)
				6	(149, 119, 15)
		M	1 372	18	(75, 47, 14)
				31	(76, 48, 14)
		Q	2 040	34	(54, 24, 15)
				34	(55, 25, 15)
		H	2 430	20	(45, 15, 15)
				61	(46, 16, 15)

注：* 表示 (c, k, r)，c——码字总数；
k——数据码字数；
r——纠错容量。

2. 纠错码字的生成

将数据码字（必要时包括填充码字在内）按照表 2-14 至表 2-23 分成相应数量的块，每一块都分别计算出纠错码字并且添加到数据码字后。

QR 码的多项式算法用位的模 2 算法和字节的模 100011101 算法。这是加罗瓦域 2^8 以 100011101 表示主模块多项式：$X^8+X^4+X^3+X^2+1$。

数据码字为多项式各项的系数，第一个数据码字为最高次项所代表的系数，第一个纠错码字前的最后一个数据码字一般为最低次项的系数。

纠错码字是数据码字被纠错多项式除得的余数。余数的最高次项系数为第一个纠错码字，最低次项系数为最后一个纠错码字，也是整个块的最后一个码字。

用于生成纠错码字的多项式有31个。

纠错算法可以用图2-11所示的除法电路来实现。寄存器 b_0 到 b_{k-1} 的初始值为0。生成编码的状态有两个，如果是在第一种状态（$n+1 \cdots n+k$ 时钟脉冲），开关位置朝上，保持输入为0顺序从而释放该寄存器、生成纠错码字 $\xi_{k-1} \ldots \xi_0$。在第二种状态下，开关的位置朝下，数据码字同时经过输出电路，之后第二种状态将在 n 个时钟脉冲后结束。

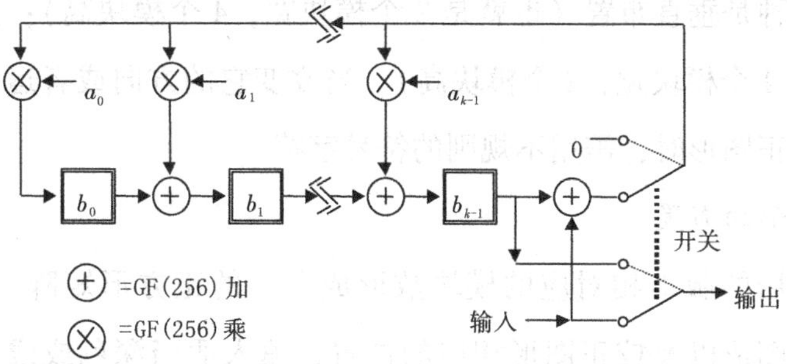

图2-11　纠错码字编码电路

（六）构造信息的最终码字序列

最终码字序列中的码字数应与符号能够表示的码字总数一致。

按照下面步骤从而构成最终的码字序列（纠错码字加上数据码字，必要时加上剩余码字）。

①根据纠错等级和版本将数据码字序列分为 n 块。

②对于其中的每一块，都应该计算出相应块的纠错码字。

③按照顺序将每一块的纠错码字和数据变成最后得出的序列：数据块4的码字1；数据块2的码字1；数据块3的码字1；以此类推至数据块 n 的最后的码字数字；数据块 $n-1$ 的最后的码字数字；随后，纠错块 n 的最后面的码字数字可以通过观察得知，它也是有一定顺序的。

最短的数据块应在序列的最前面，所有的数据码字都在第一个纠错码字的前面。例如：版本5-H的符号由纠错块和4个数据组成，其中前两个块分别包括 11 个数据码字和 22 个纠错码字，第三、第四个块分别有 12 个数据码字和 22 个纠错码字。在此符号中，字符的布置如下，每一行都照应一个块的数据码字（可以表示为 Dn）与对应块的纠错码字（可以表示为 En）。

版本 5-H 符号的最终码字序列为：

D1，D12，D23，D35，D2，D13，D24，D36，... D11，D22，D33，D45，D34，D46，E1，E23，E45，E67，E2，E24，E46，E68，... E22，E44，E66，E88。

根据不同的情况，可以在最后的码字后面添加剩余位（0）。

（七）码字在矩阵中的布置

1. 符号字符表示

多数码字在符号中的表示为规则的（2×4）个模块的排列。它的排列有两种不同类型：一种是垂直布置（也就是 2 个模块宽，4 个模块高）；另一种是水平布置（也就是 4 个模块宽，2 个模块高）。当改变它的方向或者运用其他功能图形或者紧靠校正图形时，需用不规则的符号字符。

2. 功能图形的布置

按照与使用的版本相对应的模块数形成空白的正方形矩阵。在寻象图形、分隔符、定位图形以及校正图形相应的位置，填入适当深色或浅色模块。格式信息和版权信息模块位置暂时空置。

3. 符号字符的布置

在 QR 符号的编码区域，符号字符的使用一般以 2 个模块宽的纵列从符号的右下角启动布置，自右向左且交替地由上向下或者由下向上安排。

布置原则：

☞位序列在纵列中的布置一般都为由右到左的顺序，向上或向下应与符号字符的布置方向一致。

☞码字之中的最高位（表示为位 7）的位置在第一个可用的模块位置，后面的放在下一个模块位置。如果之前的字符在右侧的模块纵列结束，那么最高位可能会占据不规则符号字符的左下角模块（图 2-12）的位置。

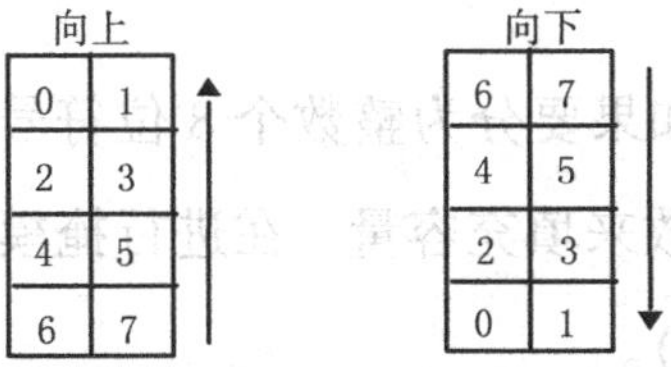

图 2-12　向上或者向下的规则字符的位的布置

☞如果使用的符号字符的两个模块纵列同时遇到定位图形或校正图形的水平边界，那么就在图形的其他部分继续布置，如同它的编码区域是连续的一样。

☞如果碰到符号字符区域的上或下边界（格式信息、分隔符或者版本信息），那么码字中剩下的位需改变方向，放在左侧的纵列中（图 2-13）。

图 2-13　布置方向改变的符号字符位布置示例

☞假如一个图形字符或版本信息符号的区域位置还有地方，那么将会形成不规则排列符号的字符所呈现出来的布置，并且还会继续伸展，如图 2-14 所示。假如该单个字符序列已经结束，并且仅仅是出现在可用于下一个字符序列的前一两列之后或纵列结束之前，那么下一个符号字符的首位将会放在单个纵列中。

如果

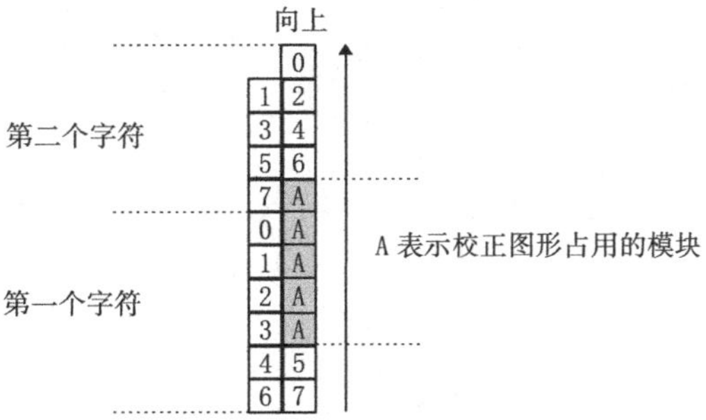

图 2-14　临近校正图形的位布置示例

☞符号字符的布置方法还有另外的一种，也会得到与上述方式一样的布置结果，那就是把码字序列看为单独的位流，并且它排列的顺序还是要自右开始向左开展的，将其按照向上和向下的方向交替来安置在两个模块宽的纵列中从而达到效果。

还有另外一种情况，如果要分为整数个 8 位符号字符时，它的符号容量不能达到，那么要用其他位数来填充容量。在进行掩模操作以前，这些剩余位的值为 0（图 2-15、图 2-16）。

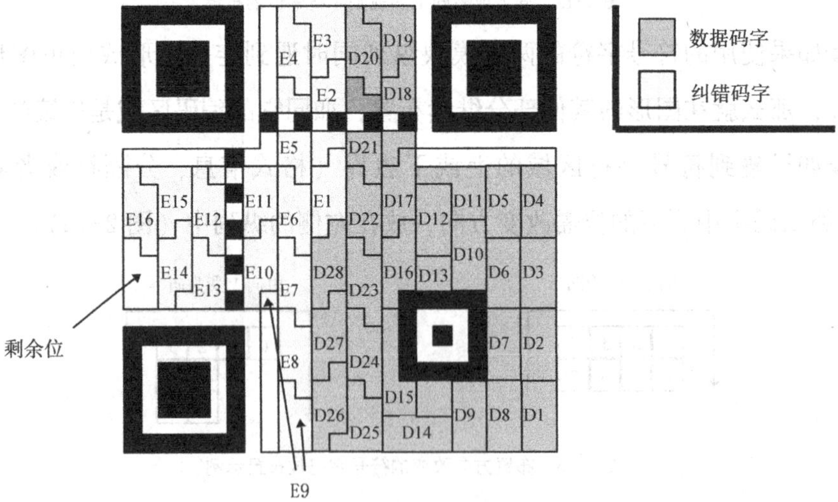

图 2-15　版本 2-M 符号的符号字符布置

D1-D13	数据块 1
D14-D26	数据块 2
D27-D39	数据块 3
D40-D52	数据块 4
D53-D66	数据块 5
E1-E26	纠错块 1
E27-E52	纠错块 2
E53-E78	纠错块 3
E79-E104	纠错块 4
E105-E130	纠错块 5

图 2-16　版本 7-H 符号的符号字符布置

（八）掩模

为了保证 QR 码阅读的可靠性，最好均衡地安排深色与浅色模块。应尽可能避免位置探测图形的位图 1011101 出现在符号的其他区域。为了满足上述条件，应按以下步骤进行掩模。

第一，掩模不用于功能图形。

第二，可对已知的编码区域的模块图形（除了版本信息和格式信息）用许多个矩阵图形连续地进行 XOR 操作。

第三，对每个结果图形的不合要求的部分记分，以评估这些结果。

第四，选择得分最低的图形。

1. 掩模图形

掩模图形参考和生成条件如表 2-24 所示。但是编码区域内条件是模块定义为深色产生的掩模图形。其中 i 代表模块的行位置，j 代表模块的列位置，$(i, j)=(0, 0)$ 表示左上角的位置（符号中）。

表 2-24　掩模图形参考和生成条件

掩模图形参考	生成条件
000	$(i+j) \bmod 2=0$
001	$i \bmod 2=0$
010	$j \bmod 3=0$
011	$(i+j) \bmod 3=0$
100	$((i \operatorname{div} 2)+(j \operatorname{div} 3)) \bmod 2=0$
101	$(ij) \bmod 2+(ij) \bmod 3=0$
110	$[(ij) \bmod 2+(ij) \bmod 3] \bmod 2=0$
111	$[(ij) \bmod 3+(i+j) \bmod 2] \bmod 2=0$

图 2-17 就是版本 1 符号全部的掩模图形，图 2-18 模拟了用掩模图形参考 000 到 111 的掩模结果。

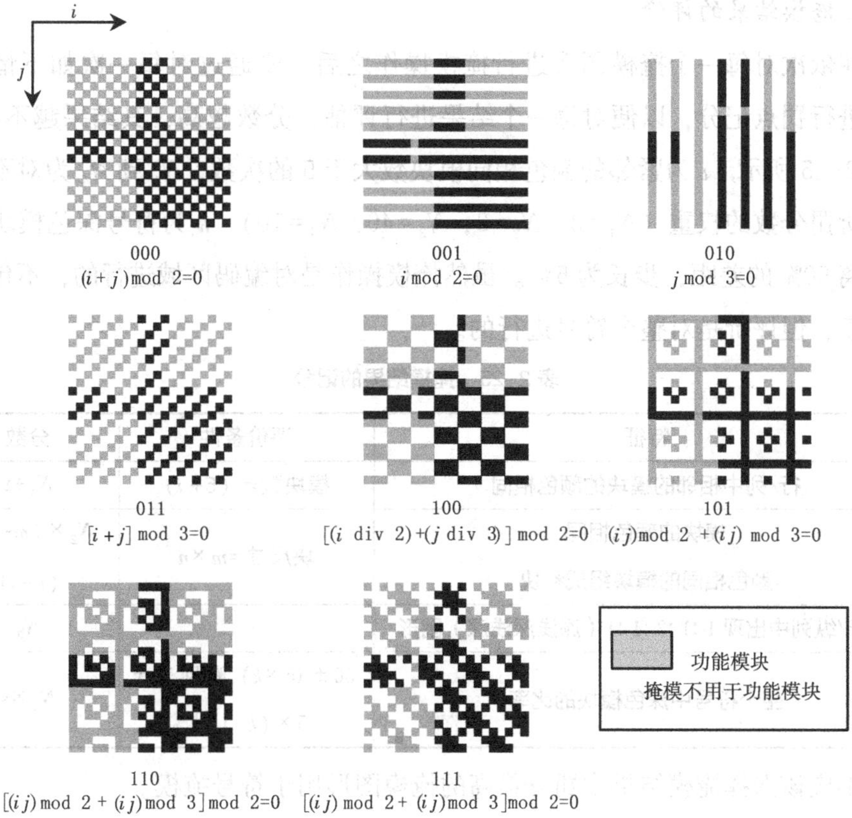

图 2-17　版本 1 符号的所有的掩模图形

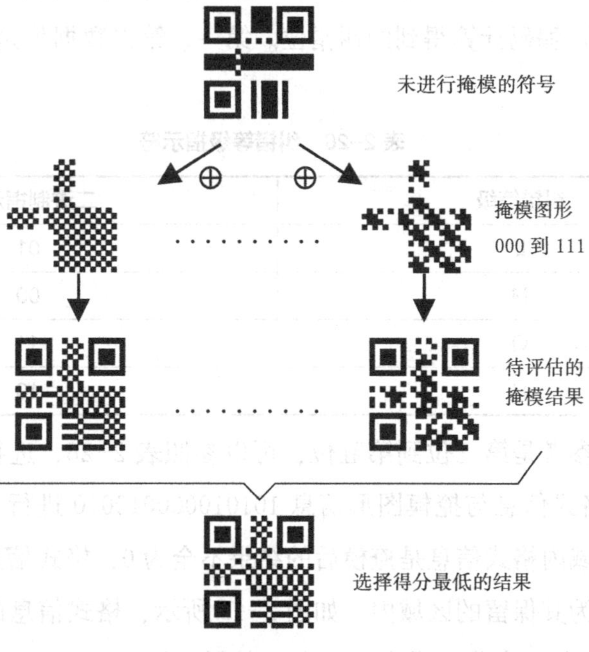

图 2-18　版本 2 符号的掩模过程

2. 掩模结果的评价

在依次对每一个掩模图形进行掩模操作之后，要通过对每一次如下情况的出现进行罚点记分，以便对每一个结果进行评估，分数越高，其结果越不可用。如表 2-25 所示，i 为紧邻的颜色相同模块数大于 5 的次数，N_1 到 N_4 为对不好的特征所罚分数的权重（$N_1=3$，$N_2=3$，$N_3=40$，$N_4=10$），k 为符号深色模块所占比率离 50% 的差距，步长为 5% 。虽然掩模操作是对编码区域进行的，不包括格式信息，但评价是对整个符号进行的。

表 2-25　掩模结果的记分

特征	评价条件	分数
行/列中相邻的模块的颜色相同	模块数＝（5+ i）	N_1+i
模块的颜色相同 颜色相同的模块组成* 块	块尺寸＝$m \times n$	$N_2 \times (m-1) \times (n-1)$
在行/纵列中出现 1 :1 :3 :1 :1（深浅深浅深）图形		N_3
整个符号中深色模块的比率	50 ±（5 ×k）% 到 50 ±［5 ×（k+1）］%	$N_4 \times k$

不应该选择掩模结果中罚分最高的掩模图形用于符号掩模。

（九）格式信息

格式信息一般都为 15 位，其中 5 个是数据位，另外剩余的位都是可以通过用 BCH（15，5）编码计算得到的纠错位。第一、第二数据位是符号的纠错等级，见表 2-26。

表 2-26　纠错等级指示符

纠错等级	二进制指示符
L	01
M	00
Q	11
H	10

掩模图形参考是第三位到第五位，可以参照表 2-26，进行图形的选择。如通过将 15 位格式信息与掩模图形信息 101010000010010 进行 XOR 运算，符号中为它保留的区域内格式信息是掩模后的结果不全为 0，格式信息掩模后的结果应映射到符号中为其保留的区域内。如图 2-19 所示，格式信息的最低位模块编号为 0，格式信息的最高位编号为 14，位置编号分别为（4V+9，8）的其他所有的

模块编号都是由一个颜色比较深的字母（V 是版本号）表示，并且不作为格式信息的一部分表示。

例：

设定纠错等级为 M： 00

掩模图形参考： 101

数据： 00101

BCH 位： 0011011100

掩模前的位序列： 001010011011100

用于 XOR 操作的掩模图形： 101010000010010

格式信息模块图形： 100000011001110

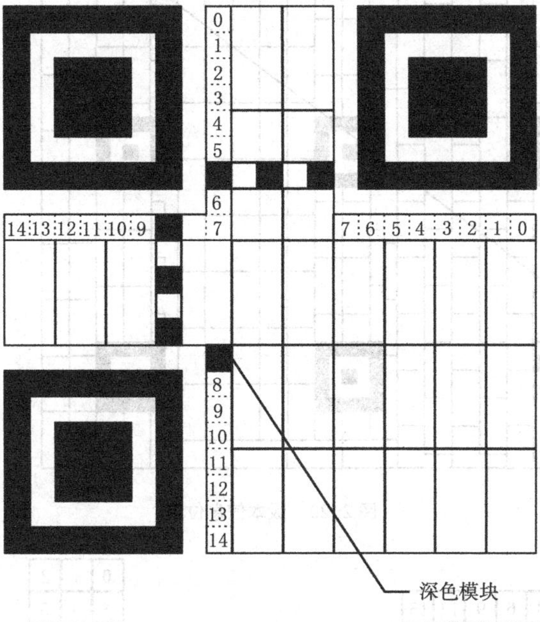

图 2-19 格式信息位置

（十）版本信息

版本信息一般都为 18 位，即 6 位数据位，再加上经过 BCH（18，6）编码得出另外 12 个纠错位。6 位数据为版本信息，最高为第一位。6 位数据之后的是 12 位纠错信息。除了版本 7~40 的符号所包含的版本信息，没有任何版本信息的结果全为 0。所以掩埋操作也就不需要了。

我们得到的版本信息要映射在符号预留的位置，如图 2-20 所示，并且因为版本信息的正确译码很关键，所示版本信息在符号中出现两次，这样可以更好地提供冗余。放在编号为 0 的位置上的一般都是版本信息的最低位模块，编号为 17 的位置上放的是最高次位（图 2-21）。

例：

版本号：　7

数据：　000111

BCH 位：　110010010100

格式信息模块图形：　000111110010010100

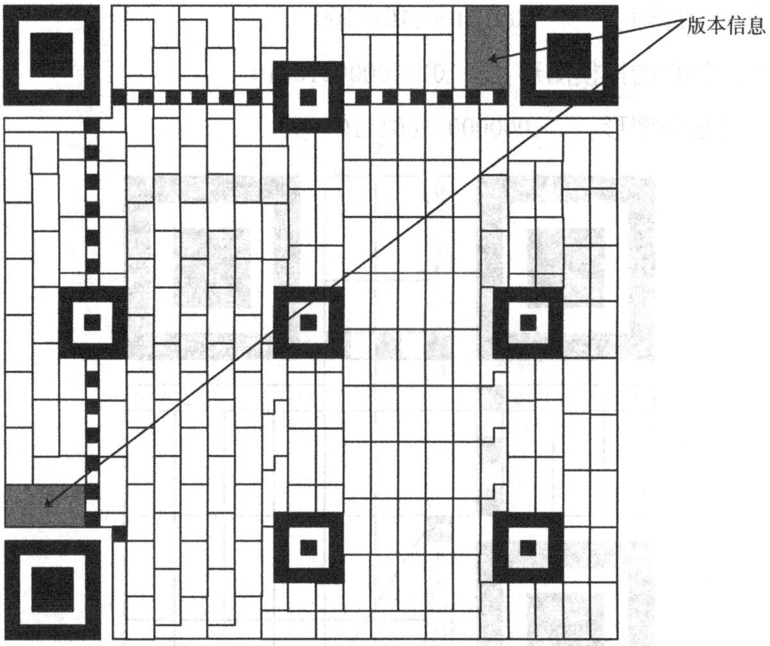

图 2-20　版本信息位置

0	3	6	9	12	15
1	4	7	10	13	16
2	5	8	11	14	17

位于左下角的版本信息

0	1	2
3	4	5
6	7	8
9	10	11
12	13	14
15	16	17

位于右上角的版本信息

图 2-21　版本信息的模块布置

6 行× 3 列模块组成的版本信息块放在定位图形的上面，其右侧紧邻右上角位置探测图形的分隔符。3 行× 6 列模块组成的版本信息块放在定位图形的左侧，其下边紧邻左下角位置探测图形的分隔符。

五、结构链接

（一）基本原则

可将多达 16 个 QR 码符号以一定的结构方式链接起来，如果一个符号是一个结构链接信息的一部分，那么它用位于最前边的三个符号字符组成的标头来指示。结构链接模式指示符 0011 放在第一个符号字符中的四个高位。

结构链接模式指示符之后，紧接两个结构链接码字，它们分布在第一个符号字符中的四个低位、第二个符号字符的八位以及第三个符号字符的四个高位。第一个码字是符号序列指示符，第二个码字是奇偶校验数据，它在结构链接信息的所有同一链接的 QR 码符号中是相同的，用以确认所有阅读的符号是同一结构链接信息的一部分。结构链接头后紧接以第一个模式指示符开始的符号的数据码字。如果采用 ECI 缺省模式之外的一个或多个 ECI 模式，那么，每一个由 ECI 模式指示符与 ECI 模式指定符组成的 ECI 标头应紧接在结构链接头后。

图 2-22 中的下半部分给出一个结构链接符号的示例，它与图 2-22 中上半部分的 QR 符号表示相同的数据信息。

图 2-22　结构链接

（二）符号序列指示符

此码字代表每一符号在用结构链接方式组成的 QR 码符号集（含有 16 个 QR 码符号）中的位置。前四位标识特定符号的位置，后四位代表 QR 码符号的总数（该结构链接格式中已经被链接的）。（m−1）和（n−1）的二进制值分别与两个 4 位图形相对应。

例：

一个由 7 个符号组成的符号集中的第三个符号，它的编码如下：

第三个位置：　0010

符号总数为 7：0110

字节格式：　00100110

（三）奇偶性数据

奇偶性数据应是跟在符号序列指示符之后的一个 8 位字节，该奇偶性数据是通过对分成符号块以前的所有原始输入数据的 ASCII/JIS 值逐字节进行 XOR 运算而获得的一个值。模式指示符、字符计数指示符、填充字节、终止符和填充位不包括在计算中。在该运算中，对日本汉字数据用两字节的转换 JIS 值表示(XOR 运算中，每一字节单独进行），对其他字符用 8 位 JIS 值表示。在 ECI 模式中，应该将在经过数据加密或压缩后获得的 8 位字节数值用于奇偶性数据的计算。

例：

被划分成“0123”“4567”和“89 日本”的“0123456789 日本”的奇偶性数据计算如下：

第一个符号块（“0123”）——hex 的值 30，31，32，33

第二个符号块（“4567”）——hex 的值 34，35，36，37

第三个符号块（“89 日本”）——hex 的值 38，39，93FA，967B

通过对“0123456789 日本”数据进行 XOR 运算，计算奇偶性数据信息。

30⊕31⊕32⊕33⊕34⊕35⊕36⊕37⊕38⊕39⊕93⊕FA⊕96⊕7B=85

奇偶性数据计算将根据打印机的容量来选择。

（四）符号印制

1. QR 码符号尺寸的确定

（1）*X* 尺寸　模块宽度将根据不同环境等要求来确定。

（2）*Y* 尺寸　模块的高度和尺寸公差必须至少与模块宽度尺寸值相等。

（3）最小空白区　在符号周围的空白区宽度尺寸为 4*X*。

2. 供人识读字符

QR 码符号包含数千个数据字符，因此供人识读的数据字符包含所有 QR 码所表示的数据信息是不切实际的。作为一种替代，可用描述性的文本而不是数据原文与符号同时印制在一起。

字符字体与大小没有要求，只是不能影响 QR 码符号本身及空白区。

3. 符号制作要求

可用不同的技术印制或标识 QR 码符号。

（五）符号质量

应根据二维矩阵码符号印制质量要求，对 QR 码符号按如下增加和修正的内容进行质量评估。

1. 获取测试图像

依据表 2-27，用高精度的图像摄像装置获取被测试符号的一个灰度图像，照明光及照射方向由应用决定。

表 2-27　测试参数

分级	参考译码	符号对比度	印制数量	轴向不一致性	未使用的纠错
4.0（A）	通过	SC≥0.70	0.50≤D′≤0.50	AN<0.06	UEC≥0.62
3.0（B）		SC≥0.55	0.70≤D′≤0.70	AN<0.08	UEC≥0.50
2.0（C）		SC≥0.40	0.85≤D′≤0.85	AN<0.10	UEC≥0.37
1.0（D）		SC≥0.20	1.00≤D′≤1.00	AN<0.12	UEC≥0.25
0.0（F）	失败	SC≥0.20	D′<1.00 或 D′>1.00	AN<0.12	UEC≥0.25

2. 符号质量参数

（1）译码　如果包含该符号信息的整个数据信息均能全部被计算机成功进行译码，那么译码程序通过，译码级别即为“4”级（“A”），否则即为“0”级（“F”）。

（2）符号对比度　符号对比度分级依据所有像素（包括空白区）的灰度值来判定。

（3）“印制”增量　译码时，译码算法是先建一个高分辨率的二进制数字化测试图像，再确定平分符号定位图形的交替模块的中心线。通过检查穿过交替图形的直线的占空比来评估印制增量。

在每一方向上印刷增量的结果度量为：$D=N_D/(N_L+N_D)$，按照 $D_{NOM}=0.50$，$D_{MIN}=0.35$，$D_{MAX}=0.65$ 进行印制增量分级。应按两个方向的定位图形得到的 D 值中的较低值来定级。

（4）轴向不一致性　在测试图像的整个区域中参考译码算法最终生成一个

数据模块取样点网格，这些取样点准确的水平位置与垂直间距是评价轴不一致性的基础。

（5）没有使用的纠错　在处理上述所有的情况，对于每一个纠错的分段都要分开进行的分出等级，这样的话没有使用过纠错分级的为位意字段中最低的那一个数值。

（6）符号的整体分级　一个 QR 码符号的总体印刷质量分级是所有指标分级中的最低值。符号分级尺度见表 2-28。

表 2-28　符号分级尺度

分级	参考译码	符号对比度	“印制”增量	轴向不一致性	未使用的纠错
4.0（A）	合格	SC≥0.70	−0.50≤D'≤0.50	AN＜0.06	UEC≥0.62
3.0（B）		SC≥0.55	−0.70≤D'≤0.70	AN＜0.08	UEC≥0.50
2.0（C）		SC≥0.40	−0.85≤D'≤0.85	AN＜0.10	UEC≥0.37
1.0（D）		SC≥0.20	−1.00≤D'≤1.00	AN＜0.12	UEC≥0.25
0.0（F）	不合格	SC＜0.20	D'＜−1.00 或 D'＞1.00	AN＞0.12	UEC＜0.25

（7）过程控制及其测量　QR 码符号自动生成的控制方法和检测的步骤，都可对系统进行检测并实时地完成检测的流程管理和对过程信息的管理。以下这些方法均被涉及：使用线性条码检测仪来比对条码测试的流程，确定条码符号的对比度增量；直接用线性条码检测仪，直接对定位图像与定向探测图形网格上的这两种主要轴流式参数间的连续物理一致性测量，以确保在水平方向上（与垂直）的印制对比度增量数值一致；使用连续性物理测量方法，直接确定两个轴流式数据之间不具有完全物理一致性缺陷。

六、译码过程

逆过程是对编码程序译码步骤正确的识读，图 2-23 所注的即定义为在该逆向编码过程中的一个编码流程。

第一，找到目标并得到相应的位置。深色与浅色模块识别为“0”与“1”的阵列。

第二，了解能够将其识读和译码出来的格式信息的模块（如果有特殊需要，去除掩模图形并完成对格式信息模块的纠错，识别纠错的等级与掩模的图形参考）。

第三，识读版本的信息，确定符号的版本。

第四，用掩模图形从格式信息中得出对编码区的位图进行掩模。

第五，根据模块字符排列的规则，识读符号字符，恢复相应的数据。

第六，用纠错级别信息对应的纠错码字检测错误。

第七，根据模式指示符和字符计数指示符将数据码字划分成多个部分。

第八，再使用模式译码得数据字符并输出结果。

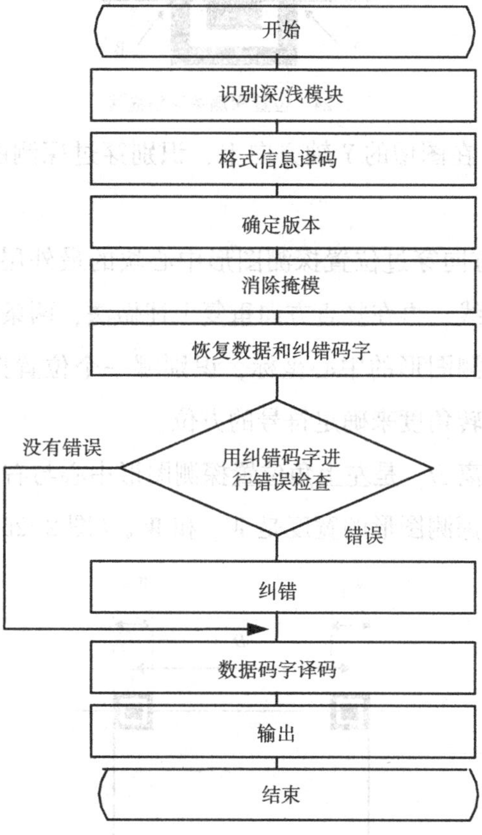

图 2-23　QR 码译码步骤

七、QR 码的参考译码算法

译码是在图像里面寻找信息，译码算法也是依据图像状态（深色、浅色）进行。

第一，选择图像的反射率最大值与最小值之间的中值确定阈值，将图像转化为一系列深色与浅色像素。

第二，确定了一个寻象探测图形，位于符号的 4 个角中的 3 个角上的 3 个相同的位置探测图形构成了 QR 码中的寻象图形。探测图形的模块序列无论在哪个位置都由一个深色—浅色—深色—浅色—深色次序构成，元素相对宽度比例是

1：1：3：1：1，且每一元素宽度的允许偏差为 0.5（即单个模块的方块的尺寸允许范围为 0.5~1.5，3 个模块宽度的方块的宽度允许尺寸范围为 2.5~3.5）。

a. 当探到预选区域时，注意图像中一行像素与位置探测图形的外边缘相遇的第一点和最后一点 A 和 B（图 2-24）。

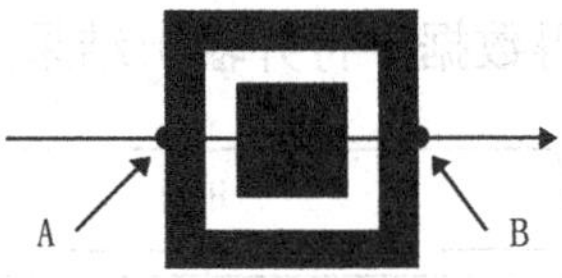

图 2-24　位置探测图形扫描线

b. 重复步骤 a，在图像的 Y 轴方向上，识别穿过探测图形中心方块的所有像素行。

c. 通过在水平方向穿过位置探测图形中心块的最外层的像素线上 A、B 两点连线的中点连一直线，再在竖直方向重复上述做法，两条线的交点就是中心。

第三，先找到探测图形的中心坐标，识别哪一个位置探测图形是左上角图形以及根据符号的旋转角度来确定符号的方位。

第四，确定：距离 D，是左上角位置探测图形中心与右上角位置探测图形中心之间的距离；两个探测图形的宽度是 W_{UL} 和 W_{UR}（图 2-25）。

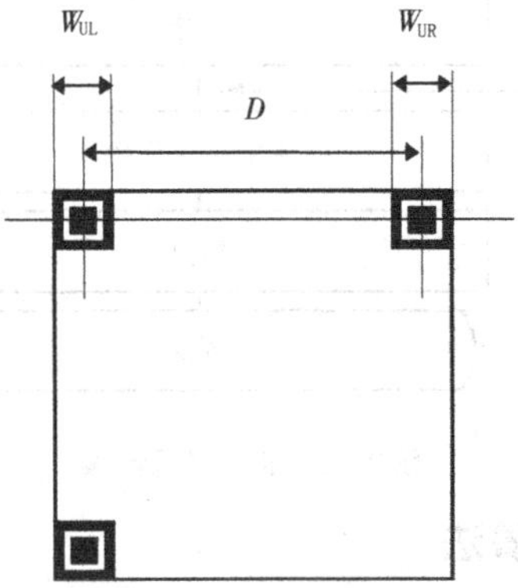

图 2-25　上部位置探测图形

第五，计算符号的名义模块宽度尺寸 X：

$$X=(W_{UL}+W_{UR})/14$$

第六，初步确定符号的版本：

$$V=[(D/X)-10]/4$$

第七，如果版本号不大于 6，那么就是版本号。如果大于 6 的话，那么版本信息应按下列步骤译码：

a. 用 7 除以右上角宽度尺寸 W_{UR}，可知模块尺寸 CP_{UR}。

b. 看图 2-26，由 A，B 和 C 三个点来找到通过中间的导向线。根据与导向线相平行的直线、位置探测图形的中心坐标和模块尺寸 CP_{UR} 确定在版本信息 1 区域中每一模块中心的取样网格。据采样网格上的深色浅色的图形可知二进制值 0 和 1。

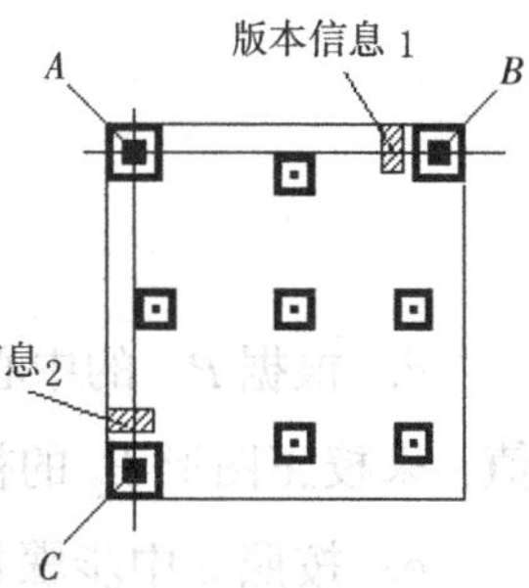

图 2-26 位置探测图形与版本信息

c. 通过检测并纠错确定版本，如果检测发现版本有错误，据 BCH 纠错原理，对出现的错误进行纠错。

d. 如果错误超过纠错容量，那么计算左下方位置探测图形的宽度尺寸 W_{DL}，并按上述步骤对版本信息 2 进行译码。

第八，对没有校正图形的版本 1 符号，用第七步和第八步进行译码，再转至本算法的第九步（图 2-27）。

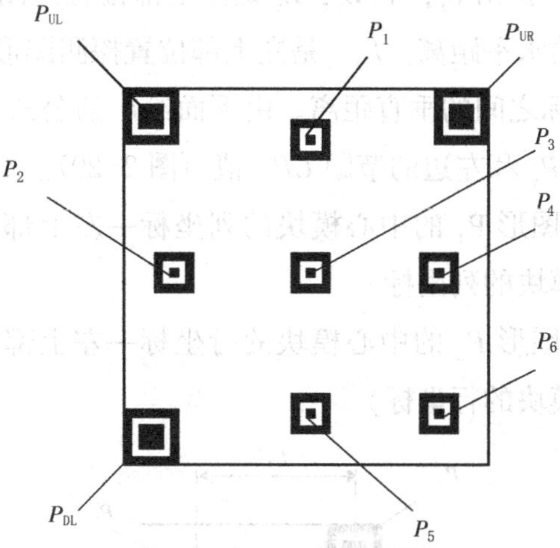

图 2-27 位置探测图形与校正图形

a. 左上角的 W_{UL} 除以 7，得模块尺寸 CP_{UL}。

b. 据左上角位置探测图形 P_{UL} 的中心 A 的坐标，平行于图中 7c 方向，得到导向直线 AB 和 AC 的直线和模块尺寸 CP_{UL}，确定校正图形 P_1 和 P_2 的中心坐标。

c. 首先，我们从中心坐标像素看，对图形 P_1 和 P_2 中的空白的方格的边缘扫描校正，来得出实际中心坐标 X_i 和 Y_j（图 2-28）

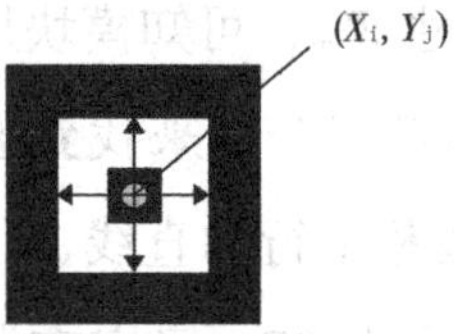

图 2-28　校正图形的中心坐标

d．根据 P_{UL} 的中心坐标和在 c 步骤中得到的校正图形 P_1 和 P_2 的中心坐标值，来校正图形 P_3 的初步中心坐标。

e．按照 c 中步骤找到校正图形 P_3 的中心坐标。

f．确定 L_x 和 L_y，L_x 是指校正图形 P_2 和 P_3 两中心之间的距离，L_y 是指校正图形 P_1 和 P_3 两中心之间的距离。用校正图形的已定义的间距除 L_x 和 L_y，获得位于符号左上角区域下边的模块节距 CP_x 和右边的模块节距 CP_y 值。

$$CP_x=L_x/AP$$

$$CP_y=L_y/AP$$

g．AP 是一种用于校正图形中心位置的模块间距。

h．以同样方式，找出 L_x，和 L_y，L_x 是左上部位置探测图形 P_{UL} 与校正图形 P_1 的中心坐标之间的水平距离。L_y，是左上部位置探测图形 P_{UL} 的中心坐标与校正图形 P_2 的中心坐标之间的垂直距离。由下面给出的公式计算符号左上角区域中上边的模块节距 CP_x 和左边的节距 CP_x'值（图 2-29）。

$CP_x'=L_x'/$(校正图形 P_1 的中心模块的列坐标—左上部位置探测图形 P_{UL} 的中心模块的列坐标)

$CP_y'=L_y'/$(校正图形 P_2 的中心模块的行坐标—左上部位置探测图形 P_{UL} 的中心模块的行坐标)

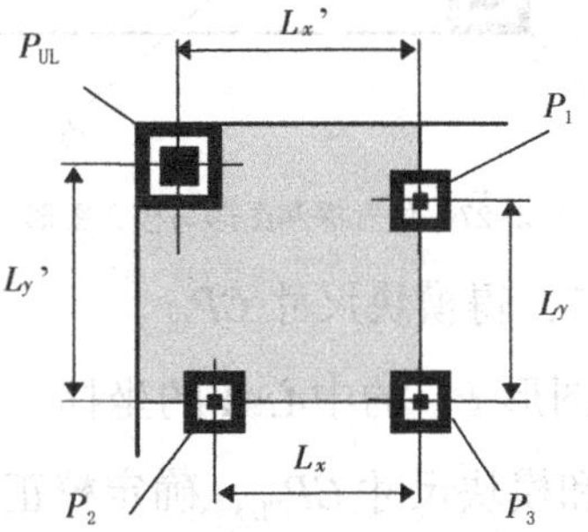

图 2-29　符号的左上区域

i．依据代表符号左上区的每一边的模块节距值 CP_x，CP_x'CP_x'，CP_y 和 CP_y'，确定覆盖代表符号的左右下上区的采样网格。

j．由上述方式，确定符号的上下上右区（被右上角位置探测图形 P_{UR}，校

正图形 P_1，P_3 和 P_4 所覆盖）之间和符号的中左下中上区之间（被右上区位置探测图形 P_{UR}，校正图形 P_2，P_3 和 P_5 覆盖）之间的采样网格。

k. 对于校正图形 P_6（图 2-30），由校正图形 P_3、P_4 和 P_5 的间距，穿过校正图形 P_3 和 P_4，P_4 和 P_5 的中心的导向直线以及这些图形的中心坐标值得到的模块间距 CP_x'和 CP_y'值，估计它的初步的中心坐标。

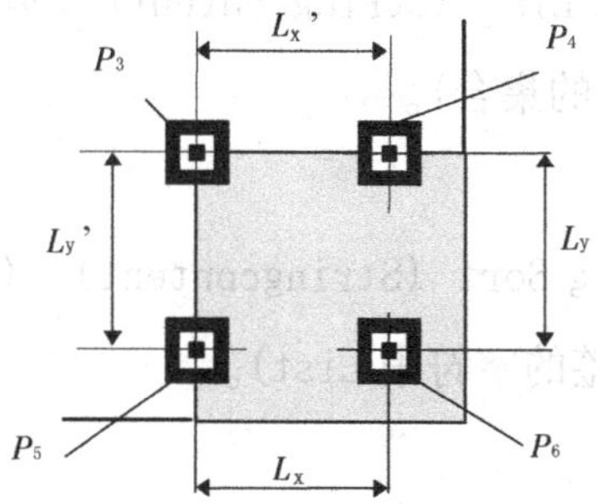

图 2-30　符号右下区

l. 重复以上步骤 e）→h），得到符号右下区的采样网格。

m. 这样得到符号未覆盖区的采样网格。

第九，对网格的每一交点上的图像像素取样，并根据阈值确定是深色块还是浅色块，构造一个位图，用二进制的“1”表示深色的像素，用二进制的“0”表示浅色的像素。

第十，对左上方区域的探测图形相邻的信息进行译码处理来得到纠错等级和用于符号的掩模图形。

第十一，如果对符号编码区进行 XOR 处理，使用到的处理图形为掩模图形，那么之后对符号字符不进行掩模。

第十二，根据排列规则确定符号码字。

第十三，根据需求，用第三步规定的逆过程，将码字序列按块排列。

第十四，按照纠错译码程序和错误检测，纠正拒读错误和替代错误，直到符号版本和纠错等级所规定的最大纠错容量。

第十五，重新组配数据块序列，变成原始信息的位流。

第十六，把数据位流分为若干段，每一段由模式指示符开始，段的长度由在模式指示符后的字符计数指示符确定。

第十七，根据所采用的模式的规则，对每一段进行译码。

八、编码设计与实现

（一）数据预处理组件设计与实现

1.组件功能

对编码数据进行预处理，区分中文和非中文，再写上标签，方便后续使用。

2.函数原型

List 〈Item〉 String2 List （Stringcontent）（content 表示预处理数据流，返回值为编码封装类 Item 的集合）。

3.辅助方法

List 〈String〉 string Sort （Stringcontent） （content 表示预处理数据流，返回值为打上类别标签的字符串 List）。

4.算法设计描述

（1）分析数据组成　中文以首字母 C 标记，其他由首字母 E 标记。例如：输入为 101 是一个数字，输出为 E101C 是一个数字。

具体做法为：

初始量：输入字符串 str.；标记变量 start = end =；数据头部 split；数据编码格式 format；数据结果容器 List 〈String〉 format = str. 首字母编码格式。

```
For each character c in str
If c equals 前一字符编码格式
    end++;
else
    if format 是否为中文
    split= “C” ;
else
    split= “E” ;
format=c 编码格式;
putspl it+［start, end］ in List 〈String〉;
start=end;
```

（2）数据分类　将数据按 E 和 C 分类实例化 Item 对象，分别存入 List 〈Item〉 中，待以后编码使用。

（二）数字模式编码组件设计与实现

1. 组件功能

专门对数字采取特定算法进行编码。

2. 规则描述

将输入的数据每三位分为一组，将每组数据转换为 10 位二进制数。如果所输入数据的位数不是 3 的整数倍，那么它的余数要进行转化，1 位变为 4 位，2 位变为 7 位二进制数。把二进制所使用的数据集合在一起之后，再把字符计数指示符和模式指示符放到数据前面。数字模式中字符计数指示符如表 2-29 中定义的有 10 位、12 位或 14 位。输入的数据字符的数量转换为 10 位、12 位或 14 位二进制数后，放置在模式指示符之后，二进制数据序列之前。

表 2-29　字符计数指示符的位数

版本	数字模式	字母模式	8 位字节模式	中国汉字模式
1～9	10	9	8	8
10～26	12	11	16	10
27～40	14	13	16	12

例 1：（符号版本 1-H）

输入的数据：01234567

a. 分为 3 位一组：01 234 567

b. 将每组转换为二进制：012→0000001100 345→0101011001 67→1000011

c. 将二进制数连接为一个序列：000000110 00101011001 1000011

d. 将字符计数指示符转换为二进制（版本 1-H 为 10 位），输入的字符数为：8→0000001000

e. 加入模式指示符 0001 以及字符计数指示符的二进制数据：0001 0000001000 0000001100 0101011001 1000011

例 2：（符号版本 1-H）

输入的数据：0123456789012345

a. 分为 3 位一组：012 345 678 901 234 5

b. 将每组转换为二进制：012→0000001100 345→0101011001 678→1010100110 901→1110000101 234→0011101010 5→0101

c. 将二进制数连接为一个序列：0000001100 0101011001 1010100110

1110000101 0011101010 0101

d. 将字符计数指示符转换为二进制（版本 1-H 为 10 位），输入的字符数为：16→0000010000

e. 加入模式指示符 0001 以及字符计数指示符的二进制数据：0001 0000010000 0000001100 0101011001 1010100110 1110000101 0011101010 0101

数字模式中位流的长度计算公式如下：

$$B=4+C+10\ (D\ \mathrm{DIV}3)\ +R$$

式中，B——位流的位数；

C——字符计数指示符的位数；

D——输入的数据字符数；

R——0 当（D MOD 3）= 0；

R——4 当（D MOD 3）= 1；

R——7 当（D MOD 3）= 2。

（三）关键程序描述

编码数据（qrcode Data）；编码数据长度（data Length）；数据分组组号（data Counter）；数据分组每组的组值集合（data Value）；数据分组每组的长度集合（data Bits）

```
i=0;
while i <data Length
//当组中个数为 1 的情况时
if ( ( (i+1) % 3) ==1) {
    data Value [data Counter] = (int) (qrcode Data [i] - '0') ;
    data Bits [data Counter] =4;
} else {
data Value [data Counter] = dataValue [data Counter] * 10+ (int)
(qrcode Data [i] - '0') ;
//当组中个数为 2 的情况时
if ( ( (i+1) % 3) ==2) {
        data Bits [data Counter] =7;
}
```

```
//当组中个数为 3 的情况时
else {
        data Bits [data Counter] =10;
          if (i <data Length-1) {
            data Counter++;
        }
     }
i++;
```

（四）字母数字模式编码组件设计与实现

组件功能：11 专门对数字和字母用特定算法来编码。

规则描述：如表 2-30 所示，每个输入的字符赋予一个数值 V，它的值为 0 到 44。

表 2-30　字母数字模式的编码/译码表

字符	值	字符	值	字符	值	字符	值	字符	值	字符	值	字符	值	字符	值
0	0	6	6	C	12	I	18	O	24	U	30	SP	36	.	42
1	1	7	7	D	13	J	19	P	25	V	31	$	37	/	43
2	2	8	8	E	14	K	20	Q	26	W	32	%	38	:	44
3	3	9	9	F	15	L	21	R	27	X	33	*	39		
4	4	A	10	G	16	M	22	S	28	Y	34	+	40		
5	5	B	11	H	17	N	23	T	29	Z	35	-	41		

将输入的数据分为两个字符一组，用 11 位二进制表示。将前面字符的值乘以 45 与第二个字符的值相加，将所得的结果转换为 11 位二进制数。如果输入的数据的字符数不是 2 的整倍，将最后一个字符编码为 6 位二进制数。将所得的二进制数据连接起来并在前面加上模式指示符和字符计数指示符，按表 2-29 的规定在字母数字模式中，字符计数指示符的长度为 9 位、11 位或 13 位。将输入的字符数编码为 9 位、11 位或 13 位二进制数，放在模式指示符之后、二进制数据序列之前。

例：(符号版本 1-H)

输入的数据：AC-42

①查出字符的值：AC-42→（10，12，41，4，2）

②将结果分为 2 个一组：(10，12) (41，4) (2)

③将每组数据转换为 11 位二进制数：（10，12）10* 45＋12→462→0011100111041，4）41* 45+4→1849→11100111001（2）→2→000010

④二进制数据顺次连接：0011100111011100111001000010

⑤将字符计数指示符转换为二进制（版本 1-H 为 9 位），输入的字符数为：5→000000101

⑥在二进制数据前加上模式指示符 0010 和字符计数指示符：00100000001010011100111011100111001000010

字母数据模式的二进制位流位数由下式计算：

$$B=4+C+11\ (D\ \mathrm{DIV}2)\ +6\ (D\ \mathrm{MOD}2)$$

式中，

B——位流的位数；

C——字符计数指示符的位数；

D——输入的字符数。

第四节　RFID 系统

一、RFID 系统工作原理

阅读器通过发射天线发送一定频率的射频信号，当一个电子标签信号能量进入阅读器工作区域时瞬间就产生了一个感应的射频信号电流，电子标签就获得了射频能量电流被激活，称为阅读器激活。电子标签阅读器可以通过将标签阅读器中自身编码的标签信息以及标签相关数据信息，通过外置的接收天线直接把信息发送出去；在系统执行中，接受天线控制器接收端采集到发送端发送出来的载波调制信息，经接受天线调节装置放大后再发送的载波信息就输出到阅读器，由阅读机系统自动对接将收到的载波调制信息输出后进行解调和编码，处理之后再自动传输信息至阅读机的后台主控制系统中，并实现对系统相关信息设置或管理和监控；后台主控制系统则可以实时根据卡片相关设定逻辑信息进行分析、运算、判断和设定，判断识别出符合该卡设定条件的逻辑合法性，针对各种不同的逻辑设定类型做出一系列符合相应逻辑程序规定的分析、运算、处理、计算、判断和逻辑设定判断控制，发出一系列相应逻辑指令信号，参与逻辑控制执行机构动作（图 2-31）。

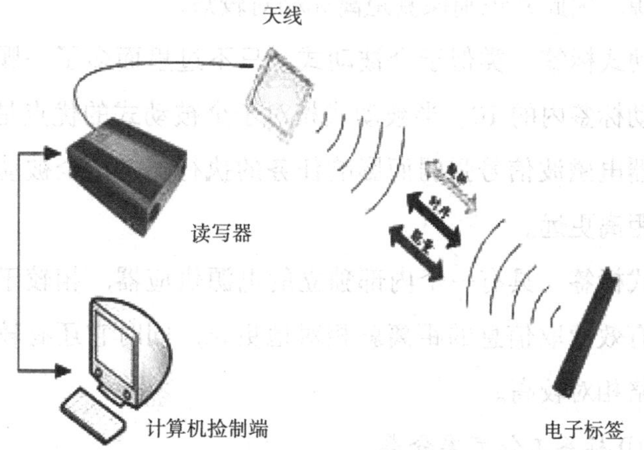

图 2-31 RFID 系统工作原理

二、RFID 系统组成

应用由 RFID 通信技术系统组成的信息自动识别系统通常称为嵌入式 RFID 射频系统。RFID 通信技术系统通常主要由下列几个部分组成：RFID 标签（也叫电子标签）系统一般包含射频天线、调制器、编码器以及数据存储器接口等通信单元，其中内置天线系统主要被用于天线和射频天线设备间直接进行数据通信工作；RFID 读写器（也叫读写器）用来读取电子标签信息内容的读写设备，主要由控制天线、射频信号收发模块及可调节控制功能单元模块组成，其中控制天线模块包含信号放大器、解码芯片和纠错芯片电路、微处理器、时钟电路模块以及电路电源单元等多个部分单元；计算机主要用于进行数据管理。

（一）RFID 标签

RFID 标签是射频识别系统里真正应用的一个数据载体，具有智能识别读写和数据加密及通信等功能，它的硬件结构基本电路构成一般是由射频 IC 芯片模块和一些其他外围电子元件组成。

1.根据 RFID 标签供电方式分类

依据 RFID 标签供电方式的不同，可以分为有源标签和无源标签两种。

2.根据 RFID 标签内部有无电源分类

RFID 标签系统可分为全被动式、半被动式、主动式标签三类标签。

（1）全被动式标签　内部并没有设置供电电源，它可通过隐藏在标签内部的集成微波电路将接收探测到的电磁波自动执行识别工作，具有结构简单而易复用、价格更为低廉、体积较小巧实用等突出特点，但同时由于其内部完全没有配备供电电源，因此其识别探测距离亦相对较短。

(2) 半被动式标签　类似于全被动式，只不过里面多了一颗小型电池，电力恰好可以驱动标签内的 IC。半被动式相对于全被动式的优点是，标签内部天线不会因识读器电磁波信号强弱而影响任务的执行，它比全被动式在反应上速度更快，识别距离更远。

(3) 主动式标签　具有一个内部独立的电源供应器，相较于全被动式和半被动式能保证有效读取信息的距离就相对地更长，同时它还有较大的记忆体容量，但它的价格相对较高。

3.根据 RFID 标签工作频率分类

按照其实际工作及使用的频率，RFID 系统通常有低频、中频、高频、超高频、微波射频等几种。

(1) 低频标签　阅读器典型标签的工作电源频率一般为 125 千赫、133 千赫。低频标签阅读器一般也多定义为无源标签，其功能可主要通过采用低频的电感磁耦合线圈驱动方式或者从标签阅读器电磁感耦合器线圈内部发出微弱的射频磁场能量过程中来直接获取其工作能量。低频标签阅读器在需要与其他无线阅读器的直接射频通信进行充电读写时，标签需要位于阅读器天线辐射磁场区域内，阅读距离一般小于 1 米。

①低频标签的优势是：标签芯片采用的较为接近普通芯片的 CMOS 芯片工艺，对能源功率的消耗量极少、成本低廉、工作运行时频率范围几乎不受任何国家无线电管委会频率范围的管制，对人体周围的有机电磁物质穿透性能较强，特别适合于近距离、频率低、数据量很小的射频识别应用。

②低频标签的劣势是：低频标签天线可存储的数据量明显偏少；低频标签技术只能满足低速、近距离信号的快速识别等高频应用的需求；而且与其他高频标签相比，低频标签天线匝数精度要求相对更多，成本要求高。

(2) 中频和高频标签　典型产品的额定工作频率依次约为 13.56 兆赫、27.12 兆赫、433 兆赫。工作时电路原理也几乎与低频标签所用的元器件相同，采用中高频的电感耦合式工作驱动方式。根据目前中国民用无线电行业标准频率范围内划分的工作规则，其用于标准工作的工作频段也必须定义为中至高频，所以业内习惯也称此类射频工作标签定义为中到高频工作标签。高频标签识别同样地也采用一种无源微波识别的方式，工作能量也仅能从射频阅读器或耦合到天线上产生的红外辐射或其他近场微波器件中的接收源中获得。所以，有效的射频识别点距离至少小于1米。高频标签快速识别业务的业务基本性能特点虽与一般的低频标签应用比较相似，但也正是由于其实际业务工作时使用的频率范围一般均较高，可以灵活地选用那些要求具备较高数据传输速率的业务。典型的业务应用主要有：电子票务、电子身份证、防伪标签与电子溯源标识等。

（3）超高频和微波射频标签　典型工作频率为：433兆赫、902~928兆赫、2.45千兆赫、5.8千兆赫等。超高频和微波射频标签简称为微波标签。标签位于阅读器天线辐射磁场的远区场内，采用电磁耦合的方式。如果是无缘微波标签，阅读器天线则利用高频辐射所产生高频磁场作用来直接为微波标签读写识别过程提供有效的射频能量。相应的微波射频标签识别读写系统的射频标签读写及识别扫描距离精度还可提高至每秒10米以上。

（二）RFID读写器

RFID读写器是一个与射频标签信息实现交互、读取标签或者直接写入射频标签数据内容和射频信息数据的硬件设备。可以使用外接发射天线，用来进行发射信号和接受射频数据信号，分为便携式或者半固定式两种。读写器也可以仅仅作为一种单独构成的机械整体，也可以是从其他射频系统模块中独立嵌入来的部件。作为计算机单独一个整体时，除了需要具有数据读写、显示、控制功能之外，还具有一些数据处理等功能。一般使用情况条件下，RFID读写器应该是能够嵌入集成到射频信息分析处理等系统硬件中运行的，与计算机硬件和计算机数据库能够进行信息互联，完成用户对射频标签文件的数据读写、显示、通信与控制、数据处理等各项相关技术操作。RFID读写器内部最少也由射频模块和控制模块构成，如图2-32所示。

1.射频模块

由射频能量发送器模块和无线接收器模块组成起来的，其主要技术功能范围包括：产生高频能量发射信号功率，为被动无源标签通信提供高频能量功率；通过对高频发射能量信号功率和无线接收的信号能量进行同步解调，用于无线和被动标签通信进行双向数据通信。射频能量发送器用于产生射频脉冲信号频率和高频能量，激活无线并据此提供信号能量信息给各种被动、无源标签。基本参数射频模块还可以直接集成并封装固定在射频读写器壳内，可以作为一种独立读写设备来存在。例如 CC1010、CC1100、NRF9E5 等射频模块目前已经成功地应用到了多种移动 RFID 系统方案中。

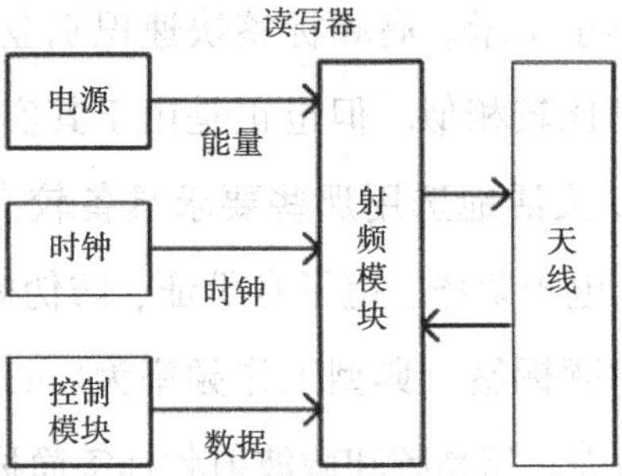

图 2-32　读写器组成

2. 控制模块

读写器的控制通信模块主要的应用功能包括：控制器与标签间的控制通信协议；控制器与应用软件的通信，并自动执行应用软件提供的控制指令等；执行信号数据的加密或解密等操作程序；与标签之间进行双向认证。读写器是把发送来的射频信号数据经过编码计算，加载存储在某特定频率段的射频载波信号存储器上，经过发射天线发射传输出去。

（三）计算机

计算机能与企业本地网络数据库或者企业互联网直接相连，实现对标签读写器上读取出来的各种标签信息内容和应用数据内容进行统一分析并处理。

三、RFID 技术相关标准

RFID 技术标准是标签与识别应用的最核心数据及编码技术标准，是现阶段国内外对 RFID 技术标准应用长期争夺的一块重要技术核心领域。当前在国内外市场执行的三项主要用于 RFID 业务的技术标准有英国 EPC (Electronic Product Code) 系列标准、日本 UID (Ubiquitous ID) 系列标准和中国的 ISO 18000 系列标准。

第三章
农产品产地环境溯源信息检测技术

在农业生产过程中，土壤养分及灌溉水是作物生长必需的物质基础。近年来，不正确的施肥与农业灌溉，不但提高了生产成本，而且造成了农业环境的污染，造成地下水硝酸盐积累和水体富营养化等现象。因此，对绿色无公害食用农产品产地环境（如种植土壤、灌溉水和大气环境）进行快速检测具有重要意义。

第一节　离子选择膜材料、电极材料等快速检测传感器技术

一、离子传感器

离子传感器是指一款利用离子选择电极，将感受物离子量转换成可用输出信号的传感器。离子传感器技术的基本原理是利用可被离子固定的吸附在敏感膜电极体上或表面上的金属离子来作为信号识别膜电极材料并能够有选择地、有效地去吸附那些结合上了离子传感膜材料的带电的离子，从而也可以使传感器膜电位点改变或传感膜电流波形上相应的发生改变。离子传感器也是一个比较常见的离子传感器。离子传感器技术的进步取决于敏感膜与换能器，因此离子传感器的分类通常是根据敏感膜的种类来划分的。可划分为：玻璃膜式离子传感器、液态膜式离子传感器、固态膜式离子传感器、以离子传感器为基本体的隔膜式传感器。

二、传感器特性与膜材料特性

膜材料尤其是感应物质的性质与离子传感器特性有着极其密切的关系。我国目前对于开发新型的离子传感器技术进行了大量的研究，主要集中在一种工作时光电特性能够更加显著的新型离子传感器膜载体材料上，它主要有以下显著的优点：玻璃组分含量的变化经过调制变换可得玻璃薄膜形状的新型离子传

感器，由玻璃组分变化而得的传感器对氢离子有选择性，或对碱金属离子有选择性。也就是说，如增加玻璃中氧化铝和氧化硼的含量，就成为由碱金属离子引起感应性的玻璃膜。由于 pH 测定用的玻璃电极不适用于含氟化物溶液，因此国外科学家近年来正在积极着手研制一款以新型金属氟阳离子交换膜电极材料来做检测感应玻璃膜样品 pH 测定的新型氢离子传感器。

难溶性盐膜离子传感器中主要使用了各种轻金属银盐类离子和另一些有机硫化物，如卤素离子传感器就同时使用了微量卤化银离子溶液和极少量的硫化银。

离子变换膜传感器主要使用含有一些较高浓度低分子量化合物溶液和一些金属氰化物。离子交换膜传感器中，固体化膜固体传感器特性虽然与一般普通的液体膜传感器特性基本相同，然而设计者仍然必须时刻地注意着对膜中的固体化膜材料类型进行恰当地选择。广应用广泛的材料是聚氯乙烯的隔膜和膜片。

中性载体膜离子传感器的电化学特性可能也还与其他可用作感应物质载体中的双冠醚类等极性聚合物材料的物理化学特性相似等有关。较早地被广泛使用的缬氨酸霉素化合物也是个有优良结构的，可以与钠钾离子之间稳定感应或耦合性的物质。双冠醚结构的化合物还可以直接用来形成任何一个可与碱金属离子进行稳定感应和耦合性的化合物。

气透膜离子传感器能根据气透膜孔径形状和薄膜厚度等确定离子气体浓度的选择性。

离子敏场效应晶体管的特性主要受场效应晶体管栅离子感应膜的特性支配，离子感应膜表面的黏着性也很大程度上决定离子敏场效应晶体管栅离子感应膜的特性。

三、离子选择膜材料快速检测传感器

（一）嵌入式超薄碳糊膜银离子传感器

信号传感是仪器分析的核心，而传感器件是信息采集和处理链中的一个不可缺少的逻辑元件。自 20 世纪 60 年代离子选择电极兴起以来，各类各具特色的化学传感器件的研究和应用得到了飞跃的发展。在众多类型的化学传感器中，电化学传感器仍是最为成熟、应用最广的一种类型。对银离子选择性响应敏感的传感器件研制已有国内外一些公司报道，如英国 Eftekhari 公司在直径大于 2 毫米的纯银铜基体材料上表面浸涂六氰基铁酸盐，研制开发了一种银离子选择敏感电极材料；用含有基杯芳烃衍生物制备出对膜银离子选择响应小的新型聚氯乙烯膜银离子电极材料；MashhadizadehMH研究小组以六硫代烃作为中性离子载体成功研制生产了新一代聚氯乙烯膜银离子选择电极系统；Mahajan等首次使用了席夫碱基-对苯基-二叔异丁基杯芳烃衍生物构造制备了聚氯乙烯的膜银离子选择电极；吕鉴泉等一起研制成了对硝基苯甲酸二偶氮基杯衍生物构造制成的新型聚氯乙烯膜银离子选择性电极。以上研究工作各具特色，但电极制备手续复杂，大多是聚氯乙烯膜电极，而且多半灵敏度不高。薛斌曾以乙基紫与I^{-1}的络合物为电活性物，研制了聚氯乙烯膜碘离子选择电极，间接用于Ag^+的测定。研究人员首先提出并在镍铬合金电极表面上研制开发了新型超薄碳糊膜（ISTCPF）复合电极，研究后发现，基体表面可以嵌入新的约为100纳米厚的ISTCPF，对Ag^+有良好的电化学响应。银离子浓度为（1.0×10^{-6}）～（1.0×10^{-2}）摩/升与银电极电势间呈线性良好的正线性关系，相关系数一般为±0.9998。ISTCPF电极制作容易，费用很低，稳定性良好，电位和响应斜率符合能斯特（Nernst）方程式关系，具有较好的抗干扰能力。作为银离子指示电极，直接利用电位法测定出了显影前废液槽中Ag^+的浓度，利用电位滴定法直接测定得出了水中的Cl^-的含量。

1.实验部分

（1）仪器与试剂　PXD212型数字式离子计（江苏电分析仪器厂）、8521磁力搅拌器（上海司乐仪器厂）、自制ISTCPF电极为工作电极（φ=2.48mm）、双液接式饱和甘汞电极为参比电极。石墨粉（纯度99.85%，上海胶体化工厂）、液状石蜡（CP，河南新乡化玻仪器供应站）、硝酸银，其他试剂均为分析纯，实验用水为去离子水和二次重蒸水。

（2）传感器的制备　将石墨粉、液状石蜡按质量比5：1在研钵中充分研磨，混合均匀后备用。截取一定长度的圆柱状镍铬合金，将其封入适当长度的玻璃管中，一端伸出玻璃管外用于电极接线，另一端打磨成平面，再在600目的金相砂纸上抛光，去离子水淋洗，超声清洗以洁净表面，取出，用滤纸吸干表面水分后置于炭糊中研磨，使炭糊均匀黏附其表面，然后用湿滤纸擦净玻璃管外的炭糊，淋洗电极。电极使用前用1：1（V：V）的氨水浸泡约5分，淋洗后备用。

（3）实验方法　在50毫升容量瓶中加入一定量Ag^+标准溶液和KNO_3溶液，用水稀释至50毫升配制标准溶液，再用逐级稀释法分别配制Ag^+标准系列溶液。

然后以 ISTCPF 电极为指示电极，双液接饱和甘汞电极（SCE）为参比电极进行测量，实验均在室温下进行。ISTCPF 电极表面与 Ag^+ 浓度有良好的电化学响应。以 ISTCPF 电极为指示电极，SCE 为参比电极，与待测液组成的电池表示式如下：

ISTCPF 电极｜待测液‖KNO_3（sat）盐桥‖KCl（sat）｜Hg_2Cl_2｜Hg

$E_{电池}=\varphi SCE-\varphi ISTCPF$

EISTCPF=EISTCPF+2.303RT/（nF）×$\log c_{Ag^+}$

测得 ISTCPF 电极的实际响应斜率为 58.3～60.3mV/（$-\log c_{Ag^+}$），实验结果与理论值一致。

2. 结果与讨论

（1）ISTCPF 电极对 Ag^+ 的响应关系　镍铬合金有很强的抗腐蚀性，但用作电极测得的电极电势与 Ag^+ 浓度之间没有 Nernst 响应关系，不能用作 Ag^+ 的传感器。以镍铬合金为基体，嵌入超薄碳糊薄膜而制备的 ISTCPF 电极作为指示电极，其电极电势随 Ag^+ 的浓度变化而变化，具有良好的线性关系（图 3-1 所示）。由图 3-1 可见，电极电位与 Ag^+ 浓度在（1.0×10^{-6}）～（1.0×10^{-2}）摩/升呈良好的线性变化，并且符合 Nernst 响应，回归方程为：E = 531.01126 - 58.3（$-\log c_{Ag^+}$），相关系数 r=0.9998，响应斜率为 58.3mV/（$-\log c_{Ag^+}$）。表明 ISTCPF 电极对 Ag^+ 浓度有良好的线性响应关系，可用来作为 Ag^+ 传感器。

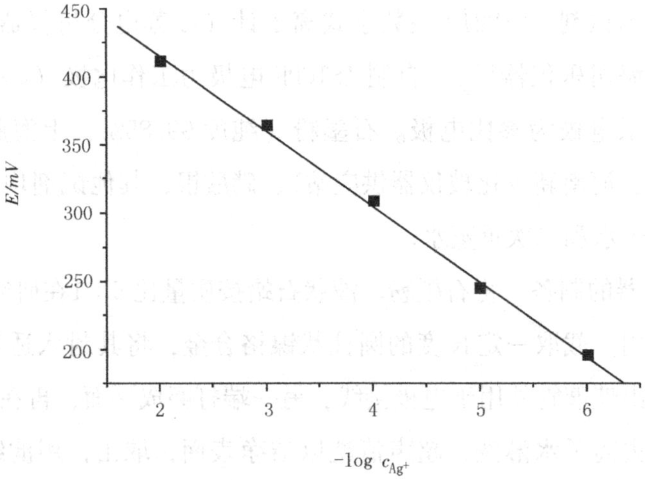

图 3-1　银离子在 ISTCPF 电极上的电位响应曲线

以圆柱形镍铬合金基体作为指示电极，测定（1×10^{-6}）～（1×10^{-2}）摩/升系列 Ag^+ 标准溶液的浓度与电极电位，考察其对 Ag^+ 的响应关系。发现以镍铬合金作为电极对于（1×10^{-4}）～（1×10^{-2}）摩/升的 Ag^+ 浓度呈现出一定的线性趋势，但远远偏离 Nernst 方程所预示的关系；当 Ag^+浓度小于 1×10^{-4} 摩/升时，线性趋势消失。实验证明未经嵌入炭糊的镍铬合金，不能作为对银离子响应的指示电极。

基体电极表面的嵌入物，对其电化学性质有明显的影响。通过实验研究单独嵌入液状石蜡或仅用石墨粉嵌入的镍铬合金电极对银离子的响应，直接在裸电极表面嵌入石墨粉，或在其表面直接嵌入液状石蜡，发现这样制备的电极对银离子都没有响应，不能用作银离子传感器。炭糊和液状石蜡的组成比例，直接影响电极的性能。在镍铬合金表面嵌入不同配比而成的碳糊，并研究所制得的电极对银离子的响应关系。结果证明，炭糊中随着石墨粉比例增大，测得的银离子标准系列溶液的电位与银离子浓度之间的线性关系更好，其斜率更接近 Nernst 响应，当液状石蜡：石墨粉=1：5m：m 时,测试反复制作的电极，其线性关系的相关系数为 0.999 8，斜率为 58.3~60.3mV/（$-\log c_{Ag^+}$），说明按此比例制备的电极适合用作银离子传感器。

（2）溶液 pH 的影响　考察不同 pH 条件下电极的响应关系曲线。pH 的变化对浓度为（1×10^{-3}）~（1×10^{-2}）摩/升的银离子溶液的电位响应影响不大（图 3-2），但对银离子浓度小于 1×10^{-4} 摩/升的银离子影响较大。从图 3-2 可见，溶液 pH 由 1~7 变化时，测得的电位—$-\log c_{Ag^+}$银离子响应关系曲线随溶液 pH 值升高而线性更好，当溶液 pH=7 时，ISTCPF 电极对 Ag^+的响应最好。

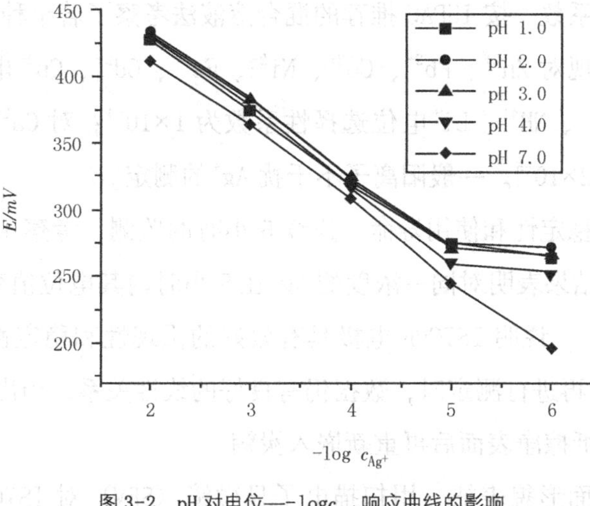

图 3-2　pH 对电位—$-\log c_{Ag^+}$响应曲线的影响

（3）离子强度的影响　NO_3^-强度对 Ag^+浓度的电位响应有明显的影响，实验研究不同离子强度时 Ag^+浓度与电位响应情况（图 3-3）。由图可见，随着离子强度的增加，电位响应曲线逐渐下移，线性偏离直线关系；对同一 Ag^+浓度，测得的电位也是随离子强度增大而呈不同程度的下降。当 c_{Ag^+}1×<10^{-5} 摩/升时，电位响应随离子强度增大而上升，使得电位响应的线性范围缩短。可见离子强度为 0.1 时电极的 Nernst 响应关系更好一些。

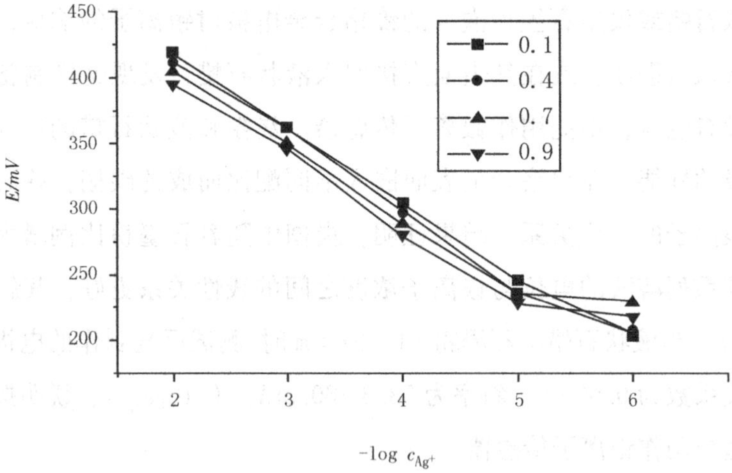

图 3-3　不同离子强度时 Ag^+离子浓度电位响应影响

（4）响应时间　分别考察 1×10^{-4} 摩/升和 1×10^{-5} 摩/升 Ag^+标准溶液的响应时间。1×10^{-4} 摩/升的 Ag^+标准溶液达到稳定的响应时间为 30 秒，1×10^{-5} 摩/升 Ag^+标准溶液的响应时间为 40 秒。结果说明被测物浓度高，则电极电势达到稳定的响应时间相对较短；浓度低，电极电势达到稳定的时间相应长一些。

（5）选择性系数　按 IUPAC 推荐的混合溶液法考察了若干种物质对 Ag^+的干扰情况，结果发现对 Zn^{2+}、Pb^{2+}、Co^{2+}、Ni^{2+}、Fe^{3+}、Cd^{2+}、Cu^{2+}电位选择性系数为 1×10^{-5}；对 Na^+、NH^{4+}、Li^+电位选择性系数为 1×10^{-4}；对 Ca^{2+}、Mg^{2+}、Al^{3+}电位选择性系数为 2×10^{-5}。一般阳离子不干扰 Ag^+的测定。

（6）电极的稳定性和使用寿命　连续 5 小时的监测，考察 ISTCPF 电极的重现性和稳定性，结果表明对同一浓度的 Ag^+在 5 小时内其电位值变化的相对标准偏差（RSD）<3%，说明 ISTCPF 电极具有较好的重现性和稳定性。ISTCPF 电极连续使用 30 天后再进行测定时，数据仍有良好的线性关系。当出现斜率下降后，可使用湿润的滤纸擦净表面后再重新嵌入炭糊。

（7）电极表面形貌表征　用扫描电子显微镜（SEM）对 ISTCPF 电极和合金基体电极表面进行了分析（图 3-4）。由图 3-4 可见，表面嵌入碳糊前后的 SEM 形貌有着根本的区别，嵌入的碳糊均匀分布在合金基体表面。以 $K_4[Fe(CN)_6]$

作为模型化合物，计算了嵌入碳糊薄膜后电极的表观电极面积 $A=5.319$ 毫米^2，而实际量测面积为4.831毫米^2，可见表面嵌入碳糊膜后，增大了有效面积。根据计算嵌入碳糊后的电极表面，有一层厚度约100微米的碳糊薄膜，正是这层嵌入的超薄碳糊薄膜，改变了基体材料的化学性质，定量反映了不同浓度 Ag^+ 引起的相间电位的变化。

图3-4　电子显微镜扫描电极

3.分析应用

（1）显影废液中银含量的分析　移取显影液5毫升于50毫升容量瓶中，用0.1摩/升的 KNO_3 溶液稀释至刻度，摇匀备用。用标准加入法或标准曲线法定量测定，结果列于表3-1。

（2）水中氯含量的电位滴定分析　用5毫升移液管移取自来水样4毫升于50毫升小烧杯中，加入20毫升去离子水，放入一搅拌磁子，ISTCPF为指示电极，双盐桥SCE为参比电极，0.1摩/升 $AgNO_3$ 标准溶液为滴定剂，用二级微商法确定滴定终点时 $AgNO_3$ 标准溶液的用量；新乡市卫河水样移取2毫升，按文献方法处理，同上方法滴定。另取一定量同样的水样，用传统银电极作指示电极进行滴定，和ISTCPF电极相对照，结果见表3-2。研究证明，在镍铬合金基体材料上制备的嵌入超薄碳糊膜电极，具有简单实用、操作容易、费用很低、寿命较长等优点。镍铬合金表面上嵌入的纳米量级的碳糊膜，改变了基体材料的性质，有效克服了一般碳糊电极缺点。电极对银离子具有良好的Nernst电位响应，不仅可作为对 Ag^+ 响应的化学传感器，还可用作电位滴定和伏安分析的工作电极。

表 3-1　显影废液中银含量分析结果

样本	平均检出量/（毫克·升$^{-1}$）	添加量/（毫克·升$^{-1}$）	获得量/（毫克·升$^{-1}$）	回收率/100%	相对标准偏差/100%
1	8.63	5.50	5.41	99.1	1.7
2	2.16	1.10	1.05	95.5	1.2
3	0.54	0.33	0.32	97.0	1.2

表 3-2　水中氯含量的电位滴定分析结果

样本	检出量/（毫克·升$^{-1}$）		平均值/（毫克·升$^{-1}$）	相对标准偏差/（毫克·升$^{-1}$）
	银电极	ISTCPF 电极		
自来水	120.0	120.2，120.0，120.2，119.8 120.0，120.1，120.3，119.9	120.0	0.16
卫河水	282.0	278.2，278.6，279.2，279.9	279.0	0.26

（二）基于高选择性氟液相传感膜的离子传感器

1. 概述

在微量分析方法中，相对于荧光化学传感器，离子选择性电位型是一种敏感活性分子易于合成、探测效率较高、成本低廉且适宜户外作业的分析技术。自 20 世纪 60 年代末以来，已经研制出多种离子传感器，如钠、钾、钙、银、铅、铜和镉等的离子传感器，在分析测试、食品质量监控、药物生产等领域得到了越来越多的应用。尤其是在近十年来，电位型离子传感器已经应用于水中氟含量分析、检测药物，茶叶中的铝和铁，牛奶中的钙，血液中的常规电解质，尿中的有毒金属，药物中的止痛剂曲马多，胶囊中和生物流体中的抗抑郁症药物氟西汀、游离酶和标记酶等。目前电位型传感器已经发展到不带电荷的中性分子探测，且这种传感探测已经不仅仅局限于单头探测方式，以连续注射分析技术操作方式工作的多探头高效电子舌——一种自动电位分析传感器阵列，也已经用于亚微摩尔浓度的 Cd^{2+}、Cu^{2+} 和 Pd^{2+} 等重金属离子的同时定量分析。

有关离子传感器的开发及应用经验告诉我们，已获广泛应用的传统聚合物传感膜材料在使用中会受到测试样品的污染，这种污染来自传感膜特异性的或非特异性的吸附，特别是对未经稀释处理或消化处理的生物样品的测试，如天然存在亲油性的脂类和蛋白质等会吸附在传感膜表面并被萃取到传感膜相中而毒化传感膜，尽管脂类和蛋白质在传感膜上少量吸附只会延长响应时间而不会影响传感膜达到最终平衡电位响应，但随着电极的持续使用，吸附层将逐渐加厚并往膜内渗透，此时传感膜响应的是这一吸附层中的分析质的浓度，而不是实际样品中分析质的浓度。针对解决这一问题而研制的化学修饰传统聚合物传感膜也无法从根本上避免吸附。

氟材料作为一种具有先天超低极性和超低表面能的有机材料有望从根本上解决这一问题。氟材料中的 C-F 键高度不可极化，没有永久偶极矩。其超低极性是有数据依据的。如果将水的极性程度定义为 1，环己烷的定义为 0，则全氟辛烷的则为-0.41。由于酯质物质在氟液中几乎不溶解，如果将氟材料制成传感膜，则可通过氟材料的超低极性阻止或降低对生物样品中脂类和蛋白质的吸附。

然而 C-F 键的高度不可极化性使得它在传感膜的设计制备中与电活性物质匹配时出现了不可回避的问题。在所能应用的氟液相溶剂中只能溶解亲氟性物质，这就对离子载体和离子交换剂提出了新的苛刻要求，传统的电活性物质因无法溶解在这一新的特殊基质体系中而显得无能为力。加之氟材料的难以加工成型，对氟传感膜的研究就显得举步维艰。

2. 氟液相传感膜

(1) 氟溶剂　氟液相传感膜是由氟溶剂和溶解在其中的电活性物质（如离子交换剂和离子载体）构成的（图 3-5）。由于氟溶剂是一种极性极小的绝缘体，要制得具有电响应性能的氟液相传感膜，首先就要尽可能地降低氟溶剂的电阻，使得所得氟液相传感膜的电阻不妨碍实际使用，这就要求传感膜的玻璃化温度（Tg）要低于其使用温度。因为在 Tg 附近使用时，离子在膜中的扩散系数要比在玻璃化温度以下时的高出多个数量级，亦即玻璃化温度时的氟溶剂有利于离子在传感膜中的运动迁移从而降低电阻。显然，一些结晶或半结晶的全氟聚合物，如著名的聚四氟乙烯（PTFE），就不适合用作氟传感膜。充当氟液相的氟溶剂需特别研制。目前用作电位传感器的氟溶剂都是玻璃化温度低至-100℃的含氟化合物，主要有全氟代全氢芳烃、全氟代烷烃、全氟代烷基胺、全氟代萘烷等。

图 3-5　氟液相传感膜

这些氟化合物在室温下都呈现液态油相，具有流动性，从而也同时可以充当支撑它的氟微孔滤膜的增塑剂。其中氟含量为 73.1%（质量浓度）的全氟全氢菲具有-20℃的流动点，远远低于室温，而其沸点又足够高（215℃），可以防止电极使用测试期间氟溶剂过快地蒸发。相反，线性全氟烷烃因具有很窄的熔点和沸点范围而不能用作氟溶剂，而线性全氟烷烃又不易获得。因此，全氟全氢菲是首选的氟溶剂。然而，全氟全氢菲具有相当高的蒸气压，易于挥发，使得电极稳定性不够高而不适合长期使用。与此对照，线性全氟烷烃有着比全氟全氢菲更大的黏度，有利于降低主离子和干扰离子在传感膜中的扩散系数以减小跨膜离子流，进而有利于检测下限的降低。而且，全氟醚中氧原子的低路易斯碱性有可能赋予传感膜更好的选择性，溶解掺入 H^+ 载体的线性全氟齐聚醚形成的传感膜与溶解掺入 H^+ 载体的全氟全氢菲组成的传感膜相比，前者具有类似的选择性。因此，线性全氟齐聚醚也是常用的氟溶剂。

显然，氟溶剂的极性是最需要关注的指标。用于氟相传感膜的氟溶剂的极性都很低，它们相近的介电常数意味着它们具有相近的溶剂特性，也意味着溶解在其中的电活性物质如离子载体和离子交换剂的可选择范围较窄。

（2）亲氟离子交换剂　普通电位传感膜中使用的高度憎水的四苯基硼酸盐在氟溶剂中都没有足够的溶解性，其中含有一定氟原子的全氟四苯硼酸锂和四［3，5-二（三氟甲基）苯基］硼酸钾也不能够在氟溶剂中正常溶解。因此，氟溶剂中要匹配使用高氟含量的氟盐充当离子交换剂。用于氟液相传感膜中的亲氟离子交换剂最早是四［3，5-二（三氟甲基）苯基］硼酸钠，其在各种氟溶剂中都表现出一定的溶解度（表 3-3）。后来又合成出了含氟有机铵盐、含氟有机磷盐和在阳离子、阴离子上均具有全氟取代基的氟盐 HFES（图 3-6），其中 HFES 极具特色，它在室温下是离子液体，低温时不结晶，但会经历到玻璃态的转变，DSC 测得其玻璃化温度是-18.5℃。更为重要的是它在全氟烷烃、全氟全氢菲和全氟三乙胺等氟溶剂中的溶解均可以达 10 毫摩/升，可以说这是在全氟烃中溶解度最高的盐。然而，考虑到其合成的复杂性，在实际应用中仍然使用合成相对便利的 NaPFHPB 离子交换剂。

表 3-3　用于溶解含氟电活性组分的氟溶剂物理参数

氟溶剂	熔点/℃	沸点/℃	介电常数	NaPFHPB 的溶解度/（毫摩·升$^{-1}$）	编号
全氟全氢菲	-20（凝固点）	215	2.03	1.4	31
2H-全氟-5，8，11-三甲基-3，6，9，12-四氧戊二烯	-115	192~195	—	0.91	31
线型全氟低聚乙醚	—	—	—	0.19	32
全氟三乙胺	—	210~220	1.98	0.074	31
全氟代卡林	—	—	1.95	1.1	32

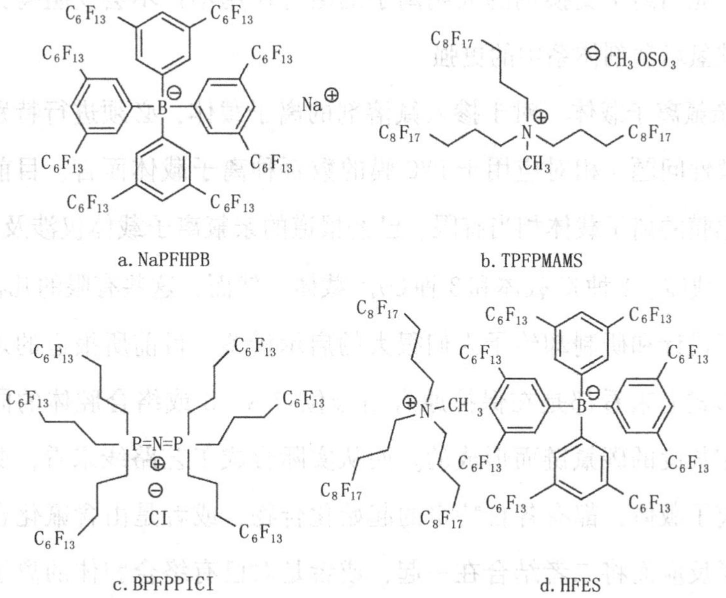

图 3-6　亲氟离子交换剂的分子结构式

离子交换剂在氟溶剂中不仅仅起到了离子位点的作用，而且能明显降低氟液相传感膜的电阻。已知如果传感膜的电阻大于 10 吉欧，则其电位响应时间就大于 5 分。如此长的响应时间会抵消传感膜对干扰离子的高选择性。因此，掺入氟溶剂中的离子交换剂对传感膜电阻的影响也是分析指标之一。然而，普通氟盐离子交换剂对传感膜电阻的降低有限，但是含氟大阴离子和含氟大阳离子形成的高度亲氟盐 HFES 表现突出，分别在全氟全氢菲和全氟三乙胺这两种氟溶剂中同时混合掺入 10 毫摩/升 HFES 和 1 毫摩/升 NaPFHPB 两种离子交换剂，所形成的两张氟液相传感膜，经离子溶液调制后的电阻为 0.023 吉欧和 0.0059 吉欧，而相应地仅仅加一种离子交换剂 NaPFPB 而未加 HFES 的氟液相传感膜电阻分别为 1.7 吉欧和 11 吉欧，对比电阻降低了 2~3 个数量级。可见，该氟盐是目前唯一能够大幅度降低氟相电阻的离子交换剂。

特别指出，溶解在氟溶剂中的亲氟离子盐中的大阴离子对阳离子具有很强的结合能力。在含有 NaPFHPB 的全氟全氢菲氟溶剂中测得的离子对形成常 K_{ip} 数都在 20.11~20.73，其相近的 K_{ip} 值意味着所考察的阳离子与 $PFHPB^-$ 大阴离子具有同等的相互作用，不存在特别能够与 $PFHPB^-$ 阴离子相互作用的阳离子。与在非氟的碳氢增塑剂中的 K_{ip} 值相比，氟溶剂具有明显的结合离子的优势。可见，在氟溶剂中充当离子交换剂的大阴离子的络合作用不仅不会受阻碍，而且还会比常规非碳氢增塑剂体系中的更强。

(3) 亲氟离子载体　对于掺入氟溶剂的离子载体，必须进行特别氟化才能解决其溶解性问题。相对应用于 PVC 膜的数百种离子载体而言，目前能够用于氟液相传感膜的离子载体相当有限。已经报道的亲氟离子载体仅涉及 4 种 Ag^+ 载体、4 种 H^+ 载体、1 种 K^+ 载体和 3 种 CO_3^{2-} 载体。然而，这些有限的几种亲氟离子载体的分子设计和研制却给予人们很大的启示借鉴。目前所报道的亲氟离子载体从分子形式上来看都是在保持原有络合位点 N、S 或络合腔体的同时再引入 2~4 根一定长度的碳氟链而形成的。而从实际合成工艺路线来看，要获得最终目标亲氟离子载体，都有各自特定的起始化合物，或者是由含氟化合物与含络合位点原子反应而将二者结合在一起，或者是对已有络合腔体的离子载体进行碳氟链的衍生化。由于适合直接衍生化的载体不多，所以亲氟离子载体的合成方法以前者居多。

由于全氟碳链基团上的全氟碳原子具有极强吸电子效应，在引入碳氟链时一定要考虑其对络合位点原子的强吸电子效应而导致络合位点的失效，特别是在单极配体用作离子载体的情况下。可以通过在碳氟链与络合位点原子之间加入一定长度的亚甲基链节（$—CH_2—$）间隔或缩短其中一根碳氟链链长等方法来屏蔽或削弱氟原子的这种强吸电子作用。例如，含有 1 个 N 原子络合位点的 4 种 H^+活性载体，从（a），（b），（c）到（d）（图 3-7），随着连接其上的（$—CH_2—$）间隔的加长或碳氟链的缩短，对碳原子上电子的强吸引作用显著减弱，使其选择性连续稳步地优化提升遥从载体（a）到（d）（图 3-7），$\log_{i,j}^{pot}$ 可以优化提升 10 个数量级。另一类单极配体 Ag^+ 和 Ag^{2+} 亲氟银离子载体（图 3-7e，图 3-7f）也有类似结果。可见，为了增加单极配体型载体在氟溶剂中的溶解性而引入长碳氟链时，一定要注意过量或过近距离的碳氟链对络合位点的负面影响。然而，在具有更高选择性的双络合位点的钳型二极配体 Ag^{3+} 和 Ag^{4+} 亲氟银离子载体（图 3-7g，图 3-7h）中，含有两根 10 个碳氟链的 Ag^{4+} 的选择性要优于含有两根 8 个碳氟链的 Ag^{3+} 的选择性。10 个碳上的高氟含量并未导致双杂原子的配位能力的削弱，这与该钳型配体不同寻常的预组织效应有关。更长的碳氟链具有更大的刚硬性，或许它能使得 Ag^{4+} 的空间排列不同于 Ag^{3+}，从而赋予双杂原子的相对空间排布更为有利于对目标离子的配位与络合。可见，对二极配体亲氟载体的分子设计还要同时综合考虑空间构型等因素。对于具有空间立体空腔的 Salen 型配体单核金属络合物离子载体（图 3-7i），在用于亲氟离子载体时，也要在这方面加以留意。

对于苯并冠醚类离子载体则可以直接在苯环上进行碳氟链的衍生化从而获得亲氟离子载体。例如，可通过四碘代二苯并-18-冠醚-6 的匀 Heck 反应将 4 根含碳氟链的烯烃键接到苯环上，随后再进行烯烃双键加氢反应即可制得带有 4 根马尾式碳氟链的苯并冠醚。这种原本用于固液相转移催化剂的苯并冠醚氟化衍生物在应用于运垣载体时，尽管其选择性还没有特别的优势，还不及其他亲氟载体的高，但这种二苯并冠醚的结构为苯环上引入不同的碳氟链而设计合成出更强功能的臂式冠醚提供了一个重要的母体和思路。更多的亲氟离子载体分子设计规律还有待于进一步挖掘。显而易见的是，如果使用亲氟大环硫杂冠醚和氮杂冠醚等构建离子载体分子，有望在赋予离子载体亲氟性的同时进一步提高载体的选择性。

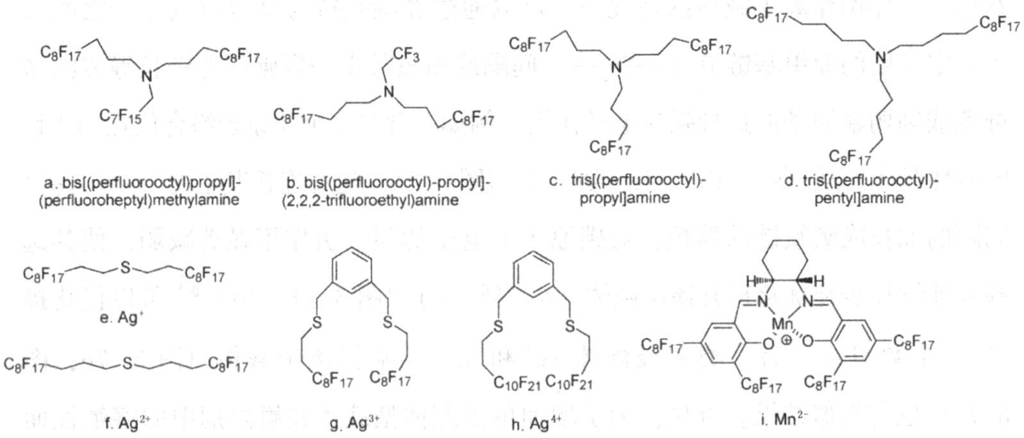

图 3-7 用于检测 H^+ (a~d)，Ag^+ (e~h) 和 Mn^{2+} (i) 的亲氟离子载体的结构式

3. 惰性微孔支撑膜

由于氟溶剂是油性液体，玻璃化温度很低，如线性齐聚醚的玻璃化温度为 -114℃，室温下为油状流动态，无法自支撑成膜，因此，氟传感相还需用固体多孔膜来支撑。目前唯一使用的微孔支撑体是商业可购得的纯 PTFE 无衬垫的或有聚乙烯衬垫的微孔滤膜，其直径为 47 毫米，厚度为 50~175 微米。可以裁剪成所需大小（如 13~16 毫米）单层或多层叠加组合使用。掺杂有活性组分的氟溶剂滴加在 PTFE 微孔滤膜上会自发地渗透进入微孔膜中，并很快被滤膜吸收，但不被溶胀，更不反应。此时支撑膜在外观上由白色不透明状转变成带光泽的半透明状。

一种含有 87% 间二氧杂环戊烯的玻璃化温度为 240℃ 的氟聚合物材料 Teflon AF 2400，可以作为亲氟离子载体和亲氟离子交换剂以外的第三组分加入氟溶剂。虽然加入后对传感膜的电阻有较大增加，如从不加入时的 3.11 吉欧到加入 25% 后的 175 吉欧，但对主离子的传感响应性能基本无影响。其优势在于当 Teflon AF 2400 的加入量超过 30% 后，原本流动的无法自支撑的氟溶剂液膜就转变成具有足够稳定机械性能的自支撑膜，从而无须再借助 PTFE 微孔膜来支撑。可见，Teflon AF 2400 实际上起到了支撑基体的作用。特别指出，该氟膜体系如果薄至200纳米以下，则会呈现出透明状，具有开发成光极膜电极的潜力。更重要的是，Teflon AF 2400分子链上C（=O）F基团的存在为该氟聚合物的进一步修饰提供可能。可以考虑将活性离子载体或离子位点共价连接到Teflon AF 2400分子链上以达到改善探测下限和阻止它们流失至样品溶液中的目的。另外，最近有报道称将0~12%的全氟三乙胺（FC-70）加入Teflon AF 2400中，它会填入Teflon AF 2400的自由体积中而使其自由体积急剧减小。如此获得的掺有FC-70的Teflon AF 2400基质对氟有机化合物传输具有很高的选择性。这些最新研究结果对氟液相传感膜的进一步发展都有积极的借鉴作用。

（三）新型微电极生物传感器

1.概述

微电极生物传感器通常由多层生物电敏感隔离膜、微型光电信号转换器组件和光电检测传感电路单元组成，具有轻薄小型便携化和高快速光响应率等多种优点，是当前生物传感技术应用的一重要研发方向，随着当今电子信息科技逐步与纳米生物技术、新合成材料技术、微机电系统技术应用及生物纳米技术研究等诸多高新技术交叉渗透融合，各种先进高性能的新型微电极生物传感器正不断涌现，并将向微型化、高灵敏、多参数计算和高效率低成本方向发展，在未来医疗卫生、脑科学等许多方面均具有重要应用。

2.技术难题和解决方法

（1）检测原理　电化学微电极生物传感器系统是基于一套以电化学生物敏感半导体微膜元件为最基本生物敏感探测电极元件，以生物电化学电极信号为最基本生物转换器，以检测电流信号特征为主要基本特征来研究检测电流信号特性规律的一类半导体生物传感器。电化学微电极检测原理是，被分析物扩散进入固化的生物敏感膜，经电极分子的识别而进行一系列生化分解反应，产生扩散出来的一个微量的化学物质电信号继而再将一个受试的电化学电极换能器的信号放大转换成另外一个未定量化处理的电流信号，再分别经两个电极信号的放大和检测的输出检测电路进行二次放大检测后输出，得到待测物质浓度（图3-8）。

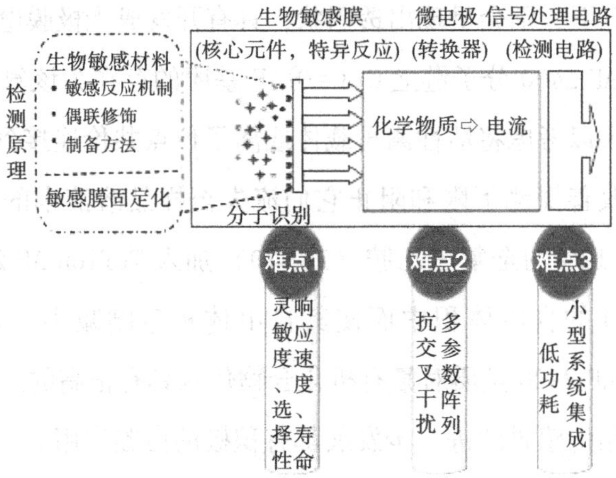

图 3-8　电化学微电极生物传感器检测原理及技术难点示意图

电生理微电极检测原理是，用微电极检测出微弱的生物电电位变化，经生物电放大器将它放大，用微电极可在细胞水平上对脑神经电现象进行检测和研究，能记录到少数几个以至单个神经细胞的电活动。

（2）技术难点　微电极生物传感器在敏感材料、器件制备工艺、检测方法等方面存在一系列技术难题需要攻克。第一个技术难点是敏感材料的研制。作为生物传感器核心元件，生物敏感膜材料直接影响检测灵敏度、选择性、响应速度和寿命等关键性能，它的研制是生物传感器的技术瓶颈，涉及新型生物敏感膜，涉及反应机制、敏感材料试剂制备和膜的固定化。第二个技术难点是如何进行多参数传感器微型化、集成化制备，以避免相互交叉响应。第三个技术难点是如何研制便携式仪表，实现低功耗、自动检测。总体技术涉及多学科交叉，难度大。

（3）解决思路　针对不同需求，确定探测分析物，基于生物活性分子和纳米功能材料技术，对之进行敏感反应机制研究，并进一步形成敏感材料试剂配方和膜固定化方法，形成核心技术，再基于微机电系统技术和信号处理技术，突破微电极传感器制备工艺和便携式仪器关键技术难题，形成系统的关键技术。

3. 主要技术进展

经过历时十余年潜心研究，中国科学院研究组首先系统地攻克了目前研制新型电化学微电极生物传感器中的一系列共性技术瓶颈，主要问题包括三个关键技术：第一，在研发高反应灵敏度、快速响应速率的新型电化学酶反应敏感微膜材料的关键制备技术方面，提出研制了“纳米功能材料锇聚合物电子媒介体——复合酶”酶检测快速反应技术新机制，发明实现了新型多反应参数生物微薄膜传感器的敏感膜材料试剂快速制备和敏感膜固定化检测方法，使传感器灵敏度进一步提高，检测电极时间大幅缩短，修饰电极新材料检测的修饰电极灵敏度可以高出未被修饰的电极精度的100倍以上。第二，在微型化集成化生物传感器的制备技术新工艺方面，发明实现了微电极阵列的集成化生物制备的新工艺，降低了生物制备系统成本，解决了微电极阵列、微沟道反应器和生物分子定向生长技术的生物集成生物制备工艺技术难题，形成了更微小生物样品的反应沟道，使得生物取样数量减少，实现了生物微量、多尺度参数的生化快速检测功能。第三，在电化学多参数生物传感器快速检测和新应用方法方面，成功发明了多项电化学多参数生物传感器的检测和新处理方法技术和其他相关测试仪器检测新处理技术，将自动取样微沟道、敏感膜、微电极阵列和电化学便携式检测仪集成，实现了全血样品生化多参数现场快速检测，为实现高灵敏、快速、现场使用方便的生物传感器国产化奠定了技术基础。

对于不同全血样品，将新型电化学微电极自制仪表检测与血糖仪(GlucoDR)进行了对比测试，相关系数为0.975。

4.应用拓展和技术前景

微电极技术具有开放性，还有很大的拓展空间，除了可产生前述新产品外，结合不同的应用需求，基于新型微电极技术及其敏感材料技术，可产生多种不同的检测传感器和系统，技术前景广阔，不仅在医疗卫生领域具有广泛应用前景，还将在脑科学研究、农业种植、食品安全、环境检测、反恐侦查等领域发挥重要作用。

以脑科学研究为例，大脑神经系统是由数十亿个神经元所组成的复杂系统，神经元依靠脉冲放电和神经递质释放两种基本模式来完成信息的传递与整合功能，基于新型电化学微电极和电生理微电极技术，对这两种模式信号开展原位、同步、实时的双模检测分析在脑神经疾病病因机制发现、早期预防和治疗方面具有重要的应用前景。基于修饰纳米铂黑和Nafion的多通道植入式电化学和电生理双模微电极阵列技术，科学家开展了大鼠脑部纹状体电生理和多巴胺双模式检测实验验证，探测到纹状体电生理信号（神经细胞胞外动作电位和场电位）以及多巴胺递质化学信号。

（四）基于快速检测敌百虫浓度传感器酶电极

敌百虫是一种有机磷杀虫剂，不仅可以用于防治蔬菜、果树、谷物、棉花等作物上的害虫，还可以用于防治牲畜体内外的寄生虫。我国限制生产和使用剧毒有机磷农药，敌百虫作为剧毒有机磷农药的替代品，使用量持续增长。尽管敌百虫属于低毒类杀虫剂，但已有报道指出敌百虫对人类的伤害，过度使用容易发生急性中毒，长期食用会导致慢性中毒，最终造成致癌、致畸的情况。目前，国内外通常采用色谱法来检测敌百虫，但这种方法的检测过程烦琐、操作复杂，花费时间长、费用高，因此，难以满足当前快速检测的需要，但是采用生物传感器可在很大程度上解决这一问题。

1.检测原理

检测过程中，使用以明胶为载体的凝胶固定法，采用以戊二醛作为交联剂的包埋法，通过将实验中所需的生物材料固定在自制电极上，并通过过氧化氢电极来检测敌百虫的浓度。反应原理如下：

乙酰胆碱在乙酰胆碱酯酶（AchE）的催化反应下可以分解为胆碱和乙酸：

$$H_3C-COO-(CH_2)_2N^+(CH_3)_3+H_2O \xrightarrow{AchE} H_3C-COOH+OH-(CH_2)_2-N^+(CH_3)_3$$

胆碱在胆碱氧化酶（ChO_x）的催化反应下，分解为过氧化氢和甜菜酸两种物质：

$$(CH_3)_3N^+-(CH_2)_2-OH+2O_2+H_2O \xrightarrow{ChO_x} (CH_3)_3N-CH_2-COOH+2H_2O_2$$

该检测方式主要利用了敌百虫对乙酰胆碱酯酶的抑制作用，并且通过检测过氧化氢电极输出的电流变化来得到检测结果。电流型生物传感器检测的原理是利用过氧化氢的氧化作用产生电流，因此，电流型生物传感器的检测能力主要依靠乙酰胆碱酯酶和胆碱氧化酶的相对催化活性。

2.实验

(1) 电极的制备　现今制作一次性使用生物传感器电极的主要方式是利用丝网印刷技术制作电化学传感器的换能元件。丝网印刷电极以丝网印版作模具，其制作出的传感器电极的形状和大小是可变的，也极易微型化和集成化。其主要过程为：取一个长度和宽度为38毫米×14毫米的丝网印刷片，其表面印刷着两条导电金轨，其中一条金轨的一端印刷一个呈圆状的金片，最后，用绝缘材料封闭没有露出的一部分，这一条为工作电极，另外一条为对电极。

（2）酶膜的固定化　分别用0.5微米和0.3微米的粉状的Al_2O_3将有金片的那一条电极进行抛光，然后使用50%的HNO_3进行处理，最后分别用二次蒸馏水和丙酮进行3次充分清洗。将特定比例（体积分数为12.5%）的AchE和ChO_x加入温度为35℃（体积分数为5%）的明胶，pH为7.0，0.02摩/升PBS中，并搅拌均匀。取10微升所制作的混合溶液滴在方形金电极表面，均匀涂抹并制成酶膜，并在室温下进行干燥。之后，用2%戊二醛的溶液与pH为7.0，0.02摩/升PBS溶液交联10分。然后，用PBS溶液除去剩余的戊二醛。将制成的酶电极置于4℃冰柜中，保存1天后使用。

（3）测试方法　测试方法常采用的三电极体系：工作电极是固定膜电极；金电极是对电极；参比电极固定于传感器中，是AgCl/Ag电极。所有实验都在电解池中进行。敌百虫生物传感器的测试所需的磷酸盐缓冲溶液电位为0.6V，浓度为0.1摩/升、pH为6.8。

3.结果与讨论

（1）pH对传感器电极检测的影响　pH对酶的生物活性有重要的影响。实验中，所需的AchE和ChO_x的最适pH约为8，当AchE和ChO_x以酶膜的形式固定到电极上时，酶电极的最佳工作pH与酶的最适pH将有所不同。固定化形式通过改变了酶的微环境和内部的电荷分布状态从而影响了最适pH。考察生物传感器电极对乙酰胆碱的响应特性的磷酸盐缓冲溶液的pH为6~8，通过加入不定量的乙酰胆碱溶液，使溶液中底物的浓度分别达到0.1毫摩/升，0.3毫摩/升，0.5毫摩/升，可知酶电极电流值最大时的pH为6.8，此时，酶的催化活性也最高。

（2）温度对传感器上酶膜的影响　将温度控制在20~50℃，研究生物传感器基片在不同浓度乙酰胆碱的反应特性。溶液中，底物的浓度分别为0.1毫摩/升、0.3毫摩/升和0.8毫摩/升。根据图像可得：温度为20~37℃，响应值逐渐增加，当温度继续上升时，温度对酶活性造成一定的影响，导致酶活性降低，反映出的电流响应值也将下降，实验得出26~43℃为实验的适宜温度。在这个范围内，输出电流信号的变化值较小，说明该传感器能够很好地适应这个温度范围，对于不同条件下的检测有很大帮助，而且，在常温时固定化酶的活性也比较高。

(3) 酶电极对乙酰胆碱响应的电化学特性　因为有机磷对乙酰胆碱酯酶有抑制作用，所以被抑制的酯酶将降低对乙酰胆碱的催化作用，制作有机磷生物传感器的基础是构建对乙酰胆碱具有高灵敏度的酶电极，这个也是检测此传感器的重要指标。伴随着乙酰胆碱底物浓度的升高，酶电极产生的电流值也将逐渐增大，并且电流变化量也相对较大。数据显示，浓度在 0.01~0.8 毫摩/升范围的乙酰胆碱，传感器呈现平稳的线性关系，其线性方程为 $y=0.1438+2.0915x$，相关系数为 0.996 58。此生物传感器酶电极对乙酰胆碱的信噪比 (S/N>3) 为 0.01 毫摩/升。

(4) 酶电极的稳定性　实验中的生物传感器经过 23 天的乙酰胆碱（溶液浓度为 1 毫摩/升）检测。根据实验可得：如果放置的时间越长，响应电流值将逐渐降低。23 天后，酶电极的响应值是初始值的 76.5%，根据规定，该装置仍可继续检测有机磷的浓度。用以上的方式制作的酶膜，并将其置于 4℃冰柜中，在 30 天中，仍可以保持比较好的活性。

(5) 酶电极的重复性　本实验共设计了两种不同的检测方法。第一种：将同一个电极在等同的间隔时间（2 小时）内测量等量乙酰胆碱底物（0.5 毫摩/升），并持续测量 10 小时，测量出其电流输出值大致为 1 199.4 纳安，平均相对偏差为 1.24%。第二种：分别用 8 个不同的酶电极检测等量乙酰胆碱底物，在实验室的条件下，检测出此传感器对浓度为 0.5 毫摩/升乙酰胆碱的测量值，从而反映出酶电极的重复性。8 个酶电极测出的平均值为 1 145.4 纳安，平均相对标准差为 2.18%。

(6) 敌百虫浓度的检测　通过检测对酶电极的抑制率来对敌百虫的浓度进行测定。随着敌百虫浓度的增加，其对酶电极的抑制率也不断增加，抑制率的关系为：

$$I=(i_1-i_2)/i_1\times100\%$$

式中，I——抑制率；

i_1——无敌百虫的情况下传感器酶电极检测乙酰胆碱所获得的电流值；

i_2——加入敌百虫后传感器酶电极检测乙酰胆碱所反获得的电流值。

传感器检测敌百虫的简单步骤有以下几步：第一步，将酶电极放入氯化乙酰胆碱标准溶液中，此时，酶促反应使传感器得到一个初始电流值 i_1；第二步，用缓冲液多次冲洗酶电极，将冲洗过后的酶电极插入敌百虫溶液中，经过一定时间的抑制反应后，再将其置于氯化乙酰胆碱标准溶液中，得到一个电流值 i_2，根据上文提到的公式并算出其理论抑制率，利用传感器的标准曲线计算出敌百虫的浓度。

用丝网印刷电极作为固定载体固定胆碱氧化酶和乙酰胆碱酯酶双酶结构的酶电极组建的生物传感器，可以10分左右快速检测有机磷敌百虫，检出限为 1×10^{-10} 摩/升。使用丝网印刷电极的传感器优点较多，如电极易拆换、体积小、便携、一次性使用等，固定化材料的配比使传感器对温度的要求不显著（室温下即可）。

第二节　土壤重金属和灌溉用水重金属检测技术

一、土壤重金属检测技术

土壤不仅是人类从事农业生产的基础、赖以生存的主要自然资源之一，也是人类生态、环境的重要部分。保障粮食与食品安全的重要物质基础就是加强对农田土壤保护。随着经济的快速发展，人们的生活水平逐渐提高，工业上和生活中的污染物等被排入土壤、大气等，不仅影响了农产品生产的环境，也对农产品及其加工食品的质量造成了一定的影响，从而对人类健康产生不良影响。必须从农业生产源头出发来改变这个不良影响，从而实现对农产品产地环境的监测和环境污染防治。在众多的农产品产地环境参数中，土壤重金属的污染日趋严重，对土壤环境的保护也成为发展现代农业等亟待解决的问题之一。

土壤重金属是指比重（相对密度）大于5的金属元素或其化合物。这些重金属主要指汞（Hg）、镉（cd）、铅（Pb）、铬（Cr）、铜（Cu）、锌（Zn）、镍（Ni）和类金属砷（As）等。对有色金属矿山的开采、工业中“三废”的排放、含重金属废弃物堆积、农业生产中的污水灌溉，农用化学药品的不合理使用等，都可能导致有害重金属元素进入农田土壤，从而影响农田土壤。

（一）土壤重金属污染现状

2017年11月6日，中国无毒地志愿者通过自媒体平台发布了一篇关于九江大米遭镉污染的公开举报信。信中称，志愿者在港口街镇两个村村民的家中、农田取了土壤以及稻谷样品，送检第三方检测机构。检测结果显示，两个村两户村民的稻谷重金属镉存在不同程度超标。原因是当地丁家山金铜硫矿区对周边环境造成了一定的污染。在水资源和土壤资源的重金属污染应急处置上，水污染容易用环境质量标准来评估并且处理起来相对比较简单，但是土壤就不一样了，因为重金属渗入和渗出土壤需要花费很长时间，而且修复过程较水污染处理更复杂。所以，针对被污染土壤首先要做到控制住较大风险，第二步应该对周边场地、土壤、水塘底泥做长期监测。

2020年10月河北省自然资源厅转发了《土壤重金属污染的现状及其治理》一文，文章指出我国土壤重金属污染存在显著的地域差异性，其中中部地区土壤重金属污染较为严重，东部和西部地区相对较轻。中部土壤重金属污染率约占总污染率的34.23%，东部地区土壤重金属污染率约占总污染率的12.04%，西部地区土壤重金属污染率约占总污染率的18.22%。同时指出我国土壤重金属污染物主要以镉、汞、镍、铬和锌等无机元素超标为主，不同的地区的重金属元素污染情况也存在较大差异。

2022年，我国土壤调查数据表明，现阶段我国48%的土壤存在着严重污染的状况，认定成无法进行使用的土壤为23%，影响了我国的经济发展。在非重度污染土壤之中，有34%的为轻微污染的情况，土地板结属于农业区在土地污染方面的主要标新，工业区则会排放不可降解与辐射物质。同时，在土壤结构方面，表现为重金属污染的约有1/6。此类土壤涉及辐散性以及不确定性，每当下雨时，土壤之中包含的各类重金属物质会进入河流之中，进而再一次污染其他环境。

一系列的重金属污染事件受到政府的高度重视。2011年年初《重金属污染综合防治“十二五”规划》经国务院批复实施，之后五年政府计划将投入750亿元开展重金属污染综合防治。2016年11月24，国务院印发了《“十三五”生态环境保护规划》的通知，强化涉重金属工业园区和重点工矿企业的重金属污染物排放及周边环境监测，从重金属污染排放与监测角度加大重金属污染防治力度。2022年3月7日中华人民共和国生态环境部印发了《关于进一步加强重金属污染防控的意见》的通知，通知中对铅、汞、镉、铬、砷、铊和锑等重金属污染物进行重点防控，并对铅、汞、镉、铬和砷五种重金属污染物排放量实施总量控制。

目前，我国土壤重金属污染已进入一个常发期，因此实现对农产品产地环境的监测和环境污染防治刻不容缓。从根本来讲，必须重点管理农产品生产源头，因而运用先进、高效、适用的技术进行农田土壤重金属污染物含量检测具有非常重要的现实意义。

（二）现有重金属含量检测技术及优、缺点

目前重金属的定量分析和检测方法主要有三种，分别是光谱法、电化学方法和新型检测技术。光谱法是比较传统的方法，主要有原子吸收光谱法、原子发射光谱法、电感耦合等离子体法、原子荧光光谱法、电感耦合等离子质谱法、紫外可见分光光度法、X 射线荧光光谱、激光诱导击穿光谱法等。日本和欧盟国家大部分都会采用电感耦合等离子质谱法分析。这个仪器成本过高，部分采用 X 射线荧光光谱分析，使用这个方法的优势是无损检测，并且可直接分析成品，但是这个方法的检测精度和重复性不好。电化学方法是目前比较流行的检测方法，速度较快，数值准确，在环境应急检测方面有较大的可应用潜力。除此之外，也有一些新的方法不断产生，如酶抑制法、免疫分析法和生物传感器法等。在《土壤环境质量　农用土壤污染风险管控标准》（GB 15618—2018）中，规定了检测土壤重金属的标准方法，主要是采用强酸反应后，用光谱法进行测量。

1. 光谱法

光谱法是传统的重金属定量检测方法，该方法能够对各种样品中的重金属离子含量进行有效分析，但是该方式需要大型的仪器设备，分析方法成本高。样品前处理过程中需要经过强酸消解，操作专业性比较强，分析花费的时间也长，不适用于需要进行快速检测的情况。前人已经做了较多的研究和应用，这里只对其原理及优、缺点做简单介绍。

（1）原子吸收光谱法　原子吸收光谱法是通过蒸气相中被测金属基态原子对其原子共振辐射的吸收强弱来测定样品中被测元素含量的方法。石墨炉原子吸收光谱法的检测限度可达到 10.10~10.14 克/升，而火焰原子吸收光谱法的检测限度可达到 10.9 克/升。该方法有选择性较好、灵敏度较高、适用范围广的优势。但是多数非金属元素不能直接测定，而且不同的元素需要不同的元素灯，不利于多个元素的测量；对于复杂试样，受干扰比较严重，操作复杂。

(2) 原子发射光谱法　原子发射光谱法是依据各种化学元素的原子或离子在热激发下，发射的特征电磁辐射而进行元素定性和定量分析的方法。由于各种元素的原子结构不同，在光源的激发作用下，试样中每种元素都发射自己的特征光谱，这是定性分析的基础，根据特征光谱的谱线强度进行定量分析。优势主要表现在分析速度快、选择性好、分析灵敏度高，其准确度随着待测元素含量改变。缺点是检测仪器设备比较昂贵，对于部分非金属元素和卤素等的分析灵敏度低。一般只能用于元素分析，无法确定这些元素在样品中的状态。但是对于含量较高的元素的分析有很大的误差，对于含量比较少的元素的定量分析有较小的灵敏度。

(3) 电感耦合等离子体法　电感耦合等离子体法优点是分析速度快、干扰低、时间分布稳定、线性范围宽，可以同时对多种被测元素的特征光谱进行定性和定量分析；缺点是检测设备昂贵、操作费用高，不适用于部分元素的分析。

(4) 原子荧光光谱法　原子荧光光谱法的检测原理是原子蒸气吸收一定波长的光辐射后被激发，随之发射出一定波长的光辐射，即为原子荧光，在一定的试验条件下，荧光辐射强度与分析物的原子浓度成正比，根据荧光波长分布可进行定性分析。该方法具备操作简单，试样量相对较少，选择性强，灵敏度高的优点。由于许多物质本身不会产生荧光，需要加入某种试剂才能达到荧光分析的效果，所以其适用范围不够广泛。

(5) 电感耦合等离子质谱法　电感耦合等离子质谱法是待测物质的分子被转变成带电粒子，带电粒子在稳定磁场或交变电场的作用下按质量大小顺序分开，形成有规则并可以检测的质量谱。与其他方法相比，该方法的检测限低，分析精度高，速度快，干扰少，动态范围大，并且可同时检测多个元素并提供精准的同位素信息等分析特性。但该仪器造价高，易受污染，而且预处理检测样品比较麻烦，实现仪器自动化比较困难。

(6) 紫外可见分光光度法　紫外可见分光光度法的检测原理是显色剂通常为有机化合物，通过特殊化学键与重金属发生反应，生成有色分子团，溶液颜色深浅与浓度成正比。在特定波长下，通过比色检测进行分析。大多数有机显色剂本身为有色化合物，与金属离子反应生成的化合物一般是稳定的螯合物。其选择性广泛，灵敏度也比较高。分光光度分析有两种：一种是利用物质本身对紫外区及可见光的吸收进行测定；另外一种是产生有色化合物，即“显色”，然后测定。虽然存在大量无机离子在紫外区和可见光区有吸收，但这些元素的强度都较弱，所以直接用于定量分析的较少。加入显色剂使待测化合物变化为在紫外区和可见光区有吸收的化合物来进行光度测定，这是目前应用最广泛的测试方法。该方法具有较好的重金属检测前景。

（7）X射线荧光光谱法　X射线荧光光谱法是利用样品对X射线的吸收随样品中的成分及其多少变化而变化来定性或定量测定样品中成分的一种方法。该方法具有分析迅速、样品前处理简单、可分析元素范围广、光谱干扰性比较少，可检测多种形态并且测定的破坏性比较小等优点。它不仅可以用于常量元素，而且也可用于微量元素的测定，其检出限多数可以达到 10^6 数量级。如果与分离、富集等手段相结合，可达 10^8 数量级。多通道分析设备可以在很短时间之内可同时检测二十多种元素的含量。但X射线的使用会给使用者和样品带来电离辐射的危险。

（8）激光诱导击穿光谱法　激光诱导击穿光谱法是利用高功率脉冲激光聚焦到待测样表面激发等离子体，通过观察等离子体中的原子或离子光谱来实现对样品中元素的分析。与目前常见的检测方法相比，它的主要优势是分析时间短，不需要对样品进行检测前的处理并且可同时分析多种成分，可以实现对污染源的快速检测，是一种有极具潜力的元素分析方法。

2.电化学分析法

电化学分析法是基于物质在溶液中和电极上的电化学性质创建起来的分析方法。电化学分析通过分析一些直接可以得到的信号（如电量、电位、电流、电导等信号）直接记录。与光分析、核化分析仪器装置相比，其仪器装置小而且简单，便于持续分析，便于实现自动化。在化学物质分析中，电化学分析方法是比较准确、快速、灵敏的微量和痕量分析方法，其测定的浓度为10~12摩/升（金属离子），而且该仪器简单，但是存在一些离子干扰。阳极溶出伏安法是目前痕量检测程度比较好的一种方法，它的原理是在恒电位及搅拌条件下预电解被测物质一些时间后，让溶液静止，然后从负电位扫描到合适的电位，集中在电极上的物质因发生化学反应而重新溶出。其灵敏度很高，检测极限可达到10.11摩/升。M.A.Nolan 将超微阵列电极（Ir－UMEA）应用于分析和分离

Cu（Ⅱ）和 Hg（Ⅱ），在方波阳极溶出伏安法优化实验条件下，Cu（Ⅱ）的线性范围为 20～100 微克/毫升，检测限为 5 微克/毫升，Hg（Ⅱ）的线性范围 1～10 微克/毫升，最低检测限为 85 微克/毫升，另外，其他的干扰离子，如 Pb（Ⅱ）、Cd（Ⅱ）、Zn（Ⅱ）等对检测结果均无干扰。用方波阳极溶出伏安法，以金纳米粒子装饰的玻碳电极为工作电极，检测水体中的痕量 Hg（Ⅱ）。用电化学方法把金纳米粒子集中在玻碳电极表面，然后研究扫描参数、沉积电压和时间、沉积方式的影响。实验结果表明，金纳米粒子修饰的玻碳电极有更低的检测限度和更好的重现性，可更新的电极表层可以消除记忆效果，保持底部稳定和良好的信噪比，电极也不用多次清理。该法在饮用水、药物、沉淀物中痕量 Hg（Ⅱ）的检测中，均取得很好效果。

3. 新型检测技术

近年来，一些结合生物学知识的检测方法也被广泛应用于重金属的检测研究中，这些技术之前未涉及，比较新颖，这些新提出的检测方法还在不断地研究中。

（1）生物传感器法　其工作原理是金属离子与固定在电极材料上的特异性蛋白结合后，使蛋白构象发生变化，敏感的电容信号传感器可以检测这种变化。近年来，人们不断创建多种新型的生物传感器用于检测水溶液中的毒性化合物，如特异性蛋白生物传感器等。生物活性影响生物传感器，所以其传感器的寿命一般都很短，从而制约了其应用和发展。

（2）酶抑制法　酶抑制法是重金属离子与形成酶活性中心的甲硫基或硫基结合后，会发生结构和性质的变化，从而造成酶的活性降低，显色剂的颜色、电导率和吸光度等发生相应的变化，然后借助光电信号建立起重金属浓度与酶系统变化的关系。该方法可用于环境、食品、水和蔬菜中重金属的检测。相关研究人员通过 Cd^{2+} 对醇脱氢酶的抑制力从而检测 Cd^{2+}，检测限为 2 微克/升，可应用于检测蔬菜中 Cd^{2+}。酶抑制法具有方便、经济、可快速检测的优势，但是它的灵敏性和准确性略逊于传统检测技术。

（3）免疫分析法　免疫分析法是一种集高度特异性和灵敏度于一体的分析方法，重金属离子的免疫检测依据抗体的种类，可分为多克隆抗体免疫检测和单克隆抗体免疫检测，后者又有竞争者 ELISA 一步法免疫检测。

用免疫分析法对重金属离子进行分析，从进行两方面进行，第一是选用合适的络合物与金属离子结合，从而获得一定空间结构，从而产生反应原性；第二是将结合了金属离子的化合物连接到载体蛋白上，产生免疫原性，其中与金属离子结合的化合物的选择是能否制备出特异性抗体的关键。Johnson 和 Darwish 应用免疫法实现了对 Cd^{2+} 的检测。未来的发展方向重点在于选取特异性好的新型螯合剂、单克隆抗体。免疫分析法检测速度快、灵敏度高、选择性强，在重金属快速检测方面有一定的研究前景。

（三）土壤重金属检测技术主要问题

根据上文对现有重金属定量分析技术的总结和各种方法的优缺点对比，光谱法虽然可以高效分析各种环境样品中的重金属离子，且灵敏度高，但多数需要大型昂贵的仪器，分析方法成本高，样品需要消化、分析时间长，另外安全因素，也限制了该方法在农田土壤重金属检测中的应用。电化学方法已被广泛研究并应用于痕量元素的检测，然而在目前的重金属检测中存在着离子干扰等问题。此外，在土壤样品的预处理中，土壤样品的消化和强酸的使用可能会给土壤带来二次污染。新的检测技术与生物科学相结合，显示出良好的应用前景，但目前的技术相对较新，特异性抗体的制备比较困难，限制了该方法的应用。当前土壤重金属检测技术存在的主要问题总结如下：

1.操作安全及二次污染问题

重金属检测存在的主要问题是操作安全和二次污染。光谱检测过程中需要 X 射线。由于 X 射线的强电离特性，操作前需要对用户进行严格培训，在实际检测中会有一定的安全隐患。此外，土壤中的重金属大多成分复杂，如采用化学分析法进行痕量检测，对样品进行微波消解预处理来将重金属元素变成可检测的游离态，然后在处理过程中需要对试样进行强酸、强碱的消解，在农田土壤中进行重金属检测，它将给土壤带来二次污染。因此，有必要研究安全、无污染的重金属检测方法。

2.成本问题

设备的成本是实际检测中需要注意的重要因素之一，尤其是在农业领域。使用者可以是农民，也可以是基层工人。对于专业机构来说，一般依赖于大型精密仪器。这些仪器价格昂贵，检测步骤复杂，限制了其在农田土壤重金属检测中的推广应用；现有的便携式重金属检测仪价格普遍为30万元，成本仍然较高，不适用于在农业土壤检测中进行推广，探究出适于农业土壤的检测设备成为发展的一种需要。

3.检测限问题

良好的重复性和较低的检测限是评价一种好的检测方法的重要指标之一。在现有的检测方法中，使用大型精密仪器设备进行重金属检测可以达到较低的检测限，能够满足检测需要，但受到样品预处理步骤复杂、价格昂贵的限制。市场上的便携式重金属检测仪器可以满足铅、铜、镍等重金属的检测要求，但无法满足镉等检测限非常低的重金属元素。探索出发展稳定、高灵敏度的检测方式是未来研究发展的重要部分之一。

4.效率问题

重金属检测所需要的时间短也是判断一种检测方法好的重要方式。通常的检测方法需要进行样品的前处理，操作相对复杂，并且一次只能检测一种元素含量，降低了检测效率；实现样品的快速预处理和多种元素的并行高效检测是未来研究的发展目标之一。

二、水环境重金属检测技术

随着现代工业的发展，环境污染日益严重，重金属污染是环境污染的重点之一。随着金属矿产开采和利用的扩大，越来越多的重金属被释放到环境中，已经严重威胁到人类健康。因此，对水体及其他介质中重金属含量进行分析和监测，对保护环境、提高人民生活质量具有重要意义。

随着人们生活质量的不断提高，人们对食品上的要求也不断提高，也时刻注重着重金属污染，对重金属的检测也越来越迫切。在过去，这些测试在实验室进行，采样、运输和储存的步骤都需要花费很长时间，这种方式不适用于现场检查。在工业过程控制中，需要进行重金属的快速检测。因此，国际水环境中重金属检测的发展方向是现场、快速、在线、连续、自动测量。机器人的小型化和分析仪器的便携化、自动化为重金属的现场快速检测提供了重要帮助。本书着重介绍水环境中重金属的检测方法。

（一）重金属的危害及在水环境中污染现状

自然界中有100多种元素，其中金属元素约80种，重金属是密度为5克/厘米^{3}的金属，约45种。某些元素，如砷和硒，是金属和非金属之间的过渡元素。它们具有金属的某些特性，通常被称为类金属元素。由于其对环境的影响和对生物体的毒性作用，在环境科学研究中也被称为重金属元素。重金属污染是指由重金属及其化合物引起的环境污染。重金属污染物在环境中难以降解，可在动植物体内积累，并通过食物链逐渐富集，其浓度可增加数万倍甚至数百万倍，最终进入人体造成危害。它是对人类最有害的污染物之一。根据对人体健康的影响，水中的金属元素可分为三类：一是人体健康所需的主要元素，如钠、钾、钙、镁，以及微量元素，如铁、锰、铜、锌、镍、钴、硒、钒、钼、硅、锡，缺乏或过量都对人体健康有害。二是对人体健康有害的金属元素，如铅、镉、汞、砷、铬、铍、铊、钡等。三是人体内确实存在，但生理功能未知的元素，如锂、硼、铝、钛、锆等。水中金属的优劣不仅取决于金属的种类和物理化学性质，还取决于金属的浓度、价态和形态。重金属污染对人群健康的危害是多方面、多层次的。其毒理学效应表现为：引起生殖障碍，影响胎儿的正常发育，威胁儿童和成人的健康，最终降低人口的身体素质，阻碍人口的可持续发展。

水环境主要包括河流、湖泊、水库、海洋、工业用水、排放水、饮用水等水体的环境。水环境重金属污染是指排入水体的重金属超过水的自净能力，改变水的组成和性质，使水环境中的生物生长条件恶化，对人类生活和健康产生不利影响的行为。近年来，随着工业、农业和经济的快速发展，它已经成为一个事实。黄海涛等研究表明：江河湖库底质的污染率高达80.1%。太湖底泥中铜、铅、镉含量均处于轻度污染水平；黄浦江干流表层沉积物中，镉超标2倍，铅超标1倍；苏州河中，铅为100%超标、镉为75%超标、Hg为62.5%超标。王海东等通过对我国大部分河流、湖泊和海洋中微量重金属含量及其变化的研究，得出以下结论：地表水受到重金属的复合污染，受水环境条件影响，重金属主要贮存于悬浮物和沉积物中，一般来说，悬浮颗粒物中重金属的含量是沉积物的数倍，是水体中溶解态重金属的几百倍，一条湖泊支流的含量高于湖区，河流污染严重，水中重金属含量在碱性条件下容易沉淀在沉积物中，重金属在海水中的分布受径流、大气干湿沉降、pH、盐度及其自身性质等多种因素的控制。

（二）水环境重金属分析检测技术的进展

水环境中重金属检测分析方法的选择与其他材料分析方法相同。它取决于方法的灵敏度、准确度、检出限、选择性、分析速度和应用范围。目前广泛应用的传统仪器分析方法有：原子荧光光谱法、原子吸收光谱法、电感耦合等离子体法、溶出伏安法、激光诱导击穿光谱法。同时，也有一些新的、逐渐应用的重金属检测技术：酶抑制法、免疫分析法、生物传感器。

1.原子荧光光谱法(AFS)

AFS 是一种通过测量待测元素在辐射能量激发下原子蒸气产生的荧光发射强度来确定待测元素的分析方法。原子荧光光谱法的检出限低于原子吸收法，谱线简单，干扰少，线性范围较宽，但元素的应用受到限制。张宇烽等用原子荧光分光光度计同时测定水样中的砷和硒。检测限分别为 0.087 微克/升和 0.1 微克/升，回收率分别为 99.8% ~105% 和 96.5% ~100% 。杜韶娴等分别用 AFS-3100 双通道原子荧光光度计和 AFS-920 双通道原子荧光光谱计测定砷，以盐酸为介质，硼氢化钾为还原剂，检出限为 0.035 7 微克/升。水中砷和汞的检出限分别为 0.2 微克/升和 0.01 微克/升。

2.原子吸收光谱法(AAS)

原子吸收光谱法（AAS）是一种通过测量气体基态原子对其特征光谱的吸收程度来进行定量分析的方法。胡子文等将电沉积分离富集技术与钨丝电热原子吸收光谱法分析仪相结合，完成了环境水样中铅的现场分析。何惠采用微萃取原子吸收光谱法测定环境水样中的痕量铅，线性范围为 2~70 微克/升，检测限为 1.4 微克/升。蔡倩倩等比较了二苯碳酰二肼分光光度法和原子吸收光谱法两种方法，验证了原子吸收光谱法测定电镀废水中铬的准确性。杨晓婧等采用火焰原子吸收光谱法测定废水中的重金属离子。王尚芝等采用萃取预富集和火焰原子吸收光谱法测定环境水中的锌。该方法用于管网水中痕量锌的测定，回收率为 96.4% ~102% 。虞吉寅采用冷原子吸收光谱法测定海水中的汞具有快速、简便的特点。张爱超等以磷酸氢二铵、磷酸和硝酸镍为基体改进剂，研究了石墨炉原子吸收光谱法测定环境水中痕量铅的方法。王洪桂等采用石墨炉原子吸收光谱法连续测定饮用水中含量铅和镉。陈任翔通过正交试验优化了石墨炉条件，提高了方法的检出限、精密度和准确度，并测定了环境水样中的钒，线性相关系数>0.999。

3.电感耦合等离子体法

电感耦合等离子体法包括电感耦合体外原子发射光谱法（ICP-AES）和电感耦合等离子体质谱法（ICP-MS）。ICP-AES是将高频感应电流产生的反应气体在高温下加热电离，测定元素发射的特征谱线。谱线的强度与重金属的含量成正比。ICP-AES具有灵敏度高、干扰小、线性宽的特点。ICP-MS分析技术利用电感耦合等离子体使样品气化，分离待测金属，从而确定物质光谱，进行定性分析、半定量分析，通过离子荷质比定量分析无机元素。同时测定多种元素和同位素的检出限低于原子吸收法，原子吸收法是微量元素分析领域最先进的方法，但其价格昂贵且易受污染。白英彬等建立了一种简便、快速、准确、稳定、重现性好的ICP-AES法测定环境水样中的镉、铬、铜、镍、铅和锌。Yao Lin等人使用ICP-AES同时测定水中的六种微量元素，结果表明，各元素的检出限为1.5~13微克/升，加标回收率为90.6%～98.8%，相对标准偏差<2.40%。王锝等采用ICP-AES法测定水中常见元素铬、镉、钴、铜、铅、锰、镍、钒、锌、钡、锶、磷、铝、钙、铁、镁、钛，分析结果基本满足现行国家水质分析标准的质量控制要求。张杨分析了环境样品水中常见的微量元素，尤其是铅、砷、磷、铬、镉、硒、铊、铜、锌、镍、铁、锰等含量较低的元素。该方法灵敏度高，检出限低，分析快速准确。韩梅等使用铋作为内标物，通过等离子体质谱法同时测定水中铀和钍的含量。检测限分别为0.3纳克/升和1.2纳克/升，线性相关系数>0.999，相对标准偏差分别为3.33%和3.03%。基质标准回收率为95%～106%。张莹等使用ICP-MS和ICP-AES测定环境水样中的铅含量，结果基本一致。朱文川等用ICP-MS直接测定溶液中钒的含量。贾晓宇等采用分散液相微萃取流动注射电感耦合等离子体质谱法同时测定镉、铅和铋，线性范围分别为2~500纳克/升、5～500纳克/升和10～500纳克/升，相应的检测限分别为0.5纳克/升、1.6纳克/升和4.7纳克/升，标准偏差分别为2.6%、6.7%和4.9%。

4.溶出伏安法

溶出伏安分析分为两个过程：第一个过程是对被测物质在适当电压下进行恒电位电解，将样品中的微量物质在搅拌下还原沉积在阴极上，称为富集过程；

第二个过程是被测物质静置一段时间后，对两电极施加反向扫描电压，使沉积在阴极上的金属离子被氧化溶解，形成较大的峰值电流，称为溶解过程。罗立强等建立了铋膜修饰碳糊电极方波阳极溶出伏安法测定水样中痕量铅和镉的新方法。该方法灵敏度高，电极表面易更新，铋无毒。徐晖等采用微分脉冲阴极溶出伏安法测定环境水样中的痕量硒。环境水样中常见离子的存在不会干扰痕量硒的测定。于庆凯等采用微分脉冲阳极溶出伏安法同时测定海水中的铜、铅、镉、锌四种微量元素，结果令人满意。刘大龙等介绍了电子舌用于检测海水中重金属的信号处理和模式识别技术。赵会欣等已研制出一种用于监测水环境中痕量重金属浓度的电化学传感器，实现了锌、镉、铅和铜四种元素的同时测定，该传感器的特点是可以快速同时检测多种重金属元素，传感器体积小、价格低、操作简单，灵敏度高，易于实现现场自动检测分析。曾立平等利用金纳米粒子修饰玻碳电极，采用超声-微分脉冲阳极溶出伏安法连续测定饮用水中痕量铅（Ⅱ）和铜（Ⅱ）。与传统的微分脉冲伏安法相比，铅（Ⅱ）和铜（Ⅱ）的峰电流分别增加10倍和8倍，该方法简便可靠，具有实际应用意义。

5.激光诱导击穿光谱法

激光诱导击穿光谱法（LIBS）是基于高功率激光与物质相互作用，产生瞬态等离子体，对等离子体的发射光谱进行研究，达到对样品的定性与定量分析的一种光谱技术。其突出的优势在于检测时间短、无须对样品预先处理且可对多种成分同时进行分析，可以实现对微量污染物的快速、无接触和在线探测，为水环境重金属污染监测提供了一种新的分析技术。它具有灵敏度高和可以多元素同时分析两个突出的优点。国外利用LIBS进行环境污染检测的研究已有几十年的历史，在水污染监测方面也取得了长足的进步，已出现成熟的商业化的产品。国内LIBS技术起步较晚，目前在水污染监测方面的研究和应用很少。张谦等比较了单脉冲LIBS技术和双脉冲LIBS技术的优缺点，运用电沉积方法把水中重金属富集到高纯铝棒上再进行LIBS分析，对锰、铜、锌、铅等元素，检测限达到了0.16~1.35微克/升的水平。吴江来等在分析影响LIBS光谱探测因素的基础上，确定了系统对铜与铅的最低检测浓度，约为31.50克/毫升。赵芳等采用旋转电极，用电沉积的方法把天然水中痕量的有害重金属离子富集到一个高纯（纯度为99.999%）铝棒表面，然后利用激光诱导击穿光谱对铅和镉两种元素进行定量分析。林兆祥等搭建了一套激光诱导击穿光谱实验装置，采用定标曲线可以对未知含砷的工业废水进行定量分析，结果表明，采用LIBS方法能够实现对污水溶液中的砷元素的快速检测。

6.酶抑制法

酶抑制法测定重金属的基本原理就是重金属离子与形成酶活性中心的巯基或甲巯基结合后，改变了酶活性中心的结构与性质，引起酶活力下降，从而使底物酶系统中的显色剂颜色、pH、电导率和吸光度等发生变化，这些变化可直接通过肉眼或借助于电信号、光信号等加以区别。与传统检测技术相比，虽然对环境污染物的检测只能定性，灵敏度和准确性也低于传统检测技术，但是快速检测技术具有方便、快速、经济的优点，非常适合现场检测。建立脲酶抑制检测技术的关键是选择合适的缓冲系统。华银峰等系统研究了重金属和缓冲液类型及其浓度对脲酶抑制率的影响，为脲酶抑制法在快速检测重金属离子中最佳检测条件的选择提供了理论依据。陆贻通等应用酶抑制法，当被测重金属是少数几种并已知其以抑制方式影响酶活性的物质时，能获得较好的结果。

7.免疫分析法

重金属离子的免疫学检测是检测重金属离子的一种新方法，与传统检测方法相比，省时、便携、费用低、易操作，能用于重金属离子的现场快速检测。重金属离子的免疫检测分为多克隆抗体免疫检测和单克隆抗体免疫检测，包括荧光偏振免疫检测、酶联免疫吸附检测和免疫传感器检测。

8.生物传感器

近20年来，人们不断研制出多种用于测定水溶液中有毒化合物的生物传感器，主要包括酶传感器、特异性蛋白质生物传感器和微生物传感器。Lian Lan等人开发的葡萄糖氧化酶生物传感器，采用生物传感器检测铜和汞，线性响应范围分别为5～40微摩/升和2.5～22.5微摩/升，相关系数分别为0.97和0.965 5。该传感器具有操作简单、分析速度快、灵敏度高等特点，经过研究，可应用于环境监测中重金属离子等污染物的检测。

（三）小结

重金属分析检测是监测和控制水和人体金属污染的前提和依据。检测水中的重金属可及时了解污染情况，以便迅速制定相应的对策。因此，对在线、实时和现场分析方法的需求日益增加。重金属元素的不同形态和价态对人体的危害是不同的，这就要求我们不仅要测量重金属元素的总量，还要仔细检测重金属的形态和价态。

新形势对水环境中重金属污染的检测提出了新的挑战和要求。就目前的检测技术而言，ICP-MS 具有许多优点。在环境监测领域，国际标准化组织（ISO）等国际组织和发达国家在 20 世纪先后制定了使用 ICP-MS 技术的标准或技术规范。新型电化学传感器已被美国环保局列为标准检测方法，因为其在阳极溶出伏安法中的应用降低了仪器的检测限，并可实现便携式现场监测。激光诱导击穿光谱由于其高灵敏度和多检测性，近年来得到了广泛的应用。随着检测技术的发展，酶抑制、免疫分析、生物传感器等新的检测方法将在水环境重金属检测中发挥重要作用。

重金属检测是一项长期的日常工作。随着社会经济的快速发展，工农业废弃物和城市生活垃圾增多，对人类赖以生存的土壤、水等环境造成了严重污染，导致生态环境恶化，农产品质量下降，影响人类健康。因此，研究人员有必要利用现代高科技手段，研究快速、方便、更灵敏、更具体的重金属分析方法。这不仅需要使用一种检测技术，还需要多种技术的组合，拓宽该方法的应用范围，提高测量精度，从而应用于食品、环境、土壤、生物等领域的分析检测。

第四章
农产品质量安全检测技术

农产品质量安全的内涵有广义和狭义之分。广义农产品质量安全包括农产品质量保证和质量安全。狭义的农产品质量安全是指农产品生产加工过程中可能对人、动植物和环境造成危害或潜在危险的因素，如农药残留、兽药残留、渔药残留、重金属污染、亚硝酸盐污染等。

本章介绍了九种检测技术，分别是高光谱图像无损检测技术、荧光光谱无损检测技术（NDT 技术）、激光诱导击穿光谱无损检测技术、激光拉曼光谱无损检测技术、近红外光谱无损检测技术、X 射线图像无损检测技术、机器视觉检测技术、超声波检测技术、生物传感器检测技术。

第一节　高光谱图像无损检测技术

光谱是复杂色光通过色散系统（如棱镜或光栅）色散后，按波长（或频率）顺序排列的单色光的图案。光谱中最大的部分，即可见光谱，是人眼可见的电磁光谱的一部分，这个波长范围内的电磁辐射称为可见光。该光谱并不包含人脑所能看到的所有颜色，如棕色和粉色。

一、基于高光谱图像的无损检测系统

高光谱图像的无损检测系统主要包括硬件平台（采集高光谱图像）和软件数据处理（高光谱图像数据分析）两部分。硬件平台主要由光源、光谱元件、CCD 摄像头、图像采集系统和计算机组成。

（一）高光谱图像获取系统分类

根据光谱组成，硬件平台有两种不同的组成方式，即基于滤波片的高光谱图像获取系统和基于成像光谱仪的高光谱图像获取系统。

1.基于滤波片的高光谱图像获取系统

3D 检测信息是通过在一系列波长条件下连续采集 2D 图像，然后对应不同的波长来获取的。该方法中使用的成像器件主要由 CCD 和波长选择部件组成，如图 4-1 所示。

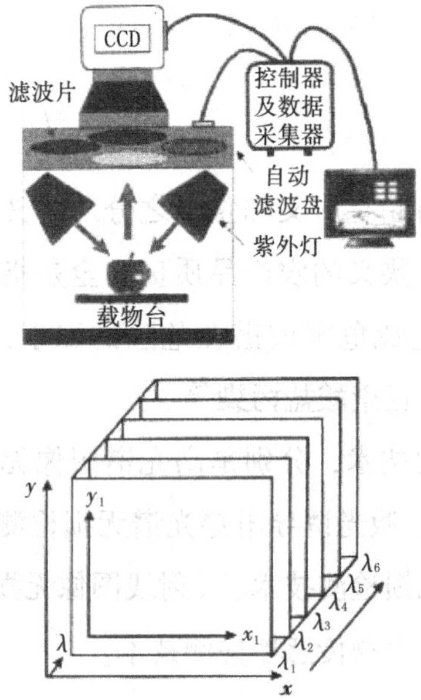

图 4-1　基于滤波片的高光谱图像获取系统及三维图像块示意图

2.基于成像光谱仪的高光谱图像获取系统

使用“推扫”成像方法获得高光谱图像。探测器沿光学焦平面的垂直方向水平布置，完成横向扫描，可以获得条带空间中每个波长对应的每个像素的图像信息。同时，在系统传送带推进过程中，探测器完成纵向扫描，通过整合垂直和水平扫描信息，可以获得被检测目标的三维高光谱图像信息。该成像装置由成像光谱仪组成，包括光谱仪和成像系统，并且通过光纤和光源的耦合，激发光源发出的光功率通过光纤最大限度地传输，最后照射到被测物体上，从而提高发射光的产生效率，如图 4-2 所示。

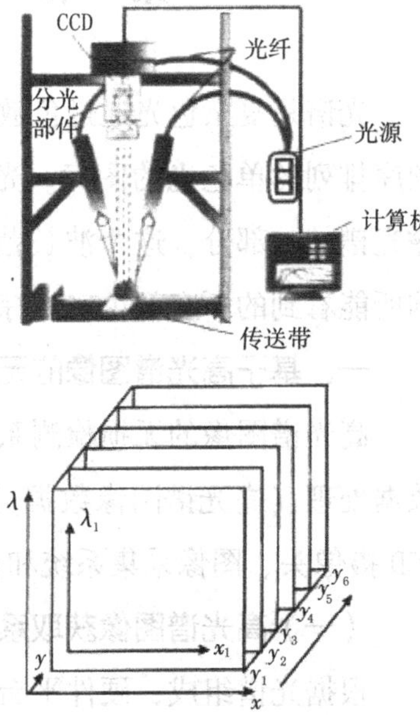

图 4-2　基于成像光谱仪的高光谱图像获取系统及三维图像块示意图

（二）高光谱图像数据处理方法分类

高光谱图像数据分析是高光谱图像无损检测系统的重要组成部分。根据高光谱图像的特点，提出了软件数据处理方法。虽然高光谱图像技术在信息处理方面具有独特的优势，但由于高光谱图像数据具有波段多、光谱分辨率高、数据量大等特点，给数据分析和处理带来了不便。因此，选择合理的图像数据处理方法对高光谱图像无损检测系统至关重要。目前，高光谱图像数据处理方法主要分为两类：基于光谱空间的检测方法和基于特征空间的检测方法。

1. 基于光谱空间的检测方法

这种方法在高光谱图像检测中是一种常用的方法，它需要事先知道质量检测对象的测量光谱参数，根据测量光谱与参考光谱或测量光谱与光谱数据库标准光谱之间的匹配，比较计算出两者之间的相似性或差异性，用于检测目标材料的质量。

2. 基于特征空间的检测方法

其基本思想是从特征空间的分布规律出发，通过提取同一检测对象图像上不同质量指标的不同分布特征，实现对目标对象的质量检测和识别。该方法首先需要分析被检测对象的不同质量指标的特征及其与背景特征的分布差异，然后通过相应的特征提取方法在图像中突出被检测对象的特征，最后通过图像分割算法提取出检测对象的质量指标。

二、高光谱图像技术在农产品品质检测中的应用现状

高光谱图像技术在遥感应用背景下已经成熟，主要应用于地球资源调查和地球环境监测，尤其是地表物质识别与分类、城市动态检测、水资源调查、水污染、战场环境检测和军事目标检测等领域。高光谱图像检测技术在显微和生物医学检测中的应用仍处于探索阶段。然而，它具有检测灵敏度高、采样少、快速无损、操作简单等特点，特别是可在恶劣环境下进行远程在线、连续监测等优点，使其成为食品和农产品检测领域的热点。

高光谱图像技术可以检测农牧产品的综合质量，包括内部质量、外部质量，是农牧产品综合质量多信息融合检测的首选技术。一方面，近红外图像可用于检测农牧产品的内部质量，如糖酸度、内部缺陷和维生素。另一方面，可视图像可用于确定农牧产品的外部质量，如缺陷、损坏和外部污染。近年来，高光谱图像技术在农产品品质检测中的应用研究已获得初步进展，如美国农业部仪

器与传感实验室自1998年起开始高光谱图像在农畜产品品质与食用安全性检测中的研究，Kim等人将高光谱反射和荧光图像系统应用在食品质量和安全检测中；喻晓强、刘木华等人采用632纳米的连续波激光作为激发光，应用激光诱导荧光高光谱成像技术对南丰蜜橘和脐橙的糖度值进行了无损测量；Cheng等人应用高光谱图像检测黄瓜损伤情况；Lu等人利用高光谱图像技术检测桃子的坚实度。

三、对农产品内部品质检测

目前，利用光谱图像检测农产品内部质量仍处于研究阶段。洪添胜等利用高光谱图像系统对雪花梨的糖分和水质进行了无损检测研究，并建立了人工神经网络模型预测雪花梨的含糖量、含水量和鲜重。实验结果表明，预测值与实际值的相关系数R为0.996，平均误差为0.5%。含水量预测值与实际值的相关系数R为0.94，平均相对误差为0.62%。预测鲜重值与实际鲜重值的相关系数R为0.93。本实验证明，利用高光谱图像技术预测雪花梨的内外质量参数是可行的。在未来的研究中，要增加试验样品的数量和样品的广泛性，进一步完善预测模型，从而促进该技术在水果无损检测和分级中的应用和推广。

Elmasryg等人使用高光谱图像研究了草莓的内部水分含量，总可溶性固形物和酸度。数据处理使用偏最小二乘法（PLS），通过PLS模型中的系数选择最佳光谱带。采用全谱带影像多元线性回归预测模型分别预测湿度、总可溶性固形和酸度的相关系数分别为0.90、0.80、0.87，采用最佳谱带多元线性回归预测模型预测湿度、总可溶性固形物和酸度的相关系数分别为0.87、0.80、0.92。

Cogdill等人采用液晶可调滤光片组成的高光谱图像系统，采用偏最小二乘法和主成分分析法研究了玉米含水量和含油量，预测结果取得了较高的精度。

综上所述，高光谱成像技术可以直观地分析研究对象的内部质量。基于这一愿景有望使用光谱技术监测牛奶中的三聚氰胺。因此，高光谱图像检测技术在农产品内部质量检测中的应用前景广阔。

四、对农产品外部品质检测

高光谱图像技术在农产品外部质量检测中的应用也取得了一系列研究进展，国内外已有一些相关应用成果和初步实验成果。目前，对果蔬外部质量检测的应用研究主要包括水果的分级，果蔬表面受外部污染情况、缺陷、受伤害情况以及农药残留。

美国农业部仪器仪表与传感技术实验室开发了一种高光谱成像系统，光谱范围为430~930纳米，光谱分辨率为10纳米，空间分辨率为1纳米。可以测量待测物体的高光谱反射和荧光图像。Lur设计了一种波长范围为900~1 700纳米的近红外高光谱成像系统来研究苹果的损伤，并利用主成分分析和最小噪声分离变换算法来检测苹果的新旧损伤。实验表明，检测精度随苹果损坏后的贮存天数而变化。

Mehlpm等人利用高光谱成像技术检测不同种类和颜色苹果的损伤、腐烂、疤痕和土壤污染。采用非均匀二次差分算法对完整苹果和含有缺陷、污染物的苹果进行了研究，得到了不同目标的特征光谱段和相应的滤波器，能够清晰区分各种苹果的缺陷、污染区域、病损和腐烂，并且不会将果茎误认为缺陷。结果表明，正常苹果与污染苹果的鉴别准确率为76%～95%。由于这项技术只需要3个波长，而且与苹果品种无关，因此可以很容易地应用于实际生产，并将对现代农业产生深远影响。

Polder等人结合高光谱图像技术和独立分量分析算法研究了番茄成熟度的分类问题，利用快速独立分量分析算法找到了2个独立分量，这2个独立分量分别与番茄中的番茄红素、叶绿素的实际吸收光谱相似。番茄越成熟，其高光谱图像中像素的灰度第一独立分量的值越大，而第二独立分量的值在一定光谱范围内则由大逐渐减小。

陈全胜、赵杰文等人利用高光谱图像技术对茶叶质量进行检测，基本解决了茶叶内外质量检测难以同时考虑的问题。他们设计的高光谱图像系统基于成像光谱仪的图像采集技术，通过从大量数据中选取3个波长段的特征图像进行主成分分析。从每个特征图像中提取6个基于统计矩的纹理特征参数，包括平均灰度、标准方差、平滑度、三阶矩、一致性和熵。每个样本中有18个特征变量。然后，对18个特征变量进行主成分分析压缩，提取8个主成分因子，建立基于BP神经网络的茶叶分类判别模型。该模型的总体识别率在训练时为97%，在预测时为94%。结果表明，高光谱图像技术可以用来评价茶叶的品质。

五、高光谱图像技术应用进展

20世纪70年代后，生物科学的新进展不断出现。总的来说，当代生物科学的发展有两个方面：微观和宏观。在微观方面，生物学已经从细胞水平进入分子水平，探索生命的本质。在宏观层面，生态发展在解决全球资源环境问题方面发挥着重要作用。其中，基于高光谱图像技术的环境检测和资源调查正处于深入研究和初步应用阶段，但其微观方面的研究仍处于实验和探索阶段。

1.高光谱图像技术在生物医学上的应用

医学成像技术是生物医学工程的一个重要领域。它不仅可以提供理想的静态组织结构图像，而且可以用来研究生物组织的功能信息。目前，用于生物组织功能活动的成像技术包括功能磁共振成像、光电子成像、正电子发射成像、单光子成像等。遥感高光谱技术的不断进步，推动了显微高光谱成像技术的发展。相信在不久的将来，高光谱成像技术将在生物医学领域得到广泛应用。

显微高光谱成像技术是将遥感中的显微技术和高光谱成像技术相结合，实现生物样品的显微成像。该技术不仅可以提供被测样品的显微图像信息，还可以提供样品的反射率、透射率等光谱信息，使部分样品的定性和定量分析成为可能。

李庆利、肖功海等采用推帚式构成一个显微亮点，作为一个血细胞系统进行了分析，从正常血液的图像和透射光谱两个方面，比较了部分血细胞在白血病血液中的形态和透射光谱，初步获得了正常和病细胞的差异，辅助医学研究人员对血液涂片进行新的研究。针对中医舌诊存在的问题，李庆礼等公司研制了基于高光谱影像技术的辅助诊断系统。该系统包括高光谱舌头图像采集、图像存储、特征提取和辅助诊断。该系统采用高光谱成像技术代替数码相机采集舌图像，提取高光谱舌图像和光谱特征，然后利用贝叶斯分类器初步建立舌图像特征与症状之间的关系。该系统准确率高，是一种新的舌象辅助诊断方法。高光谱成像有望成为生物组织功能信息分析和医学检测的新方法。

2.高光谱图像技术在农药残留检测上的应用

近年来，随着中国经济的快速发展，国民收入和生活水平的不断提高，食品安全已成为全国关注的焦点。在许多发达国家，蔬菜生产基地比较集中，农药残留抽检早已制度化。在中国，蔬菜的生产相对分散，再加上蔬菜从收获到销售的时间相对较短，监管部门没有足够的时间对农产品中残留农药进行监测，因此迫切需要寻找适合我国果蔬生产和销售特点的检测手段和方法。

传统的农药残留检测方法有薄层色谱法、气相色谱法、高效液相色谱法和生物测定法。然而，这些方法存在样品预处理过程烦琐、试剂消耗大、耗时长等缺点，不能满足快速、绿色检测的需要。基于成像光谱技术的高光谱图像检测具有检测灵敏度高、采样量小、快速无损、操作简单等优点，特别是在恶劣环境下进行远距离在线连续检测，已成为农药残留检测领域的研究热点之一。胡淑芬等利用自行开发的激光图像采集系统检测苹果和脐橙表面的农药残留。通过获取水果的散射图像，他们比较研究了未喷洒农药、喷洒不同农药和喷洒不同浓度农药的水果图像特征的变化，并预测了农药残留量。实验结果如图 4-3 与图 4-4 所示。

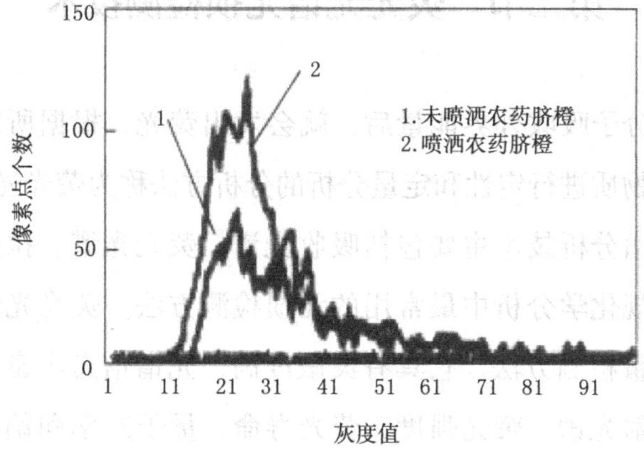

图 4-3　脐橙灰度图像像素点个数对比曲线

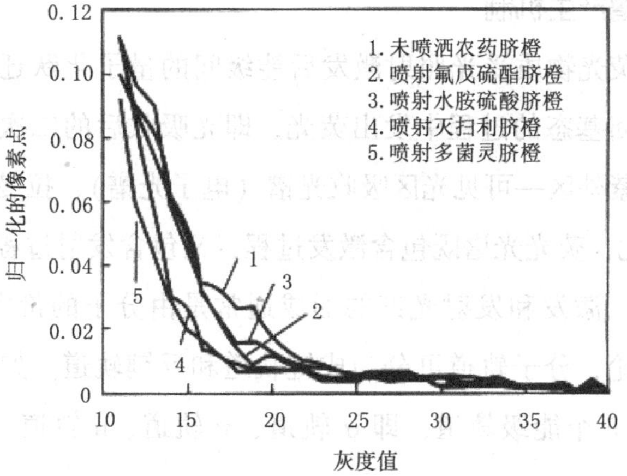

图 4-4　5 个脐橙激光图像灰度曲线特征段

该方法可以区分是否存在农药残留和鉴别残留农药的种类，但农药残留的实验规律并不明显，需要进一步研究才能实现对残留农药的定量检测。王润涛利用光谱分析技术和图像处理软件对典型蔬菜中农药残留的光谱特征进行了测量和分析，在一定程度上克服了传统方法的缺点，实现了蔬菜表面的直接无损检测，具有一定的实用价值。然而，该方法仅对农药的光谱统计特性进行了初步测试，没有进行定量鉴别研究，实验中选择的农药也不具有普遍性，限制了实际应用的范围。

目前，使用激光图像采集系统进行农药残留检测只能实现定性测量，高光谱图像检测既包含图像信息，也包含光谱信息。通过图像和光谱的双重信息融合来定性和定量测量农药残留将是一个具有挑战性的问题。

第二节　荧光光谱无损检测技术

一种物质的分子吸收外界能量后，就会发出荧光，根据所发出的荧光光谱的特性和强度对物质进行定性和定量分析的分析方法称为荧光光谱法。

现代分子光谱分析技术主要包括吸收光谱、荧光光谱、拉曼光谱和红外光谱等，已成为常规化学分析中最常用的无损检测方法。荧光光谱法是光谱分析中一种重要的痕量检测方法。它具有灵敏度高、光谱信息丰富的优点，可以提供激发光谱、发射光谱、荧光强度、荧光寿命、量子产率和偏振荧光等光谱信息，具有广阔的应用前景。

一、荧光光谱产生机制

荧光光谱是荧光物质受光照射激发后能级间的量子化跃迁形成的，电子在从激发单重态返回基态的过程中发出荧光，即光吸收后的二次光发射，属于光致发光现象。与紫外区—可见光区吸收光谱（电子光谱）、拉曼光谱和红外光谱（振动光谱）相比，荧光光谱既包含激发过程，又包含发射过程，因此它包含了更多的光谱信息。激发和发射光谱的形成通常是由分子的价电子跃迁引起的。根据分子轨道理论，分子轨道可分为成键轨道和反键轨道。如图 4-5 所示，有机化合物分子有 5 个能级轨道，即 σ 轨道、π 轨道、n 轨道、π* 轨道和 σ* 轨道。

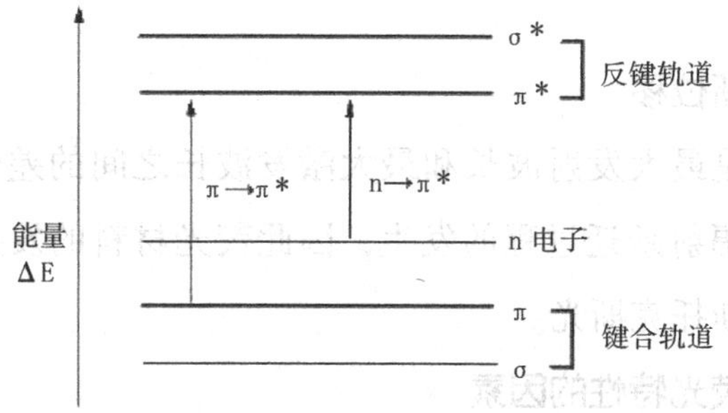

图 4-5 荧光光谱所涉及的能级轨道

大部分有机物的电子跃迁仅涉及 π 电子与 *n* 电子，因此，在研究荧光光谱时，应当优先考虑 π→π* 与 *n*→π* 跃迁。其中，*n*→π* 跃迁所需能量最小，其吸收波段位于紫外区—可见光区，而对于 σ→π* 跃迁和 *n*→π* 跃迁，其吸收波段分别位于真空紫外区—紫外区和紫外区—可见光区。

二、荧光光谱特征参数

常用的荧光光谱特征参数主要包括荧光峰个数（*N*）、最佳激发波长（λ_{ex}）、有效激发范围（$\Delta\lambda_{ex}$）、荧光发射范围（$\Delta\lambda_{em}$）、荧光峰值波长（λ_{em}）以及相对应峰位的相对荧光强度（I_f），此外还有荧光寿命（τ）、荧光量子产率（Φ）、斯托克斯位移（$\Delta\lambda_s$）等。

（一）荧光强度

其描述物质发射荧光的强弱，根据 Lambert-Beer 定律，荧光强度可表示为 $I_f=I\Phi(1-e^{-\varepsilon bc})\approx 2.303I\Phi\varepsilon bc$（$\varepsilon bc<0.05$），其中 I 为激发光光强，Φ 为荧光量子产率，ε 为摩尔吸收系数，b 为透射样品的光程，c 为样品浓度。因此，在低浓度溶液中，荧光强度与溶液浓度呈良好的线性关系，但在较高的浓度范围内，非线性因子不容忽视，荧光强度与溶液浓度不再呈良好的线性关系，浓度进一步增加，甚至发生荧光猝灭现象。

（二）荧光寿命

荧光寿命为激发光源切断后荧光强度降低至原强度的 1/*e* 所需要的时间，可表示为 $\tau=1/(k_f+\Sigma k)$，其中 k_f 表示荧光发射速率，Σk 表示各种非辐射跃迁过程的速率之和，包括振动松弛（VR）、内转换（IC）和系间穿越（ISC）等。

（三）荧光量子产率

荧光量子产率定义为发射的荧光光子数与吸收的激发光子数之比，可表示为 $\Phi=k_f/(k_f+\Sigma k)$。因此，Φ 的大小取决于辐射过程与非辐射跃迁过程相互竞争的结果。

（四）斯托克斯位移

斯托克斯位移是最大发射波长和最大激发波长之间的差值。由于辐射跃迁过程通常伴随着非辐射跃迁过程的发生，因此荧光材料的发射波长通常大于激发波长，即荧光是斯托克斯光。

三、影响物质荧光特性的因素

一种物质的荧光特性与其分子结构密切相关，通常遵循以下规则：

（一）理想的强荧光物质的分子结构一般具有较大的共轭 π 键结构

共轭度越大，外围电子被激发的可能性就越大，量子产率也较高，但由于激发所需的能量很小，就会发生位移现象。

（二）理想的强荧光物质的分子一般具有刚性平面结构

分子结构的平坦度越大，共轭程度越大；同时，刚性结构可以减少分子振动，从而降低内转换（IC）和系间穿越（ISC）等非辐射跃迁过程的概率。

（三）荧光物质的分子中取代基的类型与位置对荧光特性影响也不容忽视

如果共轭体系中存在给电子基团，即荧光发色团基团，如—NH_2、—Nhr、—CN、—OR，则 *N* 个电子的电子云平行于 π 轨道，这可以有效地增大共轭度，增加最低激发态与基态之间的跃迁概率，从而增强荧光强度。相反，如果是电子获取基团，如—NO_2、—CHO、—COOH、—CO 等，则 *N* 个电子的电子云与 π 轨道不平行，因此不能有效地扩展分子的共轭 π 键系统。此外，非辐射过程 S1→T1 更强烈，因此荧光减弱，但磷光增强。此外，取代基的位置也会影响荧光特性。通常，对位和邻位取代基可以增强荧光强度，而间位（—CN 取代基除外）可以抑制荧光。

（四）最低单重激发态（S1）的影响

如果最低单重激发态（S1）为 π→π*，属于自旋允许跃迁，摩尔吸收系数高，可能产生强荧光。相反，如果最低单重激发态（S1）为 n→π*，属于电子自旋禁戒跃迁，摩尔吸收系数低，荧光强度弱甚至无荧光。此外，S1 的轨道间相互作用越强，T1 在分子内可能产生强磷光。除了内部分子结构外，外部环境也是一个不容忽视的因素，包括溶剂的极性、pH、猝灭剂和温度。例如，由于溶剂和溶质分子之间可能存在相互作用，相同荧光团（尤其是具有极性取代基的荧光团）在不同溶剂中的荧光光谱的位置和强度可能会显著不同。然而，在不同 pH 条件下，酸性基团的解离或碱性基团的质子化改变了非辐射跃迁的速率和性质，这直接影响了同一荧光团的发光性质。此外，猝灭剂与荧光物质基态或激发态分子之间的相互作用会导致荧光强度降低，主要是因为猝灭过程缩短了荧光物质的激发态寿命。

四、荧光光谱分析技术进展

随着荧光光谱技术的发展，在激发光谱和发射光谱的基础上产生了许多新的分析方法。一方面，仪器设备的改进使得出现了新的扫描方法，如三维荧光光谱、同步荧光光谱、激光诱导荧光光谱、时间分辨荧光光谱、偏振荧光光谱、低温荧光光谱等，可以有效解决光谱重叠问题；另一方面，利用荧光光谱的数学方法进行二次处理，如对被测光谱进行导数运算得到导数荧光光谱，对于被测光谱去卷积算法得到的原始光谱，采用高斯线型或洛伦兹曲线对被测光谱特征谱进行多模拟合，由相关单元进行，实现复合信号分辨率等，实质上是用“数学分离”代替“化学分离”，进一步提高荧光光谱的选择性。此外，化学计量学的引入使荧光光谱法不仅成为光谱提供者，而且可以解决化学分析中的特定问题（包括定性和定量分析）。

（一）常见荧光光谱分析技术

1. 三维荧光光谱

三维荧光光谱法是目前比较成熟、应用广泛的分析方法。它以相对荧光强度、激发波长和发射波长为三维坐标，可以表示相对荧光强度随激发和发射波长的变化信息，提供更完整的荧光光谱信息，在环境监测中得到了广泛的应用，如食品安全检测等实践领域。它有两种表达形式：等角三维投影图和等高线图。

2. 同步荧光光谱

同步荧光光谱最早由劳埃德提出。根据单色仪的扫描方式，可分为恒波长、恒能量、可变角度和恒体同步荧光光谱。对于广泛使用的恒波长同步荧光光谱，在激发和发射波长之间保持一定的波长间隔进行扫描（$\Delta\lambda=\lambda_{em}-\lambda_{ex}$）。只要选择合适的 $\Delta\lambda$ 值，就可以避免瑞利散射的影响，减少拉曼散射的干扰，简化和缩小光谱带，减少光谱重叠和光散射干扰。

3. 时间分辨荧光光谱

时间分辨荧光光谱法是一种基于不同发光衰减速率和不同荧光寿命原理的瞬态光谱。时间分辨光谱通常通过固定激发波长和发射波长，然后记录荧光强度随时间的变化来进行测量。测量方法包括基于时域的脉冲法和基于频域的相移法，其中最常用的是脉冲法。脉冲法主要使用频闪仪或时变单光子计数（TCSPC）记录荧光衰减曲线，后者是一种更常用的方法。

4. 偏振荧光光谱

偏振荧光光谱是基于荧光偏振理论建立的，它将荧光分子视为振荡偶极子。由于基态和激发态之间的电子分布不同，分子的激发和发射偶极子之间的距离通常不是共线的，并且电矢量处于一定角度。因此，当激发光偏振时，实验测量的发射光通常会消除偏振。

5. 低温荧光光谱

低温荧光光谱可以产生准线性结构光谱，大大提高了光谱的选择性。这是因为当温度降低时，分子的振动能和转动能降低，非辐射过程减弱，内部过滤效应和荧光猝灭现象减弱，荧光量子产率增加。同时，分子热运动减弱，多普勒展宽效应减弱，谱带半峰宽度变窄。因此，荧光光谱的荧光强度显著增强，光谱带变得尖锐，光谱选择性显著提高。然而，其缺点在于设备要求高，这极大地限制了其实际应用范围。

6. 导数荧光光谱

以波长为纵坐标代替荧光强度的一阶导数或更高阶导数，得到导数荧光光谱。通常使用一阶和二阶导数荧光光谱。前者反映原始光谱曲线的斜率趋势，后者反映光谱线的凹度。由于谱线多为高斯或洛伦兹曲线，峰位两侧均为凸函数，因此原始光谱的峰位（即极值点）对应于一阶导数光谱的零点和二阶导数光谱的负极值点。通过对原始光谱进行导数变换，可以减小各峰的半峰宽，有效地分离出原始光谱中的弱肩峰。

因此，导数荧光分析可以提高光谱精细结构的分辨率，减少光谱干涉，并区分光谱的细微变化。导数荧光分析的抗干扰能力强，适用于多组分混合物的分离，是提高荧光分析选择性的有效手段。

7. 广义二维相关荧光光谱

二维相关频谱是一种比较新颖的光谱分析方法，最早由野田在 1986 年提出，它作用于样品上正弦波形的低频信号，使其红外光谱动态变化，通过二维动态频谱的互相关分析，可以获得二维相关荧光光谱。随后，野田于 1993 年提出了广义二维相关荧光光谱，将扰动扩展到浓度、激发波长、温度、pH、猝灭剂等，然后将二维相关荧光光谱分析方法应用于拉曼、荧光等各种光谱的分析。二维相关荧光光谱包括同步相关谱和异步相关谱。对于一些不同化学成分，类似荧光性质的样品，激发光谱和发射光谱一般存在严重重叠，但通过对样品进行同步和异步光谱的比较分析，由于激发光谱对外界干扰的响应可能存在不同的趋势或相对加速度，它可以独立存在于相关的光谱峰中，从而提高光谱的选择性和分辨率。

（二）荧光光谱与化学计量学方法的结合

化学计量学方法是数学、统计学和计算机技术在化学分析中的综合应用，是化学分支中日益丰富的内容，现在已经成为光谱分析过程中必不可少的一种数据处理技术，其主要内容包括实验设计与优化、信号处理、多元校正、光谱分辨率和模式识别等。荧光光谱与化学计量的结合，充分利用了光谱分析在快速无损检测中的优势，以及化学计量在数据挖掘和信息处理中无可比拟的优势，使光谱分析成为一种理想的在线实时分析方法。在荧光光谱分析中，常用的化学计量方法主要包括以下几种。

1. 光谱信号处理方法

实验测得的光谱通常需要使用一些预处理技术来实现光谱数据的平滑、去噪和光谱变换，包括微分、傅里叶变换、小波变换、多元散射校正等。同时，遗传算法（GA）、模拟退火法（SAA），可以利用蚁群算法（ACO）等方法实现光谱数据的变量选择和数据压缩。

2. 多元校正模型的建立

多元校正方法包括线性和非线性校正方法，线性回归方法包括多元线性回归（MLR）、主成分回归（PCR）、偏最小二乘回归（PLSR），非线性回归方法包括人工神经网络（ANN）、支持向量机回归（SVR）等。在实际应用中，浓度与光谱强度之间的非线性因素很常见，尤其是当预测样品的浓度范围较大时。PCR 和 PLSR 通过选择合适的因子数，可以在一定程度上校正非线性因子。然而，当非线性严重且无法获得理想的线性预测模型时，应建立非线性校正模型。

3. 光谱模式识别技术

光谱模式识别技术将模式识别技术与光谱分析方法相结合，利用模式识别技术从样本的光谱信息中提取光谱特征，找到分类规则，并将其应用于未知样本的分类识别，作为分类决策。分类方法包括系统聚类分析（HCA）、k-最邻近

(KNN)、偏最小二乘（PLS)、类独立软模式（SIMCA）和自组织神经网络，整个过程无须对样本进行过多的化学定量指标，可以快速准确地对未知样本进行识别和分类，从而有效地提高了分析效率。光谱模式识别技术广泛应用于定性分析中，定性模型的建立可分为三个步骤：数据采集与预处理、特征提取、模式识别。例如，为了实现对总共 30 个 100% 橙汁（样品编号 1～18）和橙汁饮料（样品编号 19~30）样品的快速分类，对样品的二维激发光谱进行了预处理（图 4-6，λ_{em}=620 纳米)，并使用主成分分析来实现数据压缩和特征提取。获得前两个主成分 PC1 和 PC2 的 PCA 得分。由图 4-6 可以看出，橙汁饮品呈现明显的聚类分布。模式识别方法采用系统聚类分析，类间距离采用最短距离法，距离采用欧氏距离表示，如图 4-6 所示，判别模型可实现两类饮品的分类，样品识别率为 100% 。

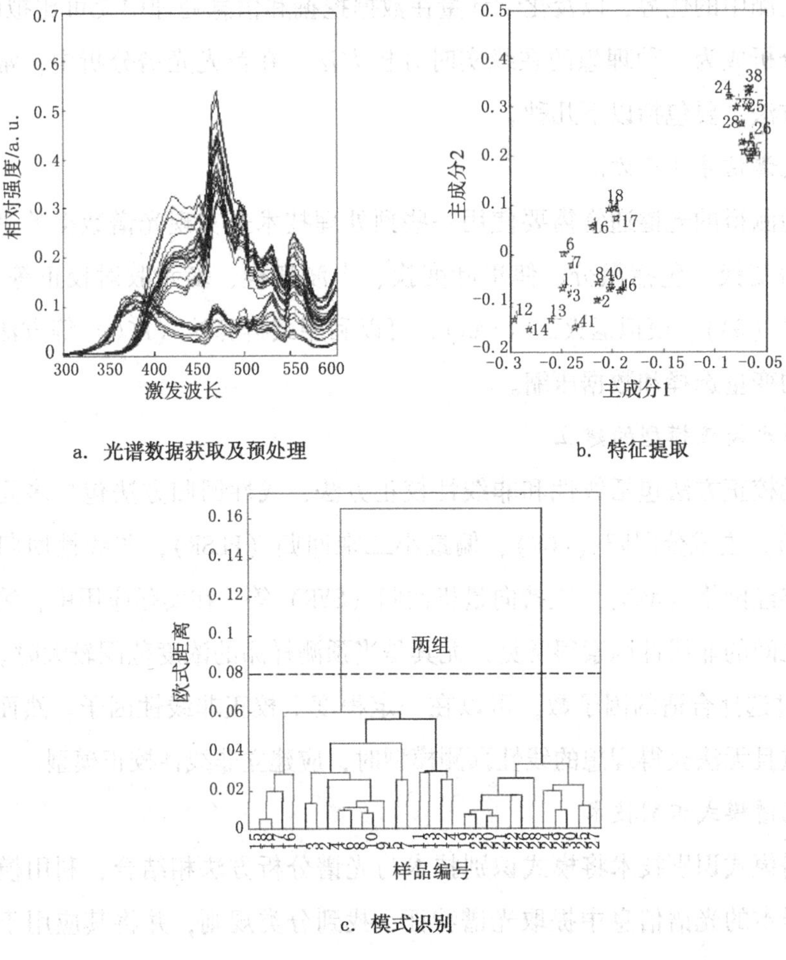

a. 光谱数据获取及预处理　　b. 特征提取

c. 模式识别

图 4-6　100% 橙汁与橙汁饮料的鉴别流程

4. *多元曲线分辨*

当混合物的化学成分未知时，多元曲线分辨可以区分纯物质的特征光谱和混合物光谱，可以有效解决光谱重叠问题，实现真正意义上的“数学分离”。目前，并行因子分析算法（PARAFAC）广泛应用于三维荧光光谱的三线性分析，并在此基础上开发了一些优化算法，包括交替三线性分解算法（ATLD）、交替归一化加权残差算法（ANWE）和交替拟合残差算法（AFR）等。以某水域水样三维荧光光谱PARAFAC分析为例，首先通过核一致性诊断和拟合残差分析，其结果如表4-1所示，可确定组分数N=4。

表4-1　PARAFAC组分数的确定

	组分估计值				
	1	2	3	4	5
可释方差/%	80.5	90.5	95.2	96.8	97.8
核一致值/%	100	89.2	91.1	75.7	2.3
残差 SSR	11.1	5.3	2.7	1.8	1.2

通过对18个水样的激发-发射矩阵（EEMs）叠加后得到的二阶张量进行平行因子解析。水样的三维荧光光谱（图4-7），同时得到4个估计组分的特征荧光光谱（图4-8）。

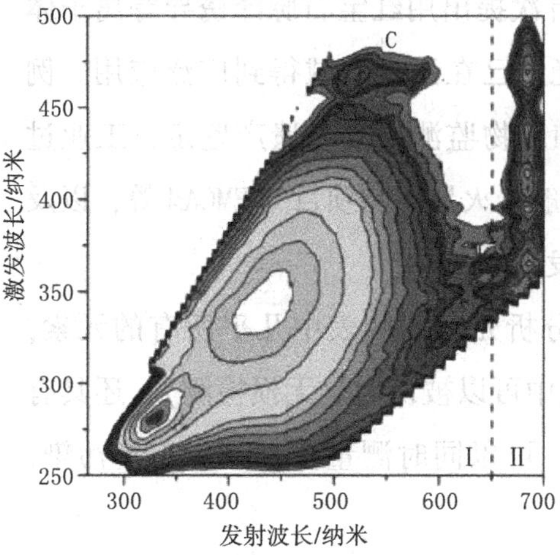

图4-7　水样的三维荧光光谱

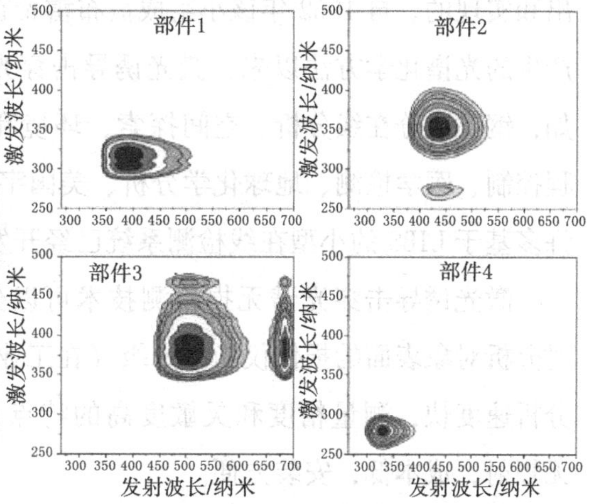

图4-8　4个估计组分的特征荧光光谱

因此，通过对水样的三维荧光光谱的PARAFAC分析，同时获得4个估计组分的特征光谱，有效解决了各组分之间的光谱重叠问题，提高了荧光光谱的选择性。其中，部件1与部件2均为腐殖酸类物质，部件1主要来源于水生植物的降解物，而部件 2 主要是来源于土壤、底泥的陆源腐殖质。部件 3 主要为土壤富里酸与叶绿素类物质的复合物，部件 4 为类色氨酸等类蛋白物质。

以上综述了荧光光谱分析技术，包括荧光光谱的产生机制、荧光光谱与物质分子结构、外部环境的关系以及近几十年来荧光光谱分析技术的进展。与中红外光谱、拉曼光谱等振动光谱相比，荧光光谱仍是一种新的分析方法。由于其对环境的敏感性，需要考虑多个因素的影响，而光谱重叠现象在实际系统中与强荧光材料对弱荧光材料的掩蔽效应比较普遍，导致荧光光谱峰位的归属不如红外光谱、拉曼光谱那样清晰，这在很大程度上限制了其应用范围。但是，荧光光谱学包含的光谱信息更丰富，灵敏度更高，随着仪器设备的不断改进和信息处理技术的飞速发展，荧光光谱作为光谱无损分析技术中的重要分析方法，将具有良好的发展和应用前景。

第三节　激光诱导击穿光谱无损检测技术

一、激光诱导击穿光谱无损检测技术简介

激光诱导击穿光谱无损检测技术（Laser Induced Breakdown Spectroscopy, LIBS）是由美国 Los Alamos 国家实验室的 David Cremers 研究小组于 1962 年提出和实现的。自 1962 年该小组成员布雷希首次提出用红宝石脉泽诱导等离子体产生的光谱化学方法以来，激光诱导击穿光谱已在许多领域得到广泛应用。例如，钢铁成分在线分析、空间探索、环境和废物监测、文化遗产鉴定、工业过程控制、医学检测、地球化学分析、美国宇航局火星探测项目 CHEMCAM 等，以及许多基于 LIBS 的小型在线检测系统已经开发出来。

激光诱导击穿光谱无损检测技术可以分析元素周期表中几乎所有的元素，对分析对象表面的损伤仅为微米级（在工业中可以被认为是无损检测），还具有分析速度快，测量精度和灵敏度高的特点，可以同时测量多种元素，抗污染，无辐射，成本低，安装方便。

二、LIBS 基本原理

LIBS 是光谱分析领域中一种新的分析方法，其基本原理是使用高能激光光源在被分析材料表面形成高强度激光光斑（等离子体），从而激发样品发光，然后通过光谱系统和检测系统进行分析。这种技术对材料中的大多数无机元素都

很敏感。它还可以分析低原子数元素，如氢、钠元素，这些元素很难用其他技术进行分析。

LIBS 使用峰值功率的脉冲激光照亮样品，将光束聚焦到非常小的分析点(通常直径为 10~400 微米)。在激光照射的光斑区域，样品中的材料被烧蚀和剥离，样品上方形成纳米粒子云团。由于激光束的峰值能量相当高，其吸收和多光子电离效应增加了样品上方产生的气体和气溶胶云的不透明度，即使只是短暂的激光脉冲激发。随着激光能量被云层显著吸收，等离子体逐渐形成。高能等离子体熔化纳米颗粒，激发原子并发光。原子发出的光可以被探测器捕获并记录为光谱。通过分析光谱，可以获得样品中存在哪些元素的信息。可以使用软件算法对光谱进行进一步的定性分析（例如材料识别、PMI）和定量分析（例如样品中元素的含量)。LIBS 检测限在很大程度上取决于被测样品的类型、特定元素以及仪器激光/光谱检测器的类型选择和配置。在定量分析中，LIBS 测量结果的相对标准偏差 3% ~5% ，而对于均质材料，其相对标准偏差通常可以在 2% 以内，甚至小于 1% 。

三、激光诱导击穿光谱仪

激光诱导击穿光谱仪的实验装置主要由激光器、光谱仪、真空室等组成(图 4-9)。

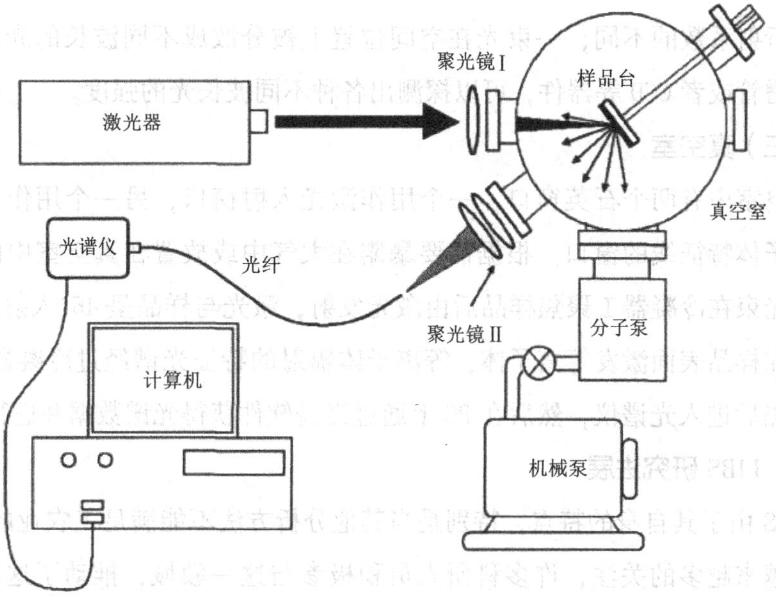

图 4-9 激光诱导击穿光谱仪示意图

（一）激光器

激光诱导击穿光谱无损检测技术是继激光发明之后发展起来的一种测试技术。激光器作为激光诱导击穿光谱的重要组成部分，在过去的几十年中取得了很大的进展。目前，激光诱导击穿光谱无损检测技术主要应用的激光器有红宝石激光器、钇铝石榴石激光器、气体激光器、准分子激光器。这些激光器一般能提供约 1 000 兆焦的脉冲能量，瞬时激光功率可达 1~200 兆瓦。如果激光通过聚焦透镜聚焦在样品上，它产生的能量足以将固体直接蒸发成等离子体。

在激光诱导击穿光谱技术系统中，最常用的激光器是钇铝石榴石激光器。该激光器的脉冲宽度为 6~15 纳秒，可以满足激光诱导击穿光谱技术系统对激光能量的要求。

（二）光谱仪

在激光诱导击穿光谱技术系统中，除了激光器外，光谱仪作为检测和采集光谱的设备，也是另一个重要的设备。光谱仪是用来测定光的波长、能量等特性的仪器，一般采用棱镜或衍射光栅和光电倍增管组成，根据波段区域，一般采用红外、可见光、紫外、微波、X 射线光谱仪等不同波段的光谱仪。按分光元件的不同，可以分为干涉光谱仪、棱镜光谱仪和光栅光谱仪等；按探测方式来分，有直接用眼睛观察的分光镜，用感光胶片记录的摄谱仪，以及用光电或者热电元件探测光谱的分光光度计等。在棱镜或者衍射光栅的作用下，由于不同波长的折射系数的不同，一束光在空间位置上被分散成不同波长的光。而利用光电倍增管或者 CCD 等器件，可以探测出各种不同波长光的强度。

（三）真空室

真空室中有两个石英窗口，一个用作激光入射窗口，另一个用作光谱仪收集等离子体特征线的窗口。根据需要暴露在大气中或放置在真空室中的实验样品，激光束在冷凝器 I 聚焦样品后由激光发射，激光与样品呈 45° 入射角，聚焦激光束在样品表面激发等离子体，等离子体辐射的特征光谱经过冷凝器 II 通过光纤聚焦后进入光谱仪，然后在 PC 上通过光谱软件获得光谱数据并进行分析。

四、LIBS 研究进展

LIBS 由于其自身的特点，特别是当其他分析方法不能满足工农业的需要时，受到了越来越多的关注，许多科研人员积极参与这一领域，推动了这项技术的快速发展。

（一）国外研究进展情况

近年来，随着大功率脉冲激光光源、光谱系统、探测器器件、高时分辨率测量技术、光谱数据处理软件的快速发展，LIBS 分析机制研究不断深入，应用领域逐步增多。美国密西西比州立大学的 DIAL（Diagnostic Instrumentation and Analytical Laboratory）实验室和 Livermore 的 Sandia 国家实验室利用 LIBS 实现烟气的在线测量，现已经开发了便携式的烟气在线分析仪。意大利的 Marwan Technology 公司的 MODI 系统和澳大利亚的 XRF 公司 Spectrolaser Target 系统以及美国海洋公司推出的便携式 LIBS 2500plus 系统，都已进入商业应用阶段。美国宇航局喷气推进实验室于 2009 年发射的火星科学实验室（Mars Science Laboratory，简称 MSL），搭载 LIBS 仪器 ChemCam，用于火星岩石成分的快速实时分析。

（二）国内研究进展情况

我国对 LIBS 的研究相对滞后，近年来越来越多的研究人员将注意力集中在这一领域，从事 LIBS 产品的基础研究和应用开发，如激光等离子体的产生机制和激光脉冲宽度、脉冲能量、环境、气体组分、压力大小、延迟时间、测试条件等方面对等离子体的影响进行了研究。安徽师范大学崔执凤等分析了激光诱导等离子体的时空分辨率特性，计算并分析了激光诱导等离子体电子温度和电子密度的空间演化，研究了目标位置、激光功率密度、环境气体的性质和压力等因素对等离子体特性的影响，实验研究了外加静电场下激光诱导等离子体中的离子和电子特性。

中国科学近代物理研究所的袁平研究了激光参数与等离子体产生的关系，脉冲能量与焦点面积的关系，激光等离子体的损失，不同激光功率密度下金属靶产生的等离子体离子态变化的确定，等离子体的漂移速率，以及不同金属产生的等离子体的激光功率密度。中国科学院上海技术物理研究所亓洪兴博士等研究改进了 LIBS 仪器设备，基于普通 CCD 探测器测量了等离子体光谱，并采用 LIBS 定量分析方法的定量反演标定方法，取得了良好的效果。利用该设备对土壤污染物进行定性分析，表明该仪器系统性能良好。

中国科技大学李静等采用 LIBS 的内标法对水溶液中镁、钠、钾含量进行了定量分析，发现特征峰强度与各元素含量之间存在良好的线性关系。他们测量了不锈钢中的铝、锰、钴、硒和钛等微量元素，并获得了令人满意的实验结果。

为定量研究不同物质中各种元素的含量提供了很好的参考。

钢铁研究总院姚宁娟等研制适用于冶金炉前样品的快速分析的 LIBS 仪器，是对 LIBS 在工业应用一种尝试，对 LIBS 的发展具有积极的意义。

五、LIBS 应用

（一）环境方面

由于近几十年来工业的发展，城市建设等因素导致环境污染日益严重，尤其是重金属污染、水体富营养化等问题越来越受到重视，迫切需要一种快速、原位、远程、无样品制备技术来实现对环境污染物的检测和监测。LIBS 能够满足上述要求，因此越来越多地应用于环境保护领域。同时，LIBS 可以检测和分析任何形式的物质元素，在水污染、危险废物、气体气溶胶污染物的检测和分析以及定量计算方面具有广阔的应用前景。

（二）食品安全和营养学

在食品安全和营养方面，张大成等采用 LIBS 检测水果样品中的微量元素，并用统计学方法分析比较了 3 种水果中钙、钠、钾、铁、铝、锰等 6 种元素的含量差异。华南理工大学卢伟业等同步测定了复合肥中氮、磷、钾元素的含量，发现测定结果的平均相对误差小于质量分数的 8% ，平均相对标准偏差小于质量分数的 7% 。检测限分别为质量分数的 0.16% 、0.21% 和 0.50% 。实践证明，LIBS 具有同步、快速、准确测定复合肥中 3 种营养元素的能力。Rai 等人使用 LIBS 定量检测苦瓜中的降血糖微量元素。LIBS 广泛应用于农产品元素分析领域，如柑橘和土壤中金属元素的检测、污染鱼类中重金属元素的分布和含量的研究。

（三）生物医药

生物体由各种元素组成。据统计，生物中至少有 40 种化学元素。每个元素都有其作用。LIBS 与现代医学技术相结合，可用于识别每个病例样本，并为医疗提供有用的信息。通过对大肠杆菌的光谱分析，Matthieu 等人记录了多达 100 条谱线，为细胞检测和识别提供了丰富而实用的数据。Samek 等人使用 LIBS 检测人体中的关键矿物质和毒素，证明 LIBS 可用于生物医学测试。

（四）材料分析

LIBS 几乎可以对所有元素在不同状态下进行检测，因此在材料分析领域得到了广泛的应用。陆运章等人利用 LIBS 对不锈钢中的金属元素进行检测和定量分析。Death 等人应用主成分分析法分析铁矿石样品的成分，并建立了模型。W.Tawfik 等人使用便携式 LIBS 对铝合金中的 6 种微量元素进行了检测和分析，获得了比其他研究结果更好的检测限。

（五）军事和太空领域

LIBS 凭借其远程、在线和快速检测的特点，在军事领域也占有一席之地。在危险炸药的检测中，塑料地雷是一种难以检测的危险炸药。美国的 Harmon 等人利用宽带 LIBS 光谱探测塑料地雷，证明 LIBS 既能探测塑料地雷的外壳，又能探测其中的炸药填充物，为预防和排除塑料地雷提供了新的技术途径。在太空探索方面，美国国家航空航天局（NASA）在火星漫游车和好奇号上安装了 LIBS 探测器，从远处探测火星岩石和土壤的成分。

第四节　激光拉曼光谱无损检测技术

一、激光拉曼光谱概述

拉曼位移的变化通过峰的位置和强度反映了官能团或化学键的特征振动频率，并提供了散射分子的结构信息。激光拉曼光谱是基于德国物理学家迈克尔和印度物理学家拉曼的预测产生的，前者首先确认了拉曼散射的原理。起初，由于拉曼信号较弱，限制了其发展和应用。激光和傅里叶变换的出现促进了拉曼光谱的迅速发展。

激光拉曼光谱和红外光谱相辅相成，成为分子振动和分子结构鉴定的有用工具。它们已被应用于纳米材料、水中代谢物、药物和药物形成剂以及植物活性成分的结构分析。然而，传统的拉曼光谱仪信号弱，灵敏度低，应用范围有限。为了提高激光拉曼光谱的信号强度，人们进行了大量有效的研究工作，提出了一些新的激光拉曼分析技术和方法。

二、激光拉曼光谱原理及特点

当光照在物质上时，会发生弹性散射和非弹性散射，弹性散射也称为瑞利散射。根据材料分子和光子在不同方向上的能量转移，分为斯托克斯散射和反斯托克斯散射，两者统称为拉曼散射。但根据玻尔兹曼定律，反斯托克斯线的强度远弱于斯托克斯线的强度，因此在实际应用中拉曼光谱仪通常只记录斯托克斯线。拉曼散射光和瑞利光的频率（即入射光的频率）之间的差异称为拉曼位移。拉曼位移是分子的振动或旋转频率，与入射光的频率无关，但与分子结构有关。由于分子结构的特殊性，每种物质都有其独特的拉曼光谱。拉曼谱线的数目、位移值的大小和谱带的强度与物质分子的振动和旋转能级有关，因此也具有特异性。从特征拉曼频率可以确定分子的基团，以及化学键的存在，从相对强度的变化来确定化学键的含量，而化学变化可以引起拉曼特征频率的微小位移，从位移的大小、特征频率和方向来确定化学环境中原子群和化学键的变化。拉曼光谱在检测对称分子方面非常有效，对红外光谱在分析分子结构方面起到了补充作用。例如，水的红外吸收很强，但其拉曼散射很弱，因此拉曼光谱技术特别适用于水系统。与传统的化学分析技术相比，拉曼光谱技术具有无损、快速、环保，无须制备样品，无须消耗化学试剂、所需样品量少等特点。结合激光光源的优点，拉曼光谱已广泛应用于农产品无损检测的各个方面。

三、激光拉曼光谱无损检测技术及应用

（一）傅里叶变换-拉曼光谱技术

1987 年，Perkin EImer 推出了第一台近红外激发傅里叶变换-拉曼光谱仪(N1RFT-R)，该仪器采用傅里叶变换技术采集信号，多次累积以提高信噪比，并用 1 064 毫米的近红外激光照射样品，大大降低了荧光背景。从那时起，N1RFT-R 在化学、生物和生物医学样品的无损结构分析中显示出强大的生命力。1996 年，周光明等详细综述了傅里叶变换-拉曼光谱在无机、有机平台、生物材料、聚合物等方面的应用。近年来，化学家们仍在探索傅里叶变换-拉曼光谱。王斌等使用傅里叶变换-拉曼光谱仪对蛋白质样品进行多次扫描，并用曲线拟合原始光谱。发现蛋白质结果含量与亚峰面积相关，因此，根据正常组织和病理组织的傅里叶变换-拉曼光谱差异，可以定量分析蛋白质的二级结构，并在分子水平上识别和研究病变的原因。孙素琴首次利用傅里叶变换-拉曼光谱直接、准确、快速、无损地测定了 23 种常见植物药材。傅里叶变换-拉曼光谱还可用于兔体液中葡萄糖含量的测定、亚麻油成分的测定、棉织物中有机染料的测定、碳酸钙固相分析、金属有机化合物的共聚物和结构研究等。

国内外学者已直接或间接地将傅里叶变换-拉曼光谱技术应用于农产品质量安全的相应研究中。Baeten 等人利用傅里叶变换-拉曼光谱法测定了 21 种动植物脂肪中的不饱和脂肪酸（包括单不饱和脂肪酸和多不饱和脂肪酸），并与气相色谱法的结果进行了比较，并通过主成分分析对其进行了分类。结果表明，

3 013 厘米$^{-1}$、1 663 厘米$^{-1}$ 和 1 264 厘米$^{-1}$ 处的峰值与脂肪酸的状态高度相关。Paradkar 等人利用傅里叶变换-拉曼光谱测定蜂蜜中的甜菜和甘蔗转化化合物，并建立了波长为 200~1600 厘米$^{-1}$ 的偏最小二乘模型进行定量分析。相关系数均大于 0.91，验证准确率大于 96%。Ngarize 等人利用傅里叶变换-拉曼光谱研究了鸡蛋蛋白和牛奶蛋白的相互作用机制，发现温度引起的蛋白质变性可以反映在拉曼光谱的变化中。2007 年，Sarkardei 等人利用傅里叶变换-拉曼光谱对鲭鱼和大西洋鲭鱼的脂质进行了定量分析。2012 年，余静等人利用傅里叶变换-拉曼光谱技术鉴定了不同种类的食用植物油。实验结果表明，通过比较 1 747 厘米$^{-1}$ 和 1 654 厘米$^{-1}$ 处吸收峰面积的积分值，可以区分不同种类的食用植物油，为物证检验提供参考。该方法可用于评价鱼类在贮藏过程中的脂质氧化。

傅里叶变换-拉曼光谱法应用于果蔬农药残留的测定具有很大的优势，近年来引起了国内外学者的关注。Skoulika 等人利用傅里叶变换-拉曼光谱对杀虫剂二嗪进行定量检测，选取其拉曼特征峰 554 厘米$^{-1}$、604 厘米$^{-1}$、631 厘米$^{-1}$、1 562 厘米$^{-1}$、2 971 厘米$^{-1}$ 建立标定模型，得到的相关系数达到 0.99 以上。Sato berru 等选择甲基对硫磷 1 345~1 110 厘米$^{-1}$ 的特征带建立线性和非线性数学模型，表面线性模型的 R2 值达到 0.996，优于非线性模型。周晓芳等用激发波长为 1 064 纳米的近红外傅里叶变换-拉曼光谱仪对常见水果和常用农药进行拉曼测试，获得了农药的拉曼光谱特征，与可见光激发相比，减少了荧光背景干扰，也减弱了胡萝卜素共振增强，该方法能够区分水果和农药的特征光谱，可以检测水果表面的各种农药。

（二）表面增强拉曼光谱技术

自 1974 年以来，Fleischmann 等发现吸附在粗银电极上的吡啶分子具有巨大的拉曼散射现象，Duyne 等人后来证实，性能增强因子可达到 10^6，并且所选吸附分子对载体表面荧光发射的抑制大大提高了激光拉曼光谱分析的信噪比。这种表面增强效应称为表面增强拉曼散射（SERS）。到目前为止，研究主要集中在表面增强的理论模型、寻找新的体系和实验方法以及表面增强拉曼光谱的应用上。关于表面增强机制的理论模型已经提出了十多种，但普遍适用的完善模型仍在探索之中。随着表面增强拉曼光谱的发展，新的表面活性载体和具有表面强化作用的物质不断涌现。除早期的箱形电极外，最常见的活性载体是金属溶胶和金属沉积岛膜。为了提高表面增强拉曼散射的灵敏度、稳定性和再现性，氧化银溶液、氧化银溶胶等新型活性基体、激光烧蚀、酸蚀、银掺杂、银涂层等活性载体制备技术也在开发和应用。SERS 技术是一种新的表面检测技术，它可以在分子水平上研究材料分子的结构信息，如银纳米粒子和银胶体颗粒上的双喹啉。结合电化学方法，不仅可以研究缓蚀剂对金属的缓蚀性能，还可以了解缓蚀剂分子在金属表面的吸附方式、金属的结合状态以及金属的缓蚀机制。例如，在酸性环境下，电镀液中的防腐添加剂硫脲（TU）分子表面的增强拉曼散射现象表明硫脲分子被倾斜的硫原子吸附在银表面。顾仁敖等采用电化学技术，研究了硫脲和苯基硫脲两种探针分子吸附在铁表面，在分子水平上考察了它们与铁的相互作用，进一步探索缓蚀剂分子结构与性能之间的关系，并用环腺苷酸等方法对银电极和金电极的增强拉曼光谱进行了研究。此外，SERS 技术还被广泛应用于表面复合物研究、医学和生物学等领域。

近年来，近红外激发傅里叶变换-拉曼光谱与表面增强拉曼散射技术相结合，具有激发光源能量低、样品尺寸小的特点，从而进一步降低样品分子的荧光背景，并能给出比可见拉曼光谱更丰富、更精细的谱带结构。利用 SERS-FT-RAMAN 技术获得了低浓度下不受荧光干扰的鸟嘌呤、鸟嘌呤核苷等 DNA 碱水溶液的拉曼光谱，为测定具有强荧光背景的生物分子浓度提供了有效手段，由于 SERS 光谱具有高的灵敏度等优点，它还可以作为色谱和流动注射分析中的检测手段进行组分分离，也可以对每个组分进行指纹识别，对于天然有机物、非法药物等分析具有重要意义。

农牧产品中氨基酸含量是评价食品质量的有力依据。表面增强拉曼光谱具有较高的灵敏度，在农牧产品中氨基酸含量的检测方面具有一定的优势。Kim 等人以银凝胶为基底，研究了苯丙氨酸、酪氨酸、色氨酸等芳香族氨基酸及其氨基乙酰二肽的 SERS 光谱，并与普通拉曼光谱进行了比较。结果表明，两种光谱之间有很好的相关性。在 930 厘米$^{-1}$ 和 1 390 厘米$^{-1}$ 处，由于 C—COO—和 COO—的伸缩振动，拉曼信号强度显著提高。2007 年，Cheng 等人用滤纸制备了高灵敏度的 SERS 基底银纳米粒子，并将其用于检测水中的酪氨酸含量。优化检测条件后，其 RSD 小于 8% ，增强倍数约为 107。

农畜产品中有毒有害的添加剂严重威胁着消费者的健康。对其成分进行定性和定量分析是十分必要的。国家规定了农畜产品中对人体有害的农药、兽药最大残留限量。对食品中的致病菌也有严格的限制。同时，它还规定许多微生物或化学物质不得检测。Tang 等以银溶胶为 SERS 底物，以吡啶为内标，检测出水稻中三环唑的含量，检测限为 0.002 毫克/升，相对标准偏差为 3.36% ~ 4.64% ，重现性好。

2008 年，He 等对牛奶中是否含有三聚氰胺进行研究，利用 SERS 对三聚氰胺的含量和其特征峰 676 厘米$^{-1}$ 的强度建立校正模型，得到 R2 值为 0.96，其测量极限可达到 2.6×10^{-7} 摩/升。王锭笙等采用表面增强拉曼光谱，将三聚氰胺滴加在准备好的增强基底银胶上，使用便携式拉曼光谱仪来进行测试，其测试结果最小检测量可达 6×10^{-12} 克。翟福丽等利用 SERS 结合化学计量法检测猪尿中的 β-兴奋剂，包括克伦特罗、沙丁胺醇、莱克多巴胺等物质。该方法的检出限为 2 微克/升，莱克多巴胺的检出限为 0.1 毫克/升，预测值与实际值之间的 R2 值范围为 0.913 4~0.936 8。李言等利用表面增强拉曼光谱确定了赤藓红与金溶胶的体积比为 1：1，pH 为 5，混合溶液放置 10 分时，赤藓红的 SERS 信号最好，检测限可达 1 毫克/升，低于食品中的最大允许添加量。黄玉坤等制备了纳米金溶胶作为增强剂，初步建立了金黄色葡萄球菌的 SERS 快速鉴定方法，为金黄色葡萄球菌感染的诊断和食源性金黄色葡萄球菌污染的快速检测提供了基础依据。国内学者还研究了利用表面增强拉曼光谱检测水产品中的违禁或限用药物。顾振华等在水产养殖和水产品运输过程中，使用便携式拉曼光谱仪快速测定水样中的孔雀石绿。利用孔雀石绿在 432~437 厘米$^{-1}$、1 166~1 170 厘米$^{-1}$ 和 1 613~1 617 厘米$^{-1}$ 范围内的拉谱特征峰和强度进行定性和半定量检测。方法检测限为 5.0 微克/升，整个检测时间仅为 3 分。采用 SERS 方法实现了孔雀石绿的快速检测。李春颖等利用 SERS 技术检测孔雀石绿、结晶紫、氯霉素和磺胺甲嗪，并利用 PLSR 方法建立了定量分析模型。结果表明，SERS 技术能很好地分析孔雀石绿和结晶紫，其标准溶液的最低检测浓度分别为 0.8 微克/升和 10 微克/升。氯霉素和磺胺二甲嘧啶的最低检测浓度分别为 50 微克/升和 500 微克/升。4 种药物的 PLSR 模型预测值与实际值之间的 R2 值为 0.865~0.954，表明 SERS 技术在食品中痕量药物残留检测中的巨大潜力。表面增强拉曼光谱可以大大提高灵敏度，但存在重复性和稳定性差的问题，这是表面拉曼光谱技术研究中的难点，也是一个重要的突破点。

（三）激光共振拉曼光谱

激光共振拉曼光谱（RRS）产生的激光频率与待测物质分子电子吸收峰接近或重叠，这一个或几个特征拉曼光谱带的强度可以达到正常拉曼光谱带的104~106倍，并观察到正常拉曼效应，在其强度上很难出现与基频相比的简谐振动谱和组合。与普通拉曼光谱相比，激光共振拉曼光谱具有很高的灵敏度，可用于低浓度和痕量样品，特别是大分子样品的检测，无须处理即可获得人体体液的拉曼光谱。利用共振拉曼偏振测量技术也可以获得分子对称性的信息。RRS在低浓度样品的检测和复杂结构的表征中起着重要作用。结合表面增强技术，实现了单分子检测的灵敏度。近年来，人们发现许多生物分子的电子吸收位于紫外区域，这加强了生物样品的紫外共振拉曼研究。Wen等人在这方面做了大量工作。他们利用紫外共振拉曼技术研究了蛋白质、核酸、DNA、丝状病毒颗粒、牛细胞色素氧化酶等。

国内学者也研究了激光共振拉曼光谱在农牧产品质量安全检测中的应用。2009年，马寒露等使用便携式拉曼光谱仪，并使用支持向量回归机（SVR）对添加不同含量梨汁的苹果汁样品进行建模预测，以识别苹果汁、梨汁，相对误差在10%以内，大部分样品都能准确分析苹果汁的掺假含量，该方法的建立为解决其他类似掺假问题提供了参考。2012年，Li等人使用拉曼光谱检测蜂蜜中的掺假果糖糖浆和麦芽糖浆，并使用偏最小二乘线性判别分析（PLS-LDA）建立判别模型，总准确率为84.4%，显示了拉曼光谱在鉴别掺假蜂蜜方面的巨大潜力。李永玉等利用拉曼光谱技术检测苹果表面敌百虫农药残留，检测限为4 800毫克/千克，对快速、无损检测水果表面敌百虫农药残留具有重要意义。刘春伟等建立了毛竹中乌洛托品的激光拉曼光谱分析方法。该方法预处理简单，灵敏度和准确度高，检测限低至0.050毫克/千克，干扰少，检测成本低，检测系统简单便携，可广泛应用于一般实验室和现场检测。

（四）激光拉曼显微技术和激光拉曼遥测技术

激光拉曼色散光谱是将入射激光通过显微镜聚焦在样品上，从而在不受周围物质干扰的情况下准确获得样品的化学成分、晶体结构、分子相互作用和分子取向。目前，它已广泛应用于矿物包裹体、环境污染物、催化剂成分鉴定、文物鉴定与修复、材料不均匀性、产品结构与无损检测等方面。我们可以使用显微拉曼光谱来研究各种炭笔的痕量笔迹。将共焦显微技术应用于拉曼仪器，有效地消除了焦平面以外其他层信号的干扰，消除了溶液体积信号对分析层信号的影响，从而获得了更高的纵向分辨率。Fujishima 等人通过将聚焦显微镜拉曼系统与 SERS 技术相结合，开发了性能增强拉曼成像（SERI）。SERI 可以将表面增强拉曼光谱的研究从具有强 SERS 的银、金和铜表面扩展到一些具有弱效应的过渡金属表面，并获得一些有机小分子和无机离子的表面增强拉曼光谱。如果在光路中使用光纤 T，则可以在长距离和特殊环境中实现样品的正常拉曼散射。傅里叶变换-拉曼光纤探针已成为测定单一流体包裹体最有效的分支技术。李维华等用它检测了 9 个与地球化学相关的气体拉曼定量因子。如果在液体纤维中产生共振拉曼效应，则光谱强度可增加 1×10^4 倍，从而获得浓度为 (1×10^{-10}) ~ (1×10^{-15}) 毫克/升的 CS2 中碘-β-胡萝卜素的纤维共振拉曼光谱。Greek 利用共振拉曼光纤探头测定低浓度芳香族氨基酸蛋白质和激素的含量，该技术为分子光谱学研究提供了一种新的实验方法，在痕量分析和液体中少量分子的相互作用方面具有很大的应用潜力。

显微拉曼光谱在我国农牧产品检测中的应用研究很多。2013 年，郝勇等利用共焦显微拉曼光谱仪分析茶油中的脂肪酸，通过标准正态变量（SNV）预处理获得拉曼光谱数据，结合连续投影算法（SPA）方法实现模型优化，建立了茶油中的棕榈酸和肉豆蔻酸，该模型定量分析的偏最小二乘模型相关系数为 0.96。吴静珠等利用显微拉曼光谱仪，采用 PLS-LDA 方法对单一食用油进行快速定性鉴别研究；采用 MCUS-VE 方法筛选特征波长变量，大大提高了实验中 3 种食用油的识别率，总体识别率在 90% 以上；采用 PlS-LDA 方法对多种食用油进行了鉴别。肖怡琳等首次用显微拉曼光谱仪测试了食品、蔬菜和水果中使用的灭多威、异菌脲、代森锰锌、杀螟丹、抗蚜威和阿维菌素的拉曼光谱和荧光光谱峰。结果表明，显微拉曼光谱仪可以测定蔬菜、水果和粮食作物中的农药及其残留量。2010 年，张丹等利用显微激光拉曼光谱技术，研究并测量了未经任何处理或清洗处理后的各种蔬菜和水果的拉曼光谱。结果表明，不同样品的拉曼光谱具有明显的胡萝卜素特征峰，为农药残留的鉴别提供了方便。显微拉曼光谱迫切需要解决的荧光背景问题，但它具有高灵敏度，可以提供大量的信息。

（五）高温激光拉曼光谱技术

高温激光拉曼技术应用于冶金、玻璃、地球化学和晶体生长等领域，用于研究固体的高温相变过程、熔体的结合结构等；然而，这些测试需要在高温下进行，传统的拉曼仪器必须在技术上进行修改。日本的 lguchi 教授，法国的 Gillet 教授等先后研发了较先进的高温拉曼光谱测试技术。在中国，上海市钢铁冶金技术开发与应用重点实验室在原有拉曼光谱仪的基础上，配置了脉冲激光光源时间分辨率检测系统和高温炉，实现了高温控制，并对二硅酸钠的晶体、玻璃和熔融结构进行了拉曼光谱研究。

经过几十年的发展，激光拉曼光谱已成为一种比较成熟的分析测试方法，在医学、文物、宝石鉴定和法医学领域得到了广泛的应用。近年来，该技术在检测细胞和组织中的癌变方面也取得了很大进展。随着激光技术的发展和检测装置的改进，拉曼光谱技术将在当代工业生产和科学研究中得到越来越广泛的应用。

第五节　近红外光谱无损检测技术

近红外光谱无损检测技术始于农业分析。20 世纪 60 年代，美国的 Norris 等人首先开始研究应用近红外光谱测定谷物中水分、蛋白质和脂肪的含量，并致力于研究其他农产品的质量。此后，学者们开始利用近红外光谱无损检测技术研究农产品和食品的质量，主要研究对象为水果、谷物、禽肉、乳制品等。随着近红外光谱分析技术和化学计量学的不断发展，国外学者开始对农产品和食品质量进行在线检测研究，而国内这方面的研究还处于起步阶段。

一、水果内部品质在线检测

McGlone 等构建的两种近红外在线检测系统示意图（图 4-10）：时间延迟积分光谱学（time-delayed integration spectroscopy，TDIS）和大孔径光谱仪（large aperture spectrometer，LAS）。两个系统均采用二维 CCD 检测器，波长轴上有 532 个像素，而空间轴上有 250 个像素，波长范围 650 ~ 950 纳米。2004 年，McGlone 等对高速运动的完整苹果（0.5 米/秒）的干物质进行透射检测，并建立了苹果的干物质预测模型，其结果为 LAS（R^2 = 0.87，$RMSEP$ = 0.43%），

TDIS（R^2=0.81，*RMSEP*=0.48%）。2005年，McGlone等应用相同的两种近红外在线检测系统对“Braeburn”苹果内部核心面积的百分比成功进行了无损检测。

2006年，陆惠山在论文中构建了水果近红外在线检测系统，并开发了在线检测软件系统。近红外光谱仪为微型光纤光谱仪，CCD探测器，2 048个像素，波长为345～1 100纳米，信噪比250：1，光源为卤钨灯，环形排列。他们利用该系统对十月橘的糖分和酸度进行了初步的在线研究。

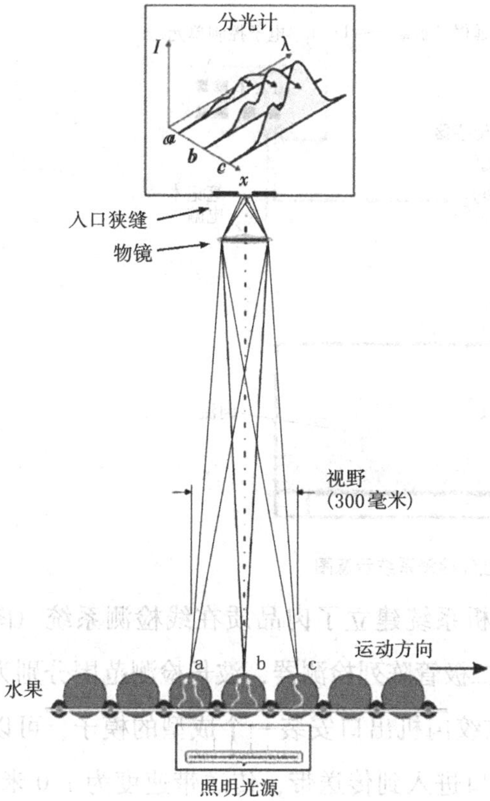

(a) TDIS系统

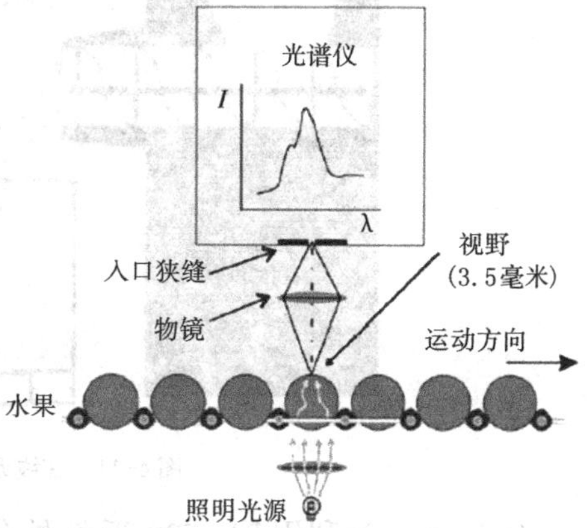

(b) LAS系统

图4-10 近红外在线检测系统示意图

二、鱼、畜肉类品质在线检测

Tugersen等人利用近红外仪器构建了肉类质量在线检测系统（图4-11）。将波长为1 441纳米、1 510纳米、1 655纳米、1 728纳米和1 810纳米的过滤器安装在仪器上，通过以20赫的频率旋转的过滤器，获得每个波长下肉类的吸光度。Tugerson等人在线检测了154个肉类样品（猪肉和牛肉）的脂肪、水分和蛋白质含量（工业范围），建立了猪肉和牛肉脂肪、水分和蛋白质含量的组合模型以及各自的脂肪、水分和蛋白质含量模型。其结果如下：脂肪（r=0.87~0.97，SEP=0.82%～1.49%），水分（r=0.84~0.96，SEP=0.35%～0.70%），蛋白质（r=0.62~0.90，SEP=0.94%～1.33%）。Tugersen 等人在工业基础上对半冷冻牛肉的脂肪、水分、蛋白质含量进行在线测试。实验研究了不同温度对光谱的影响以及不同粒径对建模结果的影响。建立了粒度为 4 毫米和 13 毫米的样品模型以及所有样品的模型。

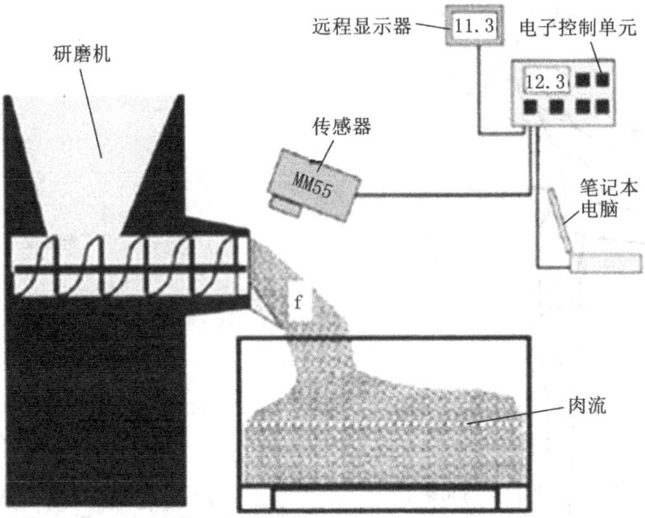

图 4-11　在线近红外检测系统示意图

Anderson 等利用 DA-700 近红外分析系统建立了肉品质在线检测系统（图 4-12）。DA-700 近红外分析系统有两个二极管阵列检测器，波长检测范围分别为 400～975 纳米和 950～1 700 纳米。在绞肉机出口安装一个成型的模子，可以使绞细的牛肉能比较均匀地从绞肉机出口进入到传送带，传送带速度为 1.0 米/分。Anderson 等对绞细牛肉的脂肪含量进行了检测。应用 PLS 方法建立 50% 和 15% 脂肪含量的牛肉的预测模型，其结果：50% 的牛肉样本（R^2=0.957，SEP=2.28%），15% 的牛肉样本（R^2=0.955，SEP=2.15%）。Anderson 等对不同脂肪含量的绞细牛肉流进行了在线混合获得指定脂肪含量的绞细牛肉流进行模拟研究。将名义上为 15% 和 50% 脂肪含量的绞细牛肉流进行了模拟混合获得 30%、35% 和 40% 脂肪含量的绞细牛肉流，并认真研究了三种不同绞细牛肉流的流速控制方式的优劣。

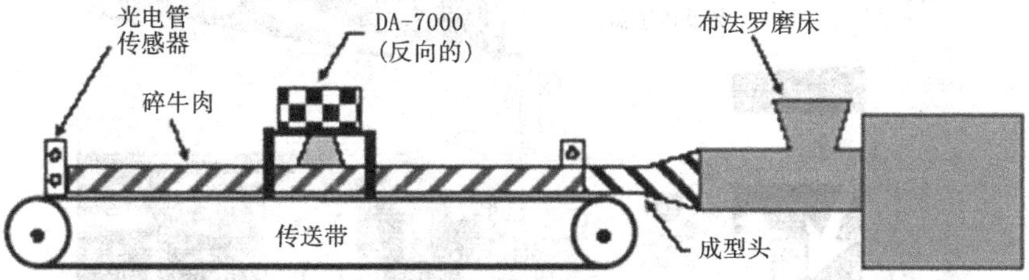

图 4-12 肉品质在线检测系统

Nilsen 研究小组应用近红外反射仪器（Corona45）对传送带上的绞细牛肉成分进行在线检测。检测器为砷化镓铟微光显微镜，波长为 950~1 700 纳米，光源为钨灯。研究发现，牛肉中的脂肪、水分和蛋白质之间存在一定的相关性。Nilsen 等人发现，在在线检测碎牛肉成分的过程中，由于输送带输送的碎牛肉不均匀，采集到的牛肉光谱信息可能包含输送带的光谱信息，并建议使用 SIMCA 方法来区分输送带和碎牛肉的光谱信息。

Wold 等利用商业的近红外成像仪构建了一个在线检测系统，对干燥腌制黑鳕的湿度进行在线检测。比较了不同光谱采集点对建模精度的影响，比较了三种光谱采集方法（漫反射、接触漫透射和非接触漫透射）。结果表明，对于粉末样品，三种方法都能得到较好的结果，但对于完整样品，接触漫透射和非接触漫透射的结果要比漫反射的结果好得多。

三、牛奶品质在线检测

Kawamura 等利用光栅光谱仪等构建了牛奶品质的在线检测系统（图 4-13）。检测器为 CCD 检测器，2 048 个像素，波长为 600 ~ 1 050 纳米，光谱积分时间为 10 秒。Kawamura 等人于 2003 年、2004 年和 2007 年对单头奶牛的牛奶质量进行了在线测试。检测到的主要指标是牛奶成分（脂肪、蛋白质、乳糖），肉细胞的数量和牛奶尿素氮。应用 PLS 方法建立各检测指标的模型，测得脂肪（R^2 = 0.95，*SEP* = 0.24% ~ 0.42%），蛋白质（R^2 = 0.72 ~ 0.91，*SEP* = 0.09% ~ 0.15%），乳糖（R^2 = 0.85，*SEP* = 0.05% ~ 0.18%），肉体细胞数目（R^2 = 0.62% ~ 0.82%，*SEP* = 0.27% ~ 0.32%），牛奶尿素氮（R^2 = 0.68~0.90，*SEP* = 1.33% ~ 2.08%）。

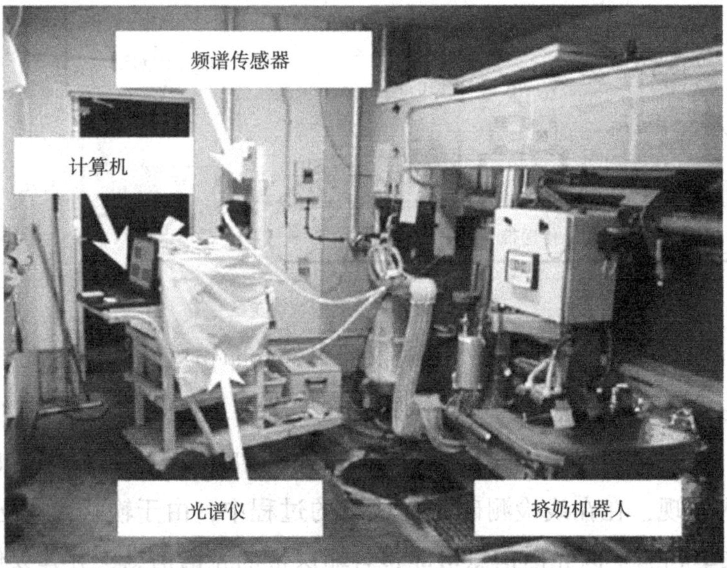

图 4-13　安装在自动挤奶系统中的在线近红外光谱传感系统

四、谷物类品质在线检测

Maertens 等在常用的新荷兰 TX64 联合收割机上安装了蔡司科罗娜 45NIR1.7 传感器，对谷物的蛋白质浓度和湿度进行了在线检测（图 4-14）。该系统的波长为 940~1 700 纳米，光源为 9 瓦的卤钨灯。研究了 4 种不同的预处理方法，即多应用散射校正、标准正态变量、一级萨维茨基-戈莱和二级萨维茨基-戈莱对模型预测精度的影响。结果发现，蛋白质的最优预处理方法为矢量归一化（SNV），而湿度是不进行预处理的效果最好。

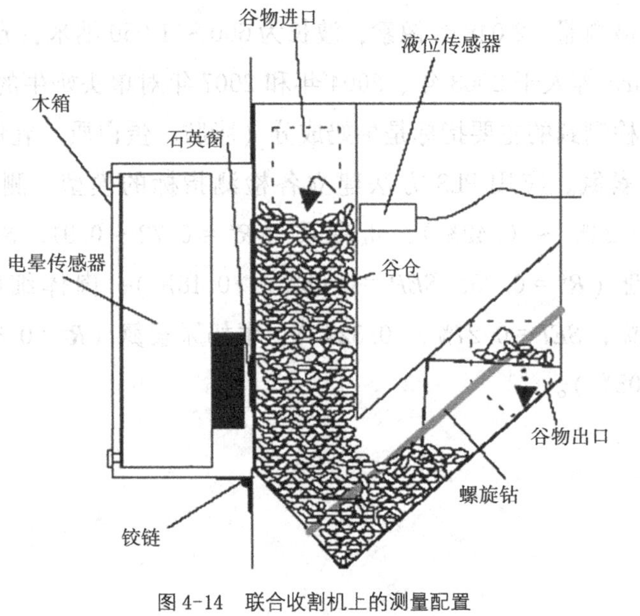

图 4-14　联合收割机上的测量配置

Long 等人在配有近红外分析仪、GPS 和产量监视器的联合收割机上对小麦蛋白质浓度进行了在线测量。近红外分析仪的光源由 14 个近红外 LED 组成，使近红外分析仪无须移动滤光片或光栅，只需相对便宜的硅探测器，波长为 893 ~ 1 045 纳米。Engel 等对农田谷物的蛋白质分布的测量进行了研究。在实验室条件下建立了春小麦的预测模型，其中 $R^2=0.99$，$SEC=0.081\%$ 。并应用该模型在农田上对春小麦的蛋白质浓度进行了在线预测，其 $R^2=0.55$，$SEP=0.66\%$ 。然而，在线获得的田间籽粒蛋白质含量分布图与实验室获得的非常相似，相关系数 $R=0.93$。Montes 等人在线检测了波长为 960 ~ 1 690 纳米玉米的干物质（DM）、天然蛋白质（CP）和淀粉含量（ST）。采用 PLS 算法建立各组成部分的模型。其结果：DM（$R_v^2=0.95$，$SEP=1.2\%$），CP（$R_v^2=0.88$，$SEP=0.3\%$），ST（$R_v^2=0.79$，$SEP=1.0\%$）。

五、奶酪发酵品质在线监控

2001 年，Adamopoulos 等人使用 instalab600 Dickey John 分析仪在线监测羊乳酪生产过程。该分析仪集成了近红外仪器和化学计量算法。建立了羊乳酪生产中 6 个关键点的湿度、脂肪和蛋白质浓度的在线预测模型。模型的 R^2 均高于 0.86，SEC 低于 0.5。Mandenius 等人使用电子鼻、近红外光谱仪和标准生物反应器探头等传感器监测酸奶发酵过程（图 4-15）。电子鼻有 10 个金属氧化物半导体场效应晶体管传感器和 19 个金属氧化物半导体传感器；近红外光谱仪型号为 6500（Foss NIRSystem，Inc），波长为 400 ~ 2 500 纳米，扫描次数为 32 次。2002 年，Mandenius 使用级联神经网络融合三个传感器的信号。神经网络模型选择了 6 个电子鼻信号、4 个近红外信号（1 402 纳米、1 404 纳米、1 406 纳米、1 408 纳米波长的吸光度信号）和温度信号作为输入。2004 年，Mandenius 使用该系统在线监测瑞典酸奶和类似酸奶产品的发酵情况。建立了 pH 和总酸的预测模型，采用 5 个或 6 个 PLS 因子可获得满意的预测精度。得出 6 个 PLS 因子的结果：pH（$R^2=0.996$，$SEP=0.17\%$），总酸（$R^2=0.999$，$SEP=6.6\%$）。

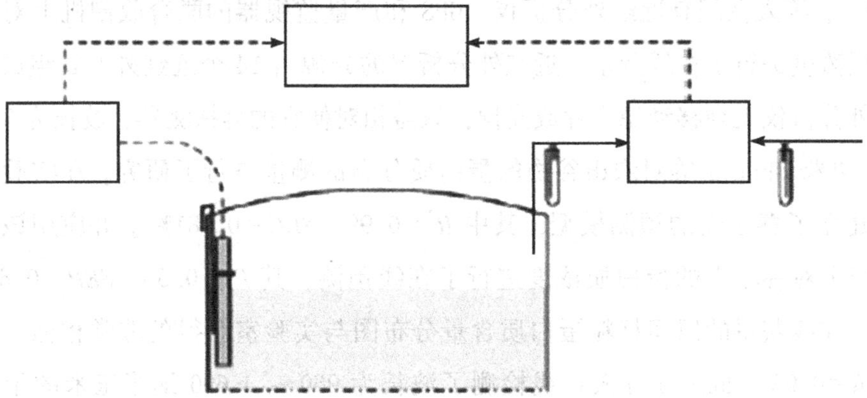

图 4-15　用于在线监测酸奶发酵的实验装置

Cozzolino 等人探索了利用近红外光谱和多元回归技术在线监测红酒发酵过程的可行性。光谱仪为福斯尼系统 s6500，波长为 400 ~ 2 500 纳米。光谱采集软件是视觉软件（版本 1.0，福斯尼系统）。研究了不同温度和酵母对发酵过程的影响。结果表明，温度和酵母种类对发酵影响不显著。

近红外光谱技术经过 40 多年的发展，已逐渐成为一种快速的现代分析技术。光纤技术与近红外技术的结合必然会使近红外在线检测技术广泛应用于农产品、食品质量检测等领域，并在未来的发展中逐步形成成熟的在线检测设备并推向市场。随着近红外光谱技术的进一步应用，近红外光谱技术必须与网络技术相结合，才能实现近红外光谱技术在线更新。成像光谱学将是近红外未来的发展方向，在二维阵列检测器的开发帮助下，使测量成分和成分分布成为一种可能性。光谱成像技术将成为 21 世纪近红外光谱分析技术的发展趋势。

第六节　X 射线图像无损检测技术

一、X 射线基本性质

从本质上讲，X 射线可见光、无线电波和伽马射线，都是电磁辐射，它们在空气中的传播速度等于真空中的光速，区别在于波长和频率不同，X 射线的波长比紫外线短，但比伽马射线长，也就是说，能量比紫外线大，比伽马射线小。X 射线的基本特性如下：不可见性、光的波动特性、穿透能力、光化作用、电离特性、生物效应、波粒二象性、满足平方反比定律。

根据射线波长的划分，通常 X 射线分为软射线和硬射线。光线的较短波长部分具有较大的能量，而波长较长的部分具有较小的能量和较弱的穿透物体的能力。射线的划分是相对的，没有严谨和科学的方法。有学者将射线按照产生的管电压划分软射线和硬射线，划分的方法如表 4-2。

表 4-2 软、硬射线划分

X 射线划分	管电压/伏	波长/纳米
很软	≤20	$\geq 0.62\times10^{-10}$
软	20～60	$0.21\times10^{-10}\sim0.62\times10^{-10}$
半软	60～150	$0.08\times10^{-10}\sim0.21\times10^{-10}$
硬	150～400	$0.03\times10^{-10}\sim0.08\times10^{-10}$
很硬	≥400	$\leq 0.03\times10^{-10}$

由此可见，X 射线无损检测技术在食品检测中的应用需要根据具体材料和情况选择 X 射线能量。当被测材料的密度和厚度较大时，一般应选择硬射线。软射线应用于低等密度的轻金属或非金属材料。

二、射线与物质的相互作用

射线穿透物质时，由于与物质的相互作用，其强度降低。与材料相互作用过程中强度减弱的原因可分为两类，即吸收和散射。吸收是能量转换的过程。当光线穿过物质时，光线的能量被物质吸收并转换为其他形式的能量。散射过程只会改变光线的传播方向，光线的能量和性质不会改变。由于吸收和散射，当光线穿透材料时，在原始传播方向上测得的光线强度会降低。在 X 射线能量范围内，光电效应和电子对效应是吸收衰减的主要原因，康普顿散射和瑞利散射是散射衰减的主要原因。图 4-16 为射线与物质作用的示意图。

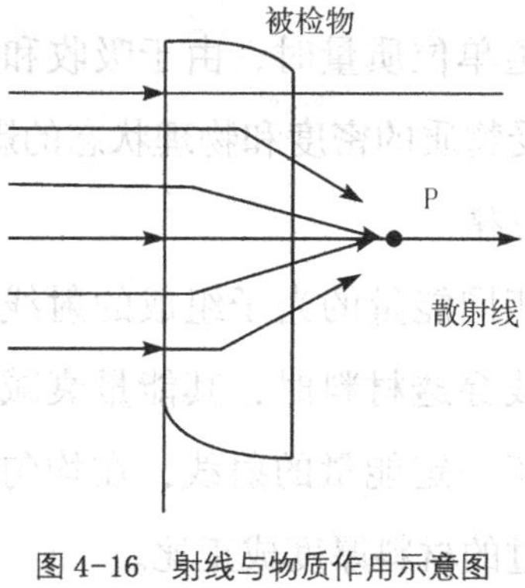

图 4-16 射线与物质作用示意图

（一） X 射线与物质的散射作用

当 X 射线被物质散射时，可以产生两种散射现象，即弹性相干散射和非相干散射。物质散射射线的本质是物质中电子与X光子的相互作用。当入射光子与电子碰撞时，如果电子能够牢固地保持在原来的位置，由于原子对电子的结合力非常强，光子会产生刚性碰撞，其作用会产生有辐射的电磁波，即散射射线。这种散射射线的波长和频率与入射波完全相同，相干散射可能发生在新的散射射线之间。当物质中电子和原子之间的结合力很小时，如原子的外层电子可能会被光子从原子中敲开，成为反冲电子。由于反冲电子会带走一部分能量，所以光子能量会降低，从而改变随后的散射波长。这样，入射波和散射波将不再具有相干能力，称为非相干散射。这种射线的散射效应是由美国科学家康普顿和中国科学家吴有训同时发现的，因此也被称为康普顿吴有训效应。

（二）X射线与物质的吸收作用

除了已经散射和穿透的射线外，X射线也会被物质吸收，吸收的本质是发生能量转换。这种能量转换主要包括光电效应、俄歇效应和电子对效应。

（三）X射线穿透物质的衰减

当射线穿透物质时，由于射线与物质原子之间的相互作用而产生的吸收和散射衰减称为物质诱导衰减。线性衰减系数：射线穿透一定单位厚度材料时，射线强度相对衰减的百分比，即穿透单位体积材料后，由于吸收和散射而导致的射线光子能量衰减的平均比率。

散射穿透物质时，射线强度的衰减是引起吸收、散射的四种效应共同作用的结果。

1.质量衰减系数

如果用物质的密度来表示，就可以得到物质的质量衰减系数。质量衰减系数的物理意义是当射线穿透单位质量时，由于吸收和散射而导致的射线光子能量衰变的平均百分比，不受物质的密度和物理状态的影响。

2.单能量射线的衰减规律

单能量射线是由具有相同能量的光子组成的射线，或者是仅具有单一波长的射线。实验发现，当射线穿透材料时，其能量衰减与材料类型、材料厚度和入射光线的能力有关。对于一定能量的射线，在均匀介质中，射线强度的衰减量与入射射线的强度和穿过的材料厚度成正比。

3.多能量射线的衰减规律

在实际工业X射线检测中，产生的X射线不仅有具有相同能量的单能量射线，还有具有多能量的射线。在射线照相检查中，可获得连续光谱 X 射线。多能量射线由不同能量的光子组成，由于衰减系数随着光子能量的增加而减小。光子能量低的射线的衰减更为显著，而能量高的射线的衰减相对较小。对于连续或多光谱射线，不同能量的光子在穿透材料时具有不同的衰减系数。

三、射线成像原理

（一）X 射线成像原理

X 射线之所以能使物体在胶片上形成图像，一方面是基于 X 射线的特性，即它的穿透力、光效应和照相效果；另一方面，基于要测试的物体的密度和厚度的差异。由于这种差异，当 X 射线穿过物质的不同组织结构时，它被不同程度地吸收，因此到达屏幕或薄膜的辐射量是不同的，这样，在屏幕或薄膜上，形成了黑白对比图像。因此，X 射线图像的形成应满足以下三个基本条件：X 射线应具有一定的穿透力，以便穿透受照射的组织结构；要穿透的组织结构的密度和厚度必须有所不同，这样在穿透过程中吸收后留下的 X 射线量就会有所不同；剩余的 X 射线之间的差异，仍然是看不见的，还必须经过成像过程，如将 X 射线胶片、屏幕或电视屏幕显示出来，以获得黑白对比度、水平差异的 X 射线图像。X 射线数字化实时成像是 X 射线透过被检物后被图像增强器或者线阵探测器所接收，再转换成可视图像。

（二）射线检测袋装瓜子异物的原理

由于 X 射线的透射，当遇到不同密度的异物，如石头、铁丝、玻璃等时，不同密度的材料会对相同强度的 X 射线进行不同程度的吸收和散射，穿过被照射物体的 X 射线经过像增强器后会变成不同增强器的光。当图像传感器在显示屏上呈现不同强度（灰度）的“图像”后，由于显示屏上异物的灰度值与瓜子的灰度值完全不同，因此可以通过与没有异物的瓜子图像进行比较来确定是否存在异物。

四、X 射线在农产品品质检测中的应用

（一）X 射线检测技术应用于农产品内部品质检测

机械损伤、内在生理失调和病虫害的入侵给农产品质量带来了严重的问题，这些问题很难通过农产品的外部视觉来判断，已成为影响农产品质量的主要因素。农产品内部结构的变化可以通过 X 射线成像来识别。该技术已广泛应用于水果品质的筛选和分类。农产品，尤其是水果，在运输过程中容易损伤，直接

影响其质量。早在1970年，Diener等人就利用X射线成像技术根据苹果的碰伤程度对其进行分类。随后，Shahin等人研究了基于压榨状态的苹果分类X射线成像技术，并以旧压榨（30天）和新压榨（1天）的预测作为判别因子，建立了相应的神经网络分类器。结果表明，两种苹果的旧伤预测准确率分别为60%和83%，新伤预测准确率分别为90%和83%。

果肉的含水量直接决定着水果的品质。1992年，Toller等人研究了X射线图像特征反映的X射线吸收率与苹果体积含水量之间的关系，并建立了一种利用X射线断层图像检测苹果含水量和密度的方法。2003年，浙江大学的张京平对苹果水分和CT值进行了进一步的研究，发现苹果某一点的水分值与X射线CT图像上的CT值、RGB（红、绿、蓝）值与CT值有一定的相关性。这样，就可以通过CT值或RGB值来确定某一点的含水量，实现了X射线胶片图像RGB值与CT值之间的转换，为利用X射线CT技术在线检测农产品含水量创造了一种新方法。

致病菌是影响农产品质量的重要因素之一。水心病是苹果的重要生理病，严重的水心病果实在后期会发展成内部褐变，因此在储藏期间要监测水心病的发展。X射线检测技术在水心病监测和分类方面取得了重要的研究进展。Shahin等人在苹果的X射线扫描中使用与苹果水心病相关的图像特征，建立了一个模糊分类器来预测苹果水心病。随后，他们又分别选择苹果图像面积和图像表征的密度两个变量、余弦变换特征以及小波变换特征为基本因子，建立了用于预测苹果水心病的贝叶斯分类器，其预测准确率达到79%以上。Kim S等人使用2DimensionX射线（2D-X）射线照相来检测苹果的水心病。本研究将“红美味”苹果水心病的检测分为两个阶段：首先，从苹果扫描图像中提取相应的特征；其次，利用识别特征对苹果水心病进行分类。从苹果X射线扫描图像中提取8个特征，输入神经网络分类器进行分类，将检测结果分为三个级别：无病、轻度和重度。结果表明，苹果水心病的假阳性率为5%～8%。此外，该方法还可以通过固定角度的X射线束和苹果干花萼来识别同源苹果。

种子或水果中的寄生害虫会对其质量产生很大影响。1972年，费苏斯利用X射线摄影检测了46种不同植物的种子，研究了虫害侵扰的可靠性图像计数测试模型，并在一定水平上建立了回归方程。1995年，Thomas P利用X射线照相技术检测芒果内部的虫害，以分选无虫害芒果和有虫害芒果。随着计算机和图像处理技术的发展，实时X射线检测技术在农产品质量检测中得到了发展。

Hafffrp 利用高分辨率实时成像系统检测了 1 500 粒被谷象危害的小麦种子，其中 682 粒被杂草幼虫危害，统计误差小于 2%。对被谷象危害小麦籽粒进行 X 射线成像，然后基于反向传播神经网络系统和统计分类，从图像中提取 57 个特征值，未受籽粒甲虫伤害的小麦籽粒检测准确率达到 99%。基于 X 射线照射，通过计算机技术、数字图像处理技术、数据建模应用和统计知识，X 射线检测技术的检测准确率不断提高，检测对象更加广泛，检测速度更符合生产生活要求。

（二） X 射线检测技术应用于农产品外部品质检测

农产品的外观质量主要包括表面颜色、表面光泽、表面平整度、外观形状和尺寸。目前，X 射线检测技术在农产品外部质量检测和内部质量检测中的应用研究相对较少。1992 年，Han 等人研究了带破碎凹陷和正常凹陷的梨的 X 射线图像检测，用灰度阈值法分割梨的凹陷区域，并设计了一种检测凹陷是否正常的算法，其检测准确率达到 98%。韩东海利用正常和起皱橙子之间 X 射线透射率的差异，将起皱橙子与合格橙子分开。结果表明，正常果实的一段波形比起皱果实的波形平滑，而起皱果实的波形不均匀。他们还研究了不同 X 射线强度、柑橘大小和传送带速度对实时检测精度的影响。Neethirajan S 等人从发芽小麦籽粒和健康小麦籽粒的 X 射线图像中提取了 54 幅特征图像。发芽小麦籽粒和健康小麦籽粒的 BP 神经网络模型的正确分辨率分别为 90% 和 95%。

（三） X 射线检测技术应用于农产品内部异物检测

X 射线对于异物检测的范围很广，如金属、玻璃、塑料和石头等与被检物有着较大密度差异的异物。目前，X 射线检测技术主要应用在禽畜产品的异物检测方面。在自动化剔除鸡肉中碎骨片的过程中，经常不能剔除完全，肉中碎骨片的存在可能对消费者（特别是老人和孩子）造成伤害。基于肉片厚度的非均质性，Tao Y 等人建立了由于厚度不均匀引起的 X 射线吸收的修饰，结合不同厚度和 X 射线图像建立了图像确定功能，从而产生了骨碎片信号的厚度补偿 X 射线图像。结果表明，该方法能够检测出鸡肉内常见且难以检测的骨碎片，消除了假阳性，提高了检测灵敏度。无骨家禽中异物的检测主要取决于其不同的 X 射线吸收值。最简单的方法是通过图像阈值来区分 X 射线图像中的异物。2001 年，Tao Y 等人建立了一种局部阈值图像分割方法。这项技术还可以消除由肉厚度差异引起的检测错误。

随着我国加入世界贸易组织和对外贸易的不断完善，农产品已成为出口和创汇的重要产品。无论农产品是出口商品还是国内消费品，农产品的质量安全都成为我国政府重视的问题，引起社会关注和世界关注。农产品质量的重要性对农产品质量检测技术和方法提出了更高的要求。农产品质量评价是一个综合评价体系，包括农产品的营养质量、商品质量和加工质量。由于射线装置有防护罩，在检测过程中不会对人体造成伤害。王峰等人已经证明，辐照对食品中的营养影响很小，不会影响农产品的质量，也不会对人体造成伤害。张景平等利用X射线技术对苹果中水分、糖和有机酸的含量进行了初步预测，并在水分测定方面取得了良好的实验结果。对于糖和有机酸，预测值与实际值之间存在较大误差，利用X射线无损检测技术对农产品营养品质和加工品质的其他指标进行检测和评价的报道较少。

另外，进口农产品潜在病虫害的检测一直是检验检疫的重点工作。由于这些病虫害一般寄生在农产品内部，难以从产品表面判断和识别，给现场检验检疫带来困难。传统的检测方法都是在实验室进行的，包括解剖、染色、分离培养和分子生物学方法。虽然实验室检疫相对准确，但程序烦琐，检测时间长，成本高。由于X射线的穿透特性可以用来检测潜在的病虫害，毛罕平等综述了X射线图像检测技术在储粮害虫中的研究进展。国外利用软X射线技术对病虫害谷物的识别率、侵染时间和危害程度进行了研究。在我国，这方面的研究很少。如果能利用X射线无损检测技术来判断和识别农产品的潜在病虫害，就可以实现现场检疫。射线检测技术可以作为检验检疫的重要手段，并将成为一个重要的应用方向。

X射线技术在水果分级、水果含水量测定、农产品内部病虫害和异物检测等方面取得了重要进展，并在生产实践中得到了广泛应用。随着计算技术、信息技术、数字图像处理技术和X射线检测技术的结合，X射线无损检测技术在检测精度、灵敏度和速度上都取得了相应的发展。X射线无损检测技术已发展成为多学科交叉的技术。

第七节　机器视觉检测技术

一、机器视觉的概念

机器视觉被定义为用计算机来模拟人的视觉功能，从客观事物的图像中提取信息，进行处理并加以解释，最终用于实际检测、测量和控制。一个典型的工业机器视觉应用系统包括光源、光学系统、图像采集系统、数字图像处理、智能判断决策模块和机械控制执行模块。首先，通过 CCD 相机或其他图像拍摄装置将目标转换成图像信号；然后，转变成数字化信号传送给专用的图像处理系统，根据像素分布、亮度和颜色等信息，进行各种运算来抽取目标的特征，根据预设的容许度和其他条件输出判断结果。

值得一提的是，广义的机器视觉的概念与计算机视觉没有多大区别，泛指使用计算机和数字图像处理技术达到对客观事物图像的识别、理解。而工业应用中的机器视觉概念与普通计算机视觉、模式识别、数字图像处理有着明显区别，其特点是：

◆机器视觉是一项综合技术，其中包括数字图像处理技术、机械工程技术、控制技术、电光源照明技术、光学成像技术、传感器技术、模拟与数字视频技术、计算机软硬件技术、人机接口技术等。这些技术在机器视觉中是并列关系，相互协调才能构成一个成功的工业机器视觉应用系统。

◆机器视觉更强调实用性，要求能够适应实际工业生产中恶劣的环境，要有合理的性价比和通用的工业接口，能够由普通工作者来操作，并且具有较高的容错能力和安全性，不会破坏工业产品，同时必须有较强的通用性和可移植性。

◆对机器视觉工程师来说，需要具有研究数学理论和编制计算机软件的能力和光、机、电运用一体化的综合能力。

◆机器视觉更强调实时性，要求高速度和高精度，因而计算机视觉和数字图像处理中的许多技术目前仍然难以应用于机器视觉。

二、机器视觉的研究范畴

从应用的层面看，机器视觉研究包括工件的自动检测与识别、产品质量的自动检测、食品的自动分类、智能车的自主导航与辅助驾驶、签字的自动验证、目标跟踪与制导、交通流的监测、关键地域的保安监视等。从处理过程看，机器视觉分为低层视觉和高层视觉两阶段。低层视觉包括边缘检测、特征提取、图像分割等；高层视觉包括特征匹配、三维建模、形状分析与识别、景物分析与理解等。从方法层面看，既有被动视觉与主动视觉之分，又有基于特征的方法与基于模型的方法之分。从总体上来看，也称作计算机视觉。因此，可以说，计算机视觉侧重于学术研究方面，而机器视觉则侧重于应用方面。

机器人视觉是机器视觉研究的一个重要方向，它的任务是为机器人建立视觉系统，从而使得机器人能够灵活自主地适应所处的环境，以满足应用行业生产中日益增长的需要，如在航天及军事领域对于局部自主性的需要，在柔性生产方式中对于自动定位与装配的需要，在微电子工业中对于显微结构的检测及精密加工的需要等。

机器视觉作为一门工程学科，正如其他工程学科一样，是建立在对生产基本过程的理解之上的。机器视觉系统的设计依赖于具体的问题，必须考虑一系列复杂因素，诸如噪声、照明、遮掩背景等，折中地处理信噪比、分辨率、精度、计算量等关键问题。

三、机器视觉的研究现状

机器视觉研究出现于1960年年初，由于电视摄像技术的成熟与计算机技术的发展，机器视觉研究成为可能。它作为早期人工智能研究的一部分，但由于技术条件的限制，发展缓慢。1980年年初，在D. Mar提出的计算视觉理论指导下，机器视觉研究才得到了迅速发展，成为现代科技研究的一个热点。1990年年初，随着计算机技术的飞速发展，机器视觉在工业中得以应用，如印刷电路板的检验、汽车流量检测、机器人装配线、高精度导弹的末制导等方面都有机器视觉系统的应用。

经过近40年的时间，机器视觉研究在广度和深度两方面都取得了很大的成就，产生了丰富的学术研究硕果，各种相关文献大量涌现，已经成长为一门内容十分丰富的独立学科，在应用研究方面也取得了很大的突破，如图纸的自动录入、光学字符阅读器和机器人视觉系统在工业生产装配线上的应用等都十分引人注目。近年来，随着互联网技术的高速发展，机器视觉系统的成本也大幅度地下降，为应用研究奠定了坚实的基础，应用视觉研究正在蓬勃兴起，未来可期。

四、机器视觉检测技术的应用

机器视觉不会像人眼一样出现疲劳，同时具有比人眼更高的精度和速度，在探测高危险场景时，具有更突出的优点。机器视觉检测技术现已得到广泛的应用：

（一）机器视觉检测技术在工业中的应用

化工、建材、工件检测、冶金等工业生产过程中，工业对象相对复杂，涉及参数众多，并有显著的非线性、骤变性、离散性、分布性和不确定性。尤其是在周围环境相当恶劣，其产出形状参数难以采用普通的测量手段进行测量的情况时，对这类系统想要建立确定的模型是极其困难的。所以，采用常规控制技术难以实现对对象的实时控制。对于这类较为复杂对象的自动控制，机器视觉检测便是一个较好的检测方法。机器视觉检测技术可用于工业领域的诸多方面，如零件尺寸测量与检验、零件的缺陷检测、零件装配、机器人的引导和零件的识别等。应用图像处理及机器视觉检测技术最频繁的部门是电子工业，其次便是汽车工业、木材工业、纺织工业、食品加工工业、包装工业及航空工业等。当下已取得的应用成果有产品非破坏性检查与形状表面缺陷检查、机器人、产品分类等。

（二）机器视觉检测技术在农业中的应用

随着图像处理技术逐渐专业化、计算机硬件成本的不断下降以及运行速度的显著提高，在农产品品质自动检测与分级领域应用机器视觉系统越来越具有吸引力。农产品在其生产过程中由于人为和自然环境因素的影响，品质差异较大，如形状、大小、色泽等，因此做到整齐划一是很难的，所以在农产品品质检测与分析时，需要有足够的应变能力来适应情况的变化。机器视觉检测技术在农产品品质检测上的应用满足了这些应变的要求。农产品的尺寸与面积、形状和颜色都是农产品品质的重要特征，利用机器视觉进行检测不仅可以排除主观因素干扰，同时还能对这些指标进行定量描述，与人工检测相比，优越性更加显著。

（三）机器视觉检测技术在医学中应用

在医学领域，机器视觉应用于辅助医生进行医学影像的分析，主要是利用数字图像处理技术、信息融合技术对射线透视图、核磁共振图像或其他医学影像数据进行统计和分析。不同医学影像设备可以得到不同特性的生物组织的图像。例如射线反映的是骨骼组织，核磁共振影像反映的是有机组织，因为医生往往需要考虑骨骼与有机组织的关系，因此需要利用数字图像处理技术将两种图像适当地叠加起来，进行医学分析。

（四）机器视觉检测技术在机器人的应用

赋予机器人视觉是机器人研究的重点之一，目的是要通过图像定位和图像理解向机器人运动控制系统反馈目标、自身的状态和位置信息。

（五）机器视觉检测技术在图像监控、安防、交通管理中的应用

传统的交通监控方法，如电磁感应环线圈式车辆检测器，因为它埋在路基下，车辆通过时对线圈的压力以及路面的维修均会对线圈产生一定程度上的破坏，而且不能识别车辆的行驶方向，还不能进行车辆分类等。因此，雷达波检测器只能检测运动车辆，对车辆静止和车辆缓行的情况就无法检测出来。基于机器视觉检测技术开发的交通监控系统，其实时工作性强，适应诸如高速公路、城市道路等各种交通环境的能力强，同时使交通监控系统更加智能化，能提供更多的功能。

机器视觉检测技术应用极大地解放了人类劳动力，提高了自动化生产的水平，改善了人类生活现状，其应用前景相当广阔。目前在国外，机器视觉检测技术已广泛应用于生产与生活中，而我国正处于起步阶段，因此急需广大科技工作者共同努力，以迅速提高我国机器视觉检测技术的发展水平，为我国的现代化建设贡献出自己的一分力量。

五、中国机器视觉检测技术的未来发展趋势

在机器视觉检测技术普及发展的诸多因素中，有技术层面的，也有商业层面的，但制造业的需求是具有决定性的。因此制造业的发展与对机器视觉检测技术需求决定了机器视觉将过去单纯的采集、分析、传递数据、判断动作，逐渐朝着更加开放的方向发展，这一趋势预示着机器视觉检测技术将与自动化更进一步地融合。常言道，需求决定产品，因此满足需求的产品才具备生存能力，机器视觉产品检测也是这样。未来中国机器视觉检测技术的发展主要具备以下特性。

（一）随着产业化的发展对机器视觉检测技术的需求将呈现上升趋势

机器视觉检测技术大部分存在于半导体和电子行业，而我国相关数据显示，全球集成电路产业有明显的复苏迹象，同时，全球经济衰退使我国集成电路产业获取了市场优势、成本优势和人才回流等优势。国家加大对集成电路产业这一战略领域的规划力度，信息化带动工业化，走“新兴工业化道路”为集成电路产业带来了巨大的发展机遇，尤其是高端产品和创新产品的市场空间巨大，

国家战略领域、3C应用领域、传统产业类应用领域即将可能成为集成电路产业的重点投资领域。

中国的半导体和电子市场已初具规模，而如此强大的半导体产业便需要高质量的技术做后盾。同时它对于产品的质量、集成度的要求也将不断提高。由于机器视觉将能帮助解决以上的问题，因此该行业将是机器视觉检测技术较好的用武之地。

（二）统一开放的标准是机器视觉检测技术发展的原动力

目前我国有数十家机器视觉产品厂商，与国外机器视觉产品相比，我国产品最大的差距并不仅仅表现在技术上，还表现在品牌和知识产权方面。另一现状是目前我国的机器视觉产品主要以代理国外品牌为主，借此来逐渐朝着自主研发产品的路线靠近。未来机器视觉产品的质量不能通过单一因素来衡量，应该按照国际化的统一标准判定，中国自动化的不断开放，将带领与其相关的产品技术也渐渐开放。因此，依靠封闭的技术很难促进整个行业的发展，只有形成统一而开放的标准才能让更多的厂商在相同的平台上研发产品，这也为中国机器视觉朝国际化水平发展提供了原动力。

（三）基于嵌入式的产品将取代板卡式产品

从产品本身看，机器视觉对PC技术的依赖度不断提高，并且与数据采集等其他控制与测量的集成会更紧密。且基于嵌入式的产品将逐渐取代板卡式产品，这是一个显著的趋势。其主要原因是随着计算机技术和微电子技术的蓬勃发展，嵌入式系统应用领域更加广泛，这是由其具备低功耗技术的特点决定的。另外，嵌入式操作系统绝大部分是以C语言为基础的，因此采用C高级语言进行嵌入式系统开发是一项带有基础性的工作，采用高级语言的优点是可以提高工作效率，缩短研发周期，更主要的是开发出的产品可靠性高、可维护性好，便于不断完善与升级换代等。因此，嵌入式产品将会取代板卡式产品。

第八节　超声波检测技术

一、超声波概念

声波是指人耳能感受到的一种纵波，其频率为16~20 000赫。当声波的频率低于16赫时就叫作次声波，高于20 000赫则称为超声波。它是由机械振动源在弹性介质中激发的一种机械振动波，其实质是以应力波的形式传递振动能量，其必要条件是要有振动源和能传递机械振动的弹性介质（实际上包括了几乎所有的气体、液体和固体），它能透入物体内部，并在物体中传播。

利用超声波在物体中的多种传播特性，如反射与折射、衍射与散射、衰减、谐振与声速等的变化，可以测知许多物体的尺寸、表面与内部缺陷、组织变化等，因此超声波检测技术也是应用最广泛的一种重要的无损检测技术，如用于医疗上的超声诊断（如B超）、海洋学中的声呐、鱼群探测、海底形貌探测、海洋测深、地质构造探测、工业材料及制品上的缺陷探测、硬度测量、测厚、显微组织评价、混凝土构件检测、陶瓷土坯的湿度测定、气体介质特性分析、密度测定等。

二、超声波特性

超声波具有如下特性：超声波可在气体、液体、固体、固熔体等介质中传播；超声波可传递很强的能量；超声波会产生反射、干涉、叠加与共振现象；超声波在液体介质中传播时，达到一定程度的声功率就可在液体中的物体界面上产生强烈的冲击（基于“空化现象”），从而引出了“功率超声应用”技术，如“超声波清洗”“超声波钻孔”“超声波去毛刺”（统称“超声波加工”）等；利用强功率超声波的振动作用，还可用于如塑料等材料的“超声波焊接”。

三、超声波检测技术的应用

在食品、化工等工业中存在大量的液态形式的原料、成品及半成品，在生产过程中需要对其特性进行检测和控制，而传统的检测分析方法对于各种成分的物理化学特性需要准备大量样品或破坏食品成分，因此无法适应在线监测的需要。而超声波检测技术利用超声波在媒质中传播时，声传播速度、声阻抗和声衰减等超声参量和媒质特性及状态有关的特性进行测定，通过这些声学参量，可以了解被测媒质的特性和成分的变化，判断材料内部的物理性质与化学性质。其中对液体成分含量的测定就是超声波检测技术的一个典型应用领域。近几十年来，全国各地的研究人员在利用超声波对液体媒质浓度检测方面已经取得许多成就。

在国外，Kleis S J、Tandon S P 等研究了声速与氯化钠、硝酸水溶液浓度之间的关系，并进行了成功测试。Forrest I 应用超声波技术成功监测了乙醇在蒸馏过程中浓度的变化。Povey M J W 对悬浮液和乳状液的声衰减特性进行了理论和实验研究，建立了悬浮液中悬浮粒子浓度及乳状液中液滴小球浓度与声衰减的相关模型。

在国内，同济大学声学研究所的刘振清、朱士明等人利用超声波检测技术成功地对高浓度硝酸、硫酸、氢氧化钠、过氧化氢、氨水、麦汁水溶液以及三聚甲醛在二氯乙烷溶剂中的浓度进行了检测，测试精度都在 0.5% 以内。华中科技大学的王兵、山东工业大学的董金铝、陕西师范大学应用声学研究所的田华、南昌航空工业学院的江泽涛等应用超声波技术成功实现了对溴化锂水溶、冷却用乳化液、乙酸水溶液、乙醇水溶液、盐水、多元有机混合液体、石油醚等浓度在线监测。上海理工大学的苏明旭、北京航空航天大学的姚士强、机械科学研究院的王朝阳等应用超声波在悬浊液中的衰减特性，成功地建立了玻璃微珠、水悬浊液、污水、污泥、高水基流体介质的浓度与声衰减特性之间的相关模型，并成功对其浓度进行了检测。

超声波检测技术不仅应用于对食品加工过程的监测（如料液高度、物料流量等），而且逐步扩展到对产品质量控制等领域。利用超声波检测技术对胡萝卜、鳄梨、奶酪、脂肪等产品组织结构特性的检测已经取得成功。目前最引人注目的研究领域是对食品成分组成及其分散特性的研究，如利用超声波检测技术对瓜果中糖含量的研究，对原肉成分的检测，对牛奶和巧克力中固体脂肪含量的研究，以及对蔗糖在油水体系中分散特性的研究等。

第九节　生物传感器检测技术

生物传感器是对生物物质敏感并将其浓度转换为电信号进行检测的仪器，是由固定化的生物敏感材料作识别元件（包括酶、核酸、抗原、抗体、组织、细胞、微生物等生物活性物质）与适当的理化换能器（如氧电极、光敏管、场效应管、压电晶体等）及信号放大装置构成的分析工具或系统。生物传感器具备接收器与转换器的功能。

一、生物传感器的原理和特点

生物传感器的原理：待测物质经扩散作用进入生物活性材料，经分子识别，发生生物学反应，产生的信息继而被理化换能器转变成可定量和可处理的电信号，再经二次仪表放大并输出，便可知道待测物浓度。

生物传感器的特点：采用固定化生物活性物质作催化剂，价值昂贵的试剂可以重复多次使用，解决了酶法分析试剂价格昂贵和烦琐的化学分析难题；专一性强，只对特定的底物起反应，而且不受浊度、颜色的影响；分析速度快，可以在一分左右得到结果；准确度高，一般情况下相对误差可以达到 1% 左右；操作系统相对简单，容易实现自动分析；成本较低，在连续使用时，每次测定只需要几分钱；有的生物传感器能够可靠地指示微生物培养系统内的供氧状况和副产物的产生。在生产控制中能得到许多复杂的物理化学传感器综合作用才能获得的信息，同时它们还指明了增加产物的方向。

二、生物传感器的组成构造

生物传感器通常由分子识别元件、信号转换器件和电子测量仪表组成。分子识别元件是整个生物传感器的核心元件，它直接决定了生物传感器的功能与用途，即由不同种类的敏感材料组成的分子识别元件具有不同的性质和用途。信号转换器是一种将分子识别元件识别的化学或物理变化的响应信号转换成可采集、可利用的电信号的装置。鉴于生物反应过程产生的信息的多样性，使用时要根据信息属性的不同选择能满足不同要求的转换器。常见的信号转换器有电化学电极、离子敏场效应晶体管、热敏电阻、微光管、光纤及荧光计等。

三、生物传感器检测技术在食品领域的应用

生物传感器检测技术在食品领域中的应用包括食品成分、食品添加剂、农药残留量、病原性微生物和毒素、食品鲜度等的测定分析。

（一）食品成分分析

在食品工业中，葡萄糖的含量是衡量水果成熟度和储藏寿命的一个重要指标。已开发的酶电极型生物传感器可用来分析白酒、苹果汁、果酱和蜂蜜中的葡萄糖。其他糖类，如果糖，啤酒、麦芽汁中的麦芽糖，也有成熟的测定传感器。Niculescu 等人研制出一种安培生物传感器，可用于检测饮料中的乙醇含量。这种生物传感器是将一种配蛋白醇脱氢酶埋在聚乙烯中，酶和聚合物的比例不同可以影响该生物传感器的性能。

（二）食品添加剂的分析

亚硫酸盐通常用作食品工业的漂白剂和防腐剂，采用亚硫酸盐氧化酶为敏感材料制成的电流型二氧化硫酶电极可用于测定食品中的亚硫酸盐含量。

（三）农药残留量分析

近年来，人们对食品中的农药残留问题越来越重视，各国政府也不断加强对食品中的农药残留的检测工作。Yamazaki 等人发明了一种使用人造酶测定有机磷杀虫剂的电流式生物传感器。Albareda 等用戊二醛交联法将乙酰胆碱酯酶固定在铜丝碳糊电极表面，制成一种可检测对氧磷和克百威的生物传感器，可直接用于检测自来水和果汁样品中两种农药的残留。

（四）病原性微生物和毒素的检验

食品中病原性微生物的存在会给消费者的健康造成极大的负面影响，食品中的毒素不仅种类很多而且毒性大，大多有致畸、致癌、致突变作用，因此加强食品中的病原性微生物及毒素的检测显得极其重要。Kramerr 等人研究的光纤生物传感器可以在几分内检测出食物中的病原体（如大肠杆菌），而传统的方法则需要几天。

（五）食品鲜度的检测

在食品工业中，尤其是鱼和肉的新鲜度检测是评估食品质量的关键指标。Volpe 等人使用黄嘌呤氧化酶作为生物敏感材料，结合过氧化氢电极，在鱼类降解过程中根据产生的一磷酸肌苷（IMP）、肌苷（IIXR）和次黄嘌呤（HX）的浓度，从而评价鱼的鲜度。

四、生物传感器在食品检测中的前景与展望

随着生物传感器的出现，传统的测量分析方法发生了重大变化：缩短了分析时间，提高了灵敏度，并使测量过程极其简单和易于自动化。测量食品成分，尤其是污染物，通常需要复杂的预处理，因此需要专用、简单、快速和可靠的设备。目前，生物传感器的应用受限于稳定性、重现性和使用寿命，加之食品成分问题较多，含量差异较大，限制了可在食品检测中商业化的生物传感器数量。但由于此类仪器具有灵敏度高、特异性强、检测速度快等优点，仍是各国科学研究的重点。随着计算机技术、微制造技术、生物材料的持续发展，生物传感器在食品行业的应用会越来越广泛，逐渐取代传统的检测方法，成为一种分析和现场测试设备。

近年来，随着生物科学、信息科学和材料科学的发展，生物传感器技术发展迅速。然而，目前生物传感器由于其广泛使用而面临一些困难。未来，生物传感器的研究将主要集中在选择活性强、选择性高的生物传感元件，提高信号

探测器寿命、信号转换器寿命；生物响应的稳定性以及生物传感器的小型化和便携化。可以预见，未来的生物传感器将具有以下特点。

（一）功能多样化

未来的生物传感器将进一步深入食品检测、环境监测、发酵工业保健和疾病诊断等领域。目前，研究可替代视觉、嗅觉、味觉、听觉、触觉等生物感觉器官的生物传感器是生物传感器研究的重要内容之一，这就是仿生传感器，也被称为以生物系统为模型的生物传感器。

（二）微型化

随着微细加工技术和纳米技术的进步，生物传感器变得更小、更便携，而随着各种便携式生物传感器的出现，将有可能在家中诊断疾病，直接检测市场上的食品。

（三）智能化

未来的集成生物传感器将自动采集和处理数据，提供更科学、更准确的结果，实现一站式采样、进样、出结果，为检测提供自动化系统，需要与计算机紧密结合形成。同时，芯片技术将越来越多地应用于传感器，实现检测系统集成化和一体化。

第五章
基于物联网的农产品溯源关键技术

低成本、高自动化、实时高效的信息传输解决方案，克服常规农产品溯源信息获取技术自动化程度低、时效性低、设备功能单一等缺点。随着无线传感器网络技术近年来发展迅速，基于无线传感器的物联网应用关键技术是本书的研究课题之一。

第一节　射频识别

一、射频识别概念

射频识别作为一种无线通信技术，它能够借助无线电信号识别特定目标，并读写相关数据，而识别无须系统与特定目标之间建立机械或者光学接触。

无线电信号通过调谐射频电磁场，使附着在物品上的标签发送数据，以自动识别和跟踪物品。有些标签可以在识别过程中从标识符发出的电磁场中获取能量，并且不需要电源。还有一些标签本身就有电源，可以主动发射无线电波（调谐到无线电频率的电磁场）。标签包含可以在几米内识别的电子存储信息。与条形码不同，RFID 标签在标识符的视线范围内，并且可以嵌入要跟踪的对象中。

二、结构及工作原理

（一）结构

在结构上，RFID 是一个简单的无线系统，只有两个用于控制、发现和跟踪对象的基本组件。系统由应答器、阅读器和应用软件组成。

应答器：由天线、耦合元件及芯片组成，通常情况下用标签作为应答器，每个标签具有唯一的电子编码，附着在物体上标识目标对象。

阅读器：由天线、耦合元件、芯片组成，读取（有时还可以写入）标签信息的设备，可设计为手持式 RFID 读写器或固定式读写器。

应用软件：是应用层软件，主要是把收集的数据进一步处理，并为人们所使用。

（二）工作原理

RFID 技术的基本工作原理并不复杂，标签进入磁场后，接收解读器发出的射频信号，凭借感应电流所获得的能量将存储在芯片上的产品信息（无源标签或被动标签）发送出去，或者标签主动发送特定频率的信号（Active Tag，有源标签或主动标签），解读器对信息进行读取和解码，发送到中央信息处理系统进行相关数据处理。

三、特点

（一）快速扫描

RFID 辨识器可同时辨识读取多个 RFID 标签，标签可以在不到 100 毫秒的时间内快速读取。

（二）体积小型化、形状多样化

RFID 不受读取尺寸和形状的限制，也不必与纸张的固定尺寸和打印质量相匹配来实现读取精度。此外，RFID 标签可以进一步小型化和多样化，以适用于多种产品。

（三）抗污染能力和耐久性

传统的条形码载体是纸质的，因此容易受到污染，而 RFID 对水、油和化学品等物质具有极强的抵抗力。此外，条形码附在塑料袋或外盒上，特别容易受到折损，而 RFID 标签将数据存储在芯片上，从而保护其免受污染。

（四）可重复使用

如今的条码打印后无法更改，但 RFID 标签可实现重复添加、修改和删除存储在 RFID 标签上的数据，以方便信息更新。

（五）穿透性和无屏障阅读

当信号被覆盖时，RFID 可以穿透非金属或不透明的材料进行穿透通信。条码扫描器只能近距离且条码不被遮挡时才能读取条码。

（六）数据的记忆容量大

一维条形码的容量是 50 个字符，二维条形码的容量可储存 2~3 000 个字符，RFID 最大的容量则有数兆字符。随着记忆载体的发展，数据容量也有不断扩大的趋势。未来物品所需携带的资料量会越来越大，对卷标所能扩充容量的需求也相应增加。

（七）安全性

由于 RFID 传递的是电子信息，数据的内容可以通过密码进行保护，因此不容易伪造或篡改内容。

RFID 因其远距离读取和高存储容量而受到广泛关注。它不仅能显著提高企业对产品和信息的管理效率，还能连接卖家和制造商，更准确地接收反馈信息，管理需求信息，优化整个供应链。

四、应用实例

（一）畜牧生产对象的识别

国际标准 RFID 可用于畜牧生产对象的管理和应用，ISO11784 和 ISO11785 规定了用射频识别系统进行对动物识别的代码结构和技术准则。ISO11784 规定动物识别代码总共由 64 位（8 个字节）组成，并给出了各位的含义。27~64 位也可以分配用于区别不同的动物的类型、品种、所在区域、饲养者等。这些在标签内未做规定，各国识别代码由各国自行管理。ISO11785 则规定了应答器数据的传输方法以及阅读器的规范，使不同制造商的应答器能使用一个共同的阅读器来询问。在标准中没有规定使用的应答器的构造形式，因此应答器可以设计成适合于所涉及的动物的形式。应答器有 4 种不同的安装方式：项圈式应答器、耳牌式应答器、可注射式应答器和药丸式应答器。项圈式应答器非常容易从一种动物换成另一种动物，主要用于自动饲料配给和牛奶产量的测定。耳牌式应答器可与条形码标签竞争。但是，条形码标签不适合全自动过程，RFID 标签可以在 1 米的最大距离内读取数据。可注射式应答器是近十年才开始使用的。它的原理是用特殊的工具将应答器置于动物皮下，由于应答器在动物体内的位置不固定，数据读取可能会有问题。药丸式应答器是一种非常常用的应答器，它通常被安装在耐酸的圆柱形陶瓷外壳上。将药丸式应答器通过动物食管放置在反刍动物的前胃（瘤胃）中。一般来说，药丸式应答器会在动物的胃里永久停留。但是药丸式应答器、注射式应答器或者耳牌式应答器能够在多大程度上成为企业的标准识别工具，还需拭目以待。

（二）应用 RFID 和手机构建的农产品可跟踪系统

在 AFITA/WCCA 2004 年年会上，Koji SUGAHARA 和 Shigehisa OMATSU 介绍了

他们应用RFID和手机构建的农产品可跟踪系统。AFAMA是以互联网为基础的农产品生产过程管理系统，农民在户外作业时，可以利用互联网技术输入相关的工作和使用材料的记录。他们使用具有唯一识别码的小型的RFID标签，来更有效地识别在分发过程中的每一件产品。每个RFID标签均携带了AFAMA数据库中相关产品和生产相关的数据。工人可以在分发过程中使用RFID阅读器读取RFID标签，把输入的产品记录转入数据库。在梨和草莓上已经应用了这种综合可跟踪系统，封装的产品信息也能很好地被客户接受。

（三）应用RFID的牛可跟踪系统

在AFITA/WCCA 2004年年会上，韩国KSSeo等介绍了他们应用RFID技术构建的牛可跟踪系统。该系统可以全面地识别动物，因此能更好地、更容易地进行动物改良、饲养和卫生设施改良。这种新的动物识别跟踪系统在设计时考虑到便于管理以及数据的收集和存储，同时对接收条形码、注册号和农场号也进行了考虑。该系统用基本家畜识别装置进行防治疾病和改良家畜。该系统的目标是为家畜管理、耳标标准、微芯片和耳标识别装置提供标准RFID技术；为消费者提供真实可靠的肉产品信息；增加农户的收入；提供全国家畜管理的联合系统。

（四）RFID技术在我国数字养殖中的应用

2003年，RFID技术在我国863数字农业项目中第一次被列入了数字养殖研究课题。目前，一套基于远距离系统的RFID牛个体识别系统已步入实际应用阶段。该系统采用项圈式的应答器，挂在牛的脖子上，当牛通过系统的自动称重车时，系统中的阅读器将自动读取该牛特定编号并通过压力传感器完成称重过程。无线局域网将这两个一一对应的数据（编号和体重）连同采集时间一起发送到养殖场的服务器，为数字化养殖平台提供了重要的实时数据。江苏省农业科学院也采用项圈式应答器挂在牛的脖子上，通过手持式掌上电脑进行数据的读取和上传。这两个系统的完成，代表了RFID技术在我国农业应用中的初步实现。同时基于各种不同的读写器的非接触式智能卡数据管理系统也在开发中。

五、市场发展

物联网已被确定为中国战略性新兴产业之一，《物联网“十二五”发展规划》的出台，无疑为我国物联网带来一股强劲的东风。而物联网发展的最关键技术——RFID技术，其应用市场必将随着物联网的发展而扩大。因此，RFID巨大的市场空间即将打开。

调查数据显示，到2010年，全球RFID标签的生产数量将突破330亿，比2005年13亿产量的25倍还多，RFID在未来几年的应用也会随着产业不同而存在很大差异。从1991年至今，RFID标签已经被用在超过15 000万台汽车上。根据分析从而进行预测，未来RFID将主要应用在供应链管理等物流领域，而这个市场将成为RFID市场的重头戏。但直到2020年，RFID技术得到了很大的发展，然而它却无法普及。RFID不能普及的原因除了行业过度分散和细分，软件基础设施、更换成本都很高外，还有技术的环境依赖性。

（一）超高频技术不完善，制约应用发展

无源超高频电子标签技术的系统存在集成稳定性差，超高频标签技术方面不完善。

在系统集成方面，现阶段中国十分缺乏高水平的超高频系统集成公司，整体而言无源超高频电子标签应用解决方案还不够成熟。这种现状便严重地影响了应用系统的稳定性，系统时常会出现“大毛病没有，小毛病不断”的现象，从而影响终端用户采用超高频应用的信心。

对于超高频标签产品本身而言，还存在标签读写性能稳定性不高、在复杂环境中漏读或准确率低等诸多问题。

（二）超高频标准不统一，制约产业发展

在国内，无源超高频电子标签尚无形成统一的标准，国际上制定的ISO 18000-6C（EPC Class1 Gen2）协议，但由于涉及多项专利，很难把它作为国家标准来颁布和实施，因此国内超高频市场上相关的标准及检测体系实际上是处于空缺状态，所以产业和应用与发展受到了极大的制约。

（三）超高频成本瓶颈，制约市场发展

虽然近两年来，无源超高频电子标签价格下降很快，但是从RFID芯片以及包含读写器、电子标签、中间件、系统维护等整体成本而言，超高频RFID系统价格依旧偏高，而项目成本是应用超高频RFID系统最终用户权衡项目投资收益的重要指标。所以，超高频系统的成本，成为制约中国超高频市场发展的限制因素。

自2010年以来，由于经济形势的好转和物联网产业发展等利好因素推动，全球RFID市场也持续升温，RFID的应用领域更加广泛，人们对RFID产业的期

待也越来越高。RFID 技术正处于迅速成熟的时期，RFID 也被许多国家作为一项重要产业。

总之，中国无源超高频市场还处于发展的初期，核心技术急需突破，商业模式有待完善和创新，产业链需要进一步扩展，只有有效解决了核心问题，才能够真正迎来 RFID 无源超高频市场。

第二节　云计算

一、云计算的定义和特点

（一）云计算的定义

目前，云计算没有统一的定义，当前云计算的定义主要包括如下几种。

1. 维基百科给云计算下的定义

云计算将 IT 相关的能力以服务的方式提供给用户，允许用户在不了解提供服务的技术、没有相关知识以及设备操作能力的情况下，通过 Internet 获取需要的服务。

2. 中国云计算网给云计算的定义

云计算是分布式计算、并行计算和网格计算的发展，或者说是这些科学概念的商业实现。

3. 本书对云计算的定义

为了更好地定义云计算，必须从云计算的服务使用者、服务提供者、组织方式和内部实现机制等方面同时定义。本书将云计算定义为：“云计算是由网格计算发展而来的，前台采用时付费的方式通过 Internet 向用户提供服务。云系统后台由大量的集群使用虚拟机的方式，通过高速互联网络互联，组成大型的虚拟资源池。这些虚拟资源可自主管理和配置，用数据冗余的方式保证虚拟资源的高可用性，并具有分布式存储和计算、高扩展性、高可用性、用户友好性等特征。”

（二）云计算技术的特点

1. 云计算系统提供的是服务

服务实现机制对用户是透明的，用户无须了解云计算的具体机制就可以得到自己需要的服务。

2.用冗余方式提供可靠性

云计算系统由大量商用计算机组成，为用户提供数据处理服务。但随着计算机数量的增加，系统出错的可能性显著增加。所以在没有专门的硬件可靠性组件支持的情况下，采用软件方法、数据冗余和分布式存储来可以保证数据的可靠性。

3.高可用性

通过集成海量存储和高性能的计算能力，云能提供较高的服务质量。云计算系统可以自动检测失效节点，并将失效节点排除，不影响系统的正常运行。

4.高层次的编程模型

云计算系统提供高层次的编程模型。用户通过简单学习，就可以编写自己的云计算程序，在“云”系统上执行，满足自己的需求。现在云计算系统主要采用 Map—Reduce 模型。

5.经济性

组建一个由大量的商业机组成的集群相对于同样性能的超级计算机花费的资金要少很多。

6.服务多样性

用户可以根据服务水平等规格支付不同的费用。

二、云计算的本质及其应用模式概述

（一）云计算的本质

无论云计算概念如何定义，云计算的核心理念是一致的——集约构建弹性服务，体现为以下方面。

1.资源统筹化

聚合硬件、软件、网络等资源，使其整合成为庞大的资源地。

2.服务定制化

对外提供弹性可定制的服务。

3.管理透明化

有效管理资源和服务。从技术角度看，云计算对外提供的服务具有高性能、高可用、高可靠、高扩展性等特点。

（二）应用模式概述

云计算是以服务为导向，包含了从硬件设施到高层软件的多层次服务，基于服务的对象和功能差异划分为三层服务。

1. SaaS

将应用软件统一部署在服务提供商的服务器上，用户通过互联网以租用方式向厂商定制应用软件服务，服务提供商根据客户服务协定进行收费，并且通过浏览器向客户提供软件的模式，如 Google Doc，Google Apps，Zoho office。

2. PaaS

将应用运行环境及开发环境作为服务来提供，如 Google App Engine，Amazon 的 AWS，Sales-force 的 force.com 平台。

3. IaaS

为客户提供支持软件运营的基础设施，包括服务器、操作系统、磁盘存储、数据库、信息资源、内存、I/O 设备，并将其集成到虚拟资源池中。资源和虚拟化服务器，如 Amazon EC2 和 IBM 的 BlueCloud。

在部署模式上，云计算分为公有云、私有云和混合云。公有云主要面向中小企业、大众，建设统一的服务中心，基于 Internet 提供服务。私有云则主要面向大企业，建设专属的服务中心，基于企业内网提供服务。在私有云基础上拓展公网入口，提供相关服务，则为混合云模式。

对于标准的云计算应用，无论是公有云、私有云还是混合云，都需要体现 IaaS、PaaS、SaaS 的三层服务。但是，应用程序本身并不一定要构建完整的服务层级，硬件提供商、平台服务商、集成商往往会为每个层级提供相关支持，在云计算行业形成链式增长。

私有云通常更像传统的企业级应用程序，服务提供商瞄准独特的企业应用空间，将云计算技术与企业级应用技术相结合，建立支持大型数据中心的运维机制，提供灵活敏捷的业务服务体系。

与私有云相比，公有云除了外网和内网的差异外，还有不同的商业模式。由于公有云需要对外运营，所以在服务评估和计费方面非常重要，而且是终端用户。我们通过 SLA 体系为组织和个人面临的租户提供免费和有偿服务，建立了以租户为中心的安全服务体系。公有云最终向外界反映的服务可以是特定的层次，如 IaaS 公有云、PaaS 公有云，也可以是贯穿多个层次的，如全层次公有云可以对外提供完整的服务。

（三）IaaS 应用模型

1.服务模式

构建 IaaS 级别的服务，主要是将物理资源整合到一个可以统一管理的资源池中，包括服务器和硬件、磁盘阵列、交换机等，并利用虚拟化技术对三个事物进行计算，按层级分配资源，存储于网络，用于形成虚拟基础架构环境的虚拟网络，为 IaaS 运维管理建立监控管理服务器集群，为基础设施提供综合管理平台。具有以下特点：资源动态负载均衡。在构建 IaaS 公有云时，需要在上述模型的基础上增强用户/租户安全、SLA 和计费管理、基础设施运营管理等功能。

2.核心技术

综合基础设施管理平台的核心技术是虚拟化技术。虚拟化也是 IaaS 层面最重要的技术，包括服务器虚拟化、存储虚拟化、网络虚拟化、桌面虚拟化。其中，服务器虚拟化技术是一种应用广泛的虚拟化技术，可分为全虚拟化和半虚拟化两种。

（1）全虚拟化　通过在 Guest OS（来宾操作系统）和硬件之间捕获和处理对虚拟化敏感的特权指令，可以原封不动地运行 Guest OS。这种虚拟化是当今业界最成熟和最常见的，包括两种模式：Hosted 和 Hypervisor。知名产品包括 IBM PC/CMS、Oracle Virtualbox、KVM、VMware Workstation 和 VMware ESX。

（2）半虚拟化　Hypervisor 用来提供对底层硬件的共享访问，但是在 Hypervisor 上运行的 Guest OS 已经集成了半虚拟化代码，所以 Guest OS 就是 Hyperivosr，它和虚拟化配合得很好，可以实现虚拟化。这样，性能非常接近物理机，因为不需要重新编译或捕获特权指令。代表此类虚拟化的产品包括 Xen 和 Microsoft 的 Hyper-V。

（四）PaaS 应用模型

1.服务模式

PaaS 是实现云计算应用最重要的部分，是云计算服务系统中的一个纽带。理想的 PaaS 应用模型是在核心技术基础设施的基础上进行扩展，以实现更高层 PaaS 应用的高效加载。

(1) 核心计算功能　执行主应用逻辑的应用服务器集群和负载均衡应用访问的 Http 服务器集群。

(2) 分布式计算功能　提供任务分发与调度、大规模数据处理、分布式协调等功能。云存储功能：提供存储大量数据的功能，有效支持关系型数据、结构化数据、非结构化数据等。

(3) 云管理和监控功能　提供面向计算和存储的监控管理、应用部署和安全控制功能。运营设施：支持建立 PaaS 层公有云，提供对外运营服务的相关管理。PaaS 服务需要能够在传统企业应用支持的基础上，增加对数据和服务动态增长的支持。这提供了高度的横向可扩展性和资源分配，促进了 PaaS 应用程序高效、安全和稳定地运行。

2. 核心技术

PaaS 层技术涵盖面十分广泛，总体来说包含以下几个维度的技术。

(1) 运行支撑方面　基于 JavaEE、SOA 技术，扩展分布式计算技术和云储存技术。

(2) 管理支撑方面　提供面向计算逻辑和存储逻辑的部署技术，过程监控技术、安全技术。

(3) 开发支撑方面　面向云计算应用的辅助建模、开发、测试工具。

(4) 业务支撑方面　包含应用安全、字典、工作流等通用业务，以及面向行业领域的构建技术。

(5) 运营支撑方面　公有云相关的多租户管理技术、SLA、计费技术等。可以看出，PaaS 层的技术实际上是传统企业级框架技术的一体化整合，最大差别在于广泛引入了分布式处理技术和云存储技术。

（五）SaaS 应用模型

1. 服务模式

SaaS 应用出现在云计算之前，其前身是应用服务提供商（Application Service Provider，ASP）。SaaS 和 IaaS 之间的区别在于 SaaS 直接服务于软件的顶级用户，通常以租用模式提供服务。业界根据 SaaS 服务的特性定义了 4 个级别的成熟度模型。

(1) Level1 这个阶段可以看成是 ASP 模式，它解决可定制化的问题，但是它很难共享资源和扩展。

(2) Level2　仍旧是为了每个租户提供独立的实例，不过这些实例是相同的，可以进行代码复用，但是物理资源成本增加。

(3) Level3　实现了可配置、多租赁、用户自定义等多种功能，并且用户在同一个实例下。

(4) Leve14　在 Leve13 的基础上实现可扩展功能，此外，性能方面通过租户负载平衡器为不同的客户提供服务。

SaaS 应用需要突出以下方面的特性：多租户、可伸缩、定制化和随需应变。

2.核心技术

Sa SaaS 应用程序更侧重于呈现业务特征。在技术层面，首先，要充分利用底层 PaaS 提供的支持。其次，为最终用户提供全方位的服务，而不仅仅是功能，还包括性能、用户体验、灵活定制等。Salesforce 的 CRM 服务就是一个很好的例子。

云计算具有广阔的发展前景，关键相关技术也在快速发展。第一，当今的云计算系统消耗过多的能源，这是目前降低能耗、提高能源效率和构建高效冷却系统所面临的重大挑战。第二，云计算对市场化资源管理的支持有限。可以加强相应的服务水平协议，以更好地协商用户和服务提供商提供的服务质量。第三，要规范云计算接口，开发交互协议。支持不同云计算服务提供商之间的交互，共同提供更强大、更好的服务。第四，开发易于使用的编程环境和编程工具，让创建云计算应用更加容易，拓展云计算应用领域。第五，云计算还有很多问题需要解决，云计算应该进一步发展。

第六章
蔬菜质量安全溯源系统开发

第一节　系统设计原则

我国是蔬菜生产大国，但现在我国蔬菜生产组织力度低，生产水平低，生产方式落后，生产从业人员素质低，管控措施落实不够。实施标准化、规模化、集约化生产，是提高我国蔬菜产业竞争力、提高蔬菜产品质量安全的必由之路。本系统适用于蔬菜企业的规模化生产。设计应遵循以下原则。

一、功能完善

蔬菜产品质量安全追溯系统应能记录管理、查询管理、标识管理和信用管理的功能，对蔬菜质量安全追溯进行有效管理。

二、实用简便

由于系统用户为蔬菜企业，相关技术人员素质不高，因此系统设计需要结合蔬菜生产经营的特点，尽量实现界面简化，操作简单，易学易用。同时，应考虑尽可能降低使用成本，减轻用户负担。

三、安全性高

系统中的大部分数据都包含相关公司的敏感商业信息。各子系统使用环境复杂，运营管理人员素质参差不齐。因此，系统设计应考虑使用多个安全系统以确保不会发生篡改或意外，确保系统数据的安全性和完整性。

第二节　系统组成

蔬菜产品质量安全追溯系统适用于产供销一体化的蔬菜企业，具有中央管理系统、生产基地管理子系统、配送中心管理子系统、公众查询子系统。各子系统关系结构见图 6-1。中心管理系统作为服务器端，客户端有生产管理子系统、配送中心管理子系统，公共查询子系统只需要调用中央管理系统中的数据即可。

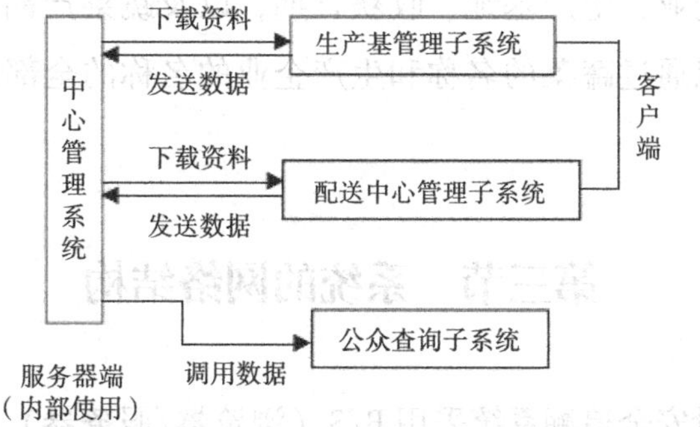

图 6-1　蔬菜产品质量安全追溯系统结构图

一、中心管理系统

中心管理系统安装在政府管理部门，由政府管理部门负责管理，包括企业档案、认证情况、基地建设和资料中心等模块，主要实现政府管理部门对蔬菜生产经营企业及其生产基地的档案资料管理，规范统一生产信息、蔬菜信息等标准，对蔬菜产品生产、流通情况及质量信息进行监控。同时作为服务器，它是系统范围的管理员和组织者，负责部署系统用户和设置权限。

二、生产基地管理子系统

生产基地管理子系统安装在工厂生产基地，包括企业档案、生产管理、检测管理、销售管理、资料中心等几个模块，主要负责蔬菜生产经营企业对生产基地的生产记录管理、产品质量管理、产品销售管理及生产基地的资料管理，还包括了农田代码的分配以及种子、农药、肥料的采购、储存和使用管理等功能，并采集蔬菜生产过程的质量信息，同时自动生成蔬菜产品质量追溯标签，打印追溯码标签。

三、配送中心管理子系统

配送中心管理子系统安装在蔬菜配送中心，包括企业档案、检测管理、销售管理、数据中心等模块，主要实现蔬菜生产经营对蔬菜产品的配送和销售管理，收集蔬菜产品的销售信息，并实现批发包装产品到零售包装产品条码的传递，并打印追溯码标签。

四、公众查询子系统

公共查询子系统与互联网相连，是一个功能单一的模块化子系统，为公众提供网上查询蔬菜追溯码的平台。公众可以输入完整的追溯码或片段，查询蔬菜的生产情况。企业、生产基地、收获日期，以及蔬菜产品的种植、施肥、施药等信息，也可以通过蔬菜的名称和生产企业的名称的全部或片段查找追溯码进行查询。

第三节　系统的网络结构

蔬菜产品质量安全追溯系统采用B/S（浏览器/服务器）体系结构，采用基于互联网的WEB技术，各个子系统分布在不同的区域，数据通过互联网发送、进入中心服务器，采用浏览器的方法进行数据录入、维护和查看。用户从客户端浏览器输入URL访问Web服务器，Web服务器请求数据库服务器，并将检索到的结果以网页的形式返回给客户端。Web服务器包含系统的应用逻辑，其主要任务是根据用户的请求，通过PHP程序连接数据库，向数据库服务器发出数据处理请求，然后再将数据库服务器的处理结果提交给客户端浏览。客户端是一个图形界面，为用户提供系统应用服务，帮助用户高效查询、检索和管理生产文件信息。

第四节　系统开发

一、系统开发平台

系统开发平台采用APPERV+PHP+MYSQL模式开发，开发语言为PHP，采用WEB技术和B/S体系结构，通过互联网对外连接。服务器端操作系统为Windows Server 2019 Enterprise，负责管理网站和发布信息，客户端为Windows XP。为保证认证系统的安全性能，可以使用多种安全手段，如防火墙、Internet安全隔离措施、设置多级用户组权限等。

二、数据库构建

蔬菜产品质量安全追溯系统采用先进数据库系统，在此数据库系统里建立所有的数据库，数据库可通过系统提供的图形操作界面工具轻松创建，并使用预先定义编写好的文件创建相应的应用内容数据表，这些表包含：企业信息、生产基地信息、配送中心信息、农药信息、肥料信息、农药肥料使用信息、耕作收割信息、产品及产品分类信息、追溯码信息，以及系统工作环境基础信息等。

第五节　系统实现的关键技术

一、蔬菜产品编码技术

蔬菜产品标识是蔬菜产品标识码，是构建追溯体系的关键之一。选择成本低且易于识别的EAN/UCC条码系统来识别蔬菜产品，根据蔬菜产品品种多、个体少的特点，以同批次作为蔬菜产品“标识”识别的依据，设计蔬菜产品编码。该追溯码作为蔬菜产品的唯一信息，可以提供产品信息、产地信息、生产日期信息。

二、数据分布存储、发送的技术

蔬菜产品质量安全追溯系统采用分布式存储和传输技术，可以保证操作电脑在断网、连网情况下都能正常工作。鉴于每个生产现场的环境不同，无法保证所有操作数据工作站持续在线。为了更好地利用该系统，可在系统设计中增加离线操作模式，允许用户临时使用数据。为确保数据的可靠性和运行的连续性，一旦工作站网络连接，立即进行数据传输和同步。

第六节　系统运行

蔬菜产品质量安全追溯系统已经投入实际使用。如在深圳无污染农产品质量监测站安装了中心管理系统，可实现对试点企业及其生产基地的管理，对蔬菜产品的生产、流通和质量信息进行监控，建立信用监管档案，实现了标识管理、责任管理和信用管理的目的。生产基地管理子系统安装在深圳市旺泰佳农业有限公司的蔬菜生产基地，有效实现了对蔬菜生产过程的跟踪管理，建立健全了生产记录档案，蔬菜生产过程的质量信息的采集和发送稳定可靠，蔬菜产品质量追溯标签的自动生成和打印功能顺利实现。配送中心管理子系统安装在深圳市旺泰佳农业有限公司配送中心，有效实现蔬菜生产经营企业对蔬菜产品的配送和销售管理。销售目的地信息采集传输稳定可靠，可成功实现蔬菜产品质量追溯标签的自动生成和打印功能。公共查询子系统与深圳市蔬菜质量安全网联动，消费者可以通过互联网方便快捷地查询蔬菜产品的质量信息。

第七节　小　结

蔬菜产品质量安全追溯系统的采用，增加了产品信息透明度，减少了蔬菜生产供应链过程中的各种信息不对称因素，增强了消费者的信心。同时，政府管理部门通过该系统提高监管效率，蔬菜生产经营企业规范企业生产经营管理，建立健全生产记录档案，提高生产管控效率，健全了企业内部质检机制，提高了产品品质，提高了生产者的诚信意识，提高了生产控制水平，增加了企业的竞争力，取得了优异的经济效益和社会效益。

采用信息技术对蔬菜生产流通实行数字化管理是今后发展的方向，但现阶段，我国农业生产流通及消费过程中普遍存在农产品二元结构的现象，即普通农产品和优质、安全的农产品同时共存，使用追溯系统会提高企业的生产成本，如果全面推广应用，超出了市场的承受能力，就会影响该系统的应用效果，给该系统的进一步推广应用带来难度，政府部门应积极扶持引导，规范市场，加强宣传，以点带面，逐步推进质量安全追溯系统的实施。

该系统初始化设置功能还不够简便，信息服务功能还需加强，这些都有待进一步研究。使用该系统会提高企业的生产成本，对企业的生产经营管理提出了更高的要求，企业应提高生产管理水平，提高操作人员素质，保证数据的真实有效性。

第七章
水产品质量安全溯源系统

随着经济全球化和水产品贸易的发展，水产品质量安全已经成为全球广泛关注的问题之一，世界各国都在开展水产品质量安全管理体系建设的研究工作。适应市场经济的新要求，提高水产品质量，增强水产品国际市场竞争力，已经成为保障群众切身利益、构建和谐社会的迫切需要，成为发展现代渔业、增收渔民、提高渔业效益、促进区域发展的重要手段。

进入 21 世纪，加入世界贸易组织后，我国水产养殖业面临前所未有的发展机遇。相关数据显示，越来越多的人开始将营养需求作为食品消费的第一需求。我国人均海产品消费量超过禽蛋。但是当我们买得起海鲜时，安全问题已成为一个不可逾越的问题。2006 年“中国餐桌十大危机事件”中，涉及水产品的有 4 件，包括北京市确诊 70 例因食用福寿螺感染广州管圆线虫病患者；出口阳澄湖大闸蟹检出致癌物质硝基呋喃类代谢物；上海市抽检冰鲜或鲜活多宝鱼，30 件样品中全部检出硝基呋喃类代谢物，部分样品还检出孔雀石绿、恩诺沙星、环丙沙星、氯霉素、红霉素等多种禁用渔药残留；香港抽检桂花鱼中含有可致癌的孔雀石绿。一系列水产品安全事件触动了人们对食品安全的敏感神经，引起人们的关注。

因此，为了提高水产品的质量和安全，建立和实施水产品质量安全管理体系显得尤为重要。

第一节　相关概念界定

一、水产品概念

水产品是一种具有特定经济价值的水中生活或生长的动物或植物原料，如鱼、蟹或甲壳类，按保存条件，水产品可分为新鲜、冷藏、冷冻、干燥、盐渍等。

二、食品和食品安全概念

（一）食品概念

《食品工业基本术语》（GB/T 15091—1994）中对“食品”的定义是可供人类食用或饮用的物质，包括加工食品、半成品和未加工食品，不包括烟草或只作药品用的物质。

《中华人民共和国食品安全法》（2021 年修订版）对“食品”的法律定义：各种供人食用或者饮用的成品和原料以及按照传统既是食品又是中药材的物品，但是不包括以治疗为目的的物品。

上述两个定义更完整地描述了食品，但仅限于最终产品。从综合质量控制的角度来看，广义的食品概念还包括生产食品的原料、原料在其生长和栽培过程中接触的物质和环境、食品添加剂以及所有的包装材料、生产设施以及影响食品原有品质的环境。

（二）食品安全概念

从国际上来讲，食品安全对应两个完全不同的名词：一是讲保障食物的供应方面的安全，即从数量角度，使人们既能买到，又能买起；二是讲食品质量对人体健康方面的安全，即从质量的角度，要求食品的营养全面、结构合理、卫生健康。现在后一种含义的突出和前一种含义的弱化，反映了我国在基本解决食物量的安全的同时，食物安全越来越引起社会关注。世界卫生组织将“食品安全”定义为：食物中有毒、有害物质对人体健康影响的公共卫生问题。食品安全性定义为“对食品按其原定用途进行制作和食用时不会使消费者受害的一种担保”。

真正意义上的食品安全可从五个方面来评价：

①营养食品的目的之一是提供必要的营养，但食品所提供的营养过剩或不足，对人体造成营养危害，特别是对某些人群如安徽阜阳奶粉事件中的受害婴幼儿被称为“大头娃娃”，因为奶粉中营养成分严重不足，导致宝宝发育停滞，四肢短小，身子瘦小，脑袋尤显偏大，被称为“大头娃娃”。

②天然成分是天然自成、生长和储存在食物中的有毒有害物质。例如，河豚中的神经毒素的毒性是剧毒氰化物的数百倍，它可以通过特殊的烹饪和加工从体内去除。如果储存不当，玉米往往会产生黄曲霉毒素。

③微生物污染食品是微生物生长的良好培养基。食物腐败、食物中毒和食源性疾病主要是由微生物引起的，如发生在美国的菠菜风波，是因为菠菜被水污染，携带大肠杆菌，致使人得病、死亡，患者扩散到全美洲。

④限制使用国家允许的食品添加剂，不得添加国家禁止的食品添加剂。违反这一原则会带来食品安全风险。目前，食品添加剂的滥用，是当前食品安全的主要问题，如“苏丹红事件”。

⑤化学成分是指食品中含有的有毒有害化学物质，包括直接添加和间接引入。当化学成分达到一定水平可引起急性中毒，如米粉、腐竹使用“吊白块”等，是加入有毒化学物质的典型例子之一。

综上所述，食品安全是指食品无毒、无害，符合应当有的营养要求，对人体健康不造成任何急性、亚急性或者慢性危害。只有达到以上要求，才是真正意义上的食品安全。

第二节　水产品质量安全溯源系统开发

水产品质量安全追溯体系是指各相关部门和系统为实现水产品质量安全目标分工协作而形成的一体化工作网络。其中法律法规体系、质量标准体系、检验检测体系、认证体系、科技体系和信息服务体系等都包括在水产品质量安全管理体系中。

一、系统建设与研究

系统建设主要由四部分组成：水产品质量安全信息采集与监控系统、基于RFID的水产品质量安全信息透明应用系统、水产品质量安全管理综合决策预警系统、水产品质量安全监控与预警信息平台集成。

（一）水产品质量安全信息采集与监控系统

水产品质量安全数据具有面积大、信息量大、参数多的特点，因此采用3S（GPS、RS、GIS）、传感器网络和常规检测技术，参考HACCP的应用食品生产加工系统，构建实时、动态、全面的水产品质量信息采集系统。在研究供应链全流程信息采集的基础上，主要研究基于传感器网络的水产品全流程质量信息采集技术，并与3S、常规传感有机结合技术搭建水产品质量安全信息采集平台。

◆针对水产品质量安全信息系统的特点，研究了通过传感器网络采集水产品源环境数据的方法。

◆将遥感技术提取的环境数据、GPS 精准定位数据、无线传感器网络环境数据和监测点人工提交的数据集中在数据采集平台上，实现利用传感器采集水产品质量信息。结合网络和 3S 技术，实现水产品质量信息采集。

◆在主要水产品示范生产区域，设立水产品质量安全自动监测站对鱼、虾、蟹等主要水产品质量、水质信息监测等，再利用网络信息技术将采集到的信息自动传输到信息采集中心。

（二）基于 RFID 的水产品质量安全信息透明化应用系统

利用 RFID 技术、EPC 标准和网络技术，构建水产品质量安全“物联网”，开发研制贯穿于水产品物流供应链全过程的信息透明化应用系统，为水产品质量和管理提供全面准确的电子信息。

◆利用 HACCP 体系思想确定水产品质量安全关键控制点，按照行业标准研究 RFID 水产品电子标签所要包含的信息，然后研究如何将这些信息的名词、术语、符号、代号、编码、生产流程等进行标准化，最后将信息写入水产品电子标签中的方法。

◆研制和开发出低成本的水产品质量安全的 RFID 读写器、电子标签、天线，并将其与传感器、仪器仪表、计算机硬件、服务器、网络设备、终端设备等集成，建立水产品质量的信息透明化硬件系统。

◆建立水产品全过程质量信息透明软件系统，研发 RFID 应用支撑系统，解决实时数据采集、采集数据的信息转换和存储、通过网络同步获取信息等问题，使每个 RFID 通过物联网将采集的水产品质量信息传输到对应路径和终端。同时可以根据物联网上获取的信息，对水产品上的电子标签信息进行处理，并为应用软件提供接口，最终建立水产品供应链信息透明应用系统。

（三）水产品质量安全管理综合决策预警系统

在国内水产品质量安全政策、环境和技术条件的基础上，建立水产品质量安全数据库，实现水产品质量安全跟踪监测、水产品风险评估、安全状况评估、预测和自动报警、质量安全问题追溯、质量安全信息服务，促进水产品市场流通和交易，最终建立水产品质量安全管理平台。

1. 水产品质量安全数据库

水产品质量安全数据库主要研究数据库标准规范、数据组织、数据库结构设计、基础地理数据库、生产环境数据库、生产输入数据库、有害微生物数据库、水产品生产主控技术数据库、水产品质量安全标准数据库，建立专业知识模型库等。

2.建立水产品质量安全管理综合决策预警系统

结合水产品的特点，利用数据挖掘技术，研究知识库、模型库和推理机的建立，并根据推理机逐步深入决策分析直至最终获取决策分析结果。

（四）水产品质量安全监控与预警信息平台的集成

水产品质量安全监测预警平台的实施，主要依赖于上述系统平台的整合，包括平台之间软硬件接口的实现，各平台的有机融合，打造水产品质量安全数据采集子系统、水产品质量安全问题跟踪追溯子系统、水产品安全管理决策预警子系统和水产品捕捞质量安全信息服务子系统，形成完整的质量跟踪平台。

通过水产品质量安全管理和追溯体系的建立和研究，构建水产品质量安全监测系统和预警系统，实现水产品安全全过程的数字化管控，从而提高水产品质量安全。

第八章
肉类食品加工质量溯源系统

第一节　肉类食品安全追溯系统的业务流程分析

产品质量安全“可追溯”包括产品质量记录控制、检验和试验状态以及不合格品的控制等直接因素，并且涉及采购、过程控制、检验、测量和试验设备的控制、纠正和预防措施、搬运、储存、包装、防护和交付等过程。欧盟将食品行业“可追溯性”定义为：在食品、饲料、用于食品生产的动物或用于食品或饲料中可能会使用的物质，在全部生产、加工和销售过程中发现并追寻其痕迹的可能性。当发现某一批食品不合格后，可以追溯到其经历的环节和使用的原料。如果不合格原因是一批原料不合格，就要继续追查出原料不合格的食品。从信息系统的角度来看，追溯包括两类：正向追溯（沿着生产过程的方向追溯，以预测潜在的质量危害）和反向追溯（逆着生产过程的方向追溯，以诊断已发生的质量问题的根源）。肉类安全追溯体系是一个从养殖、加工到销售的复杂网络结构。需要选择合适的模型描述来更好地组织系统，完成系统的推理，为食品安全预警和召回提供数据依据。

以牛肉加工的生产流程为例进行分析（图 8-1），起点是初生牛，终点是包装入库的牛肉，中间经过养殖、屠宰、排酸和分割等过程。在整个生产链中，流程复杂，追溯单元会产生变化，为保证溯源单位信息的一致性，需要给新的溯源单位添加新的标识。养殖环节主要对牛个体进行耳标标识，此时追溯单元是牛个体，在经过流程式操作后，胴体分为两部分，跟踪单元也改为两部分。需要添加新的标记以保持识别信息的一致性，剩余部分如内脏等的重量需要记录保存，之后是排酸。排酸后分成四份，因此需要再增加溯源单位。增加标识和保存二分体重量。接下来是剔骨分割，这个操作环节最为复杂，二分体在分割流程线上流动，而分割操作人员在接到肉块时，将负责分割部分完成后，会把肉块传给下一个操作人员。在这过程中可能会因为操作速度的快慢不同而打乱预定的操作顺序，出现追溯单元的交叉放置和叠加。这个环节主要是产生新的追溯单元，因此需要对新的追溯单元给以新的标识。最后称重包装、金属探测阶段，如果需要再分割成更小的追溯单元，则需要增加新的标识来保持追溯的一致性，同时记录最后产品信息。

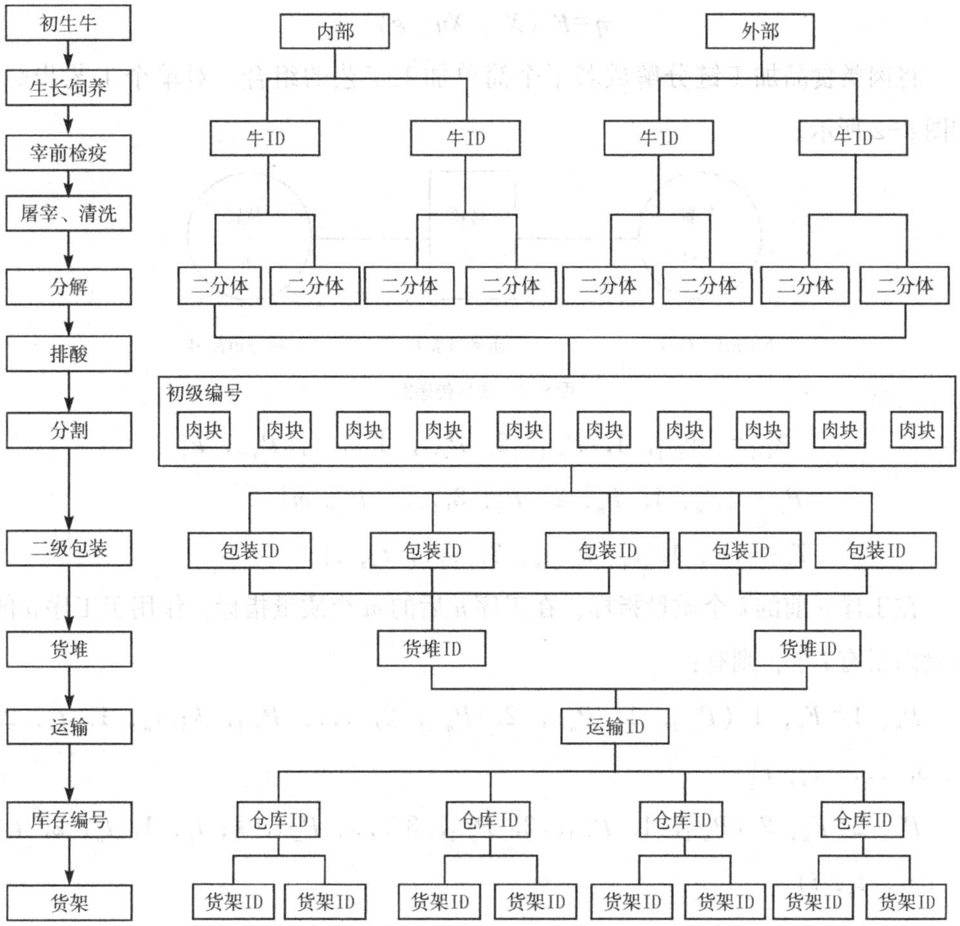

图 8-1　牛肉生产加工流程图

第二节　肉类食品生产质量危害传递关系分析

影响肉类食品质量的因素很多，如活体动物的状况、卫生检疫条件、温度、包装（方法、材料）、交叉污染、操作规范等。从质量控制的角度分析，质量因素分为操作人员（man）、机械（machine）、原材料（machine）、操作方法

(method) 和工作环境（environment），称为 4M1E。

有的质量因素是可以测量和检验的，有的则可以用数值表示，通常称为定量因素；而另一部分是部分不能或难以测量的，只能通过人的感官进行判断，如操作人员的劳动态度等，这类因素通常称为定性因素。这里，我们用 Xc 表示定量因素，Xu 表示定性因素，ε 表示偶然因素，用 η 表示质量指标的真值（理论值）。由于质量指标的数值是由质量因素 Xc，Xu 及 ε 共同决定，故一般有：

$$\eta=F\ (Xc,\ Xu,\ \varepsilon)$$

将肉类食品加工链分解成若干个简单加工工艺的组合。对单个工艺步骤，如图 8-2 所示。

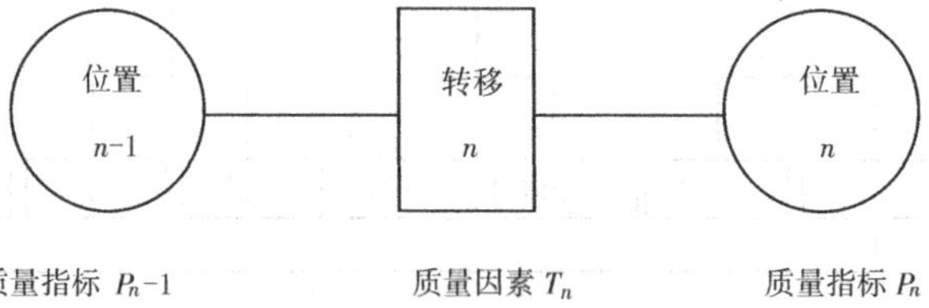

图 8-2　质量传递图

$$P_{n-1}=\ \{P_{n-1},\ 1,\ P_{n-1},\ 2,\ P_{n-1},\ 3,\ ...,\ P_{n-1},\ k\}$$

$$P_n=\ \{P_n,\ 1,\ P_n,\ 2,\ P_n,\ 3,...,\ P_n,\ m\}$$

$$T_n=\ \{t_n,\ 1,\ t_n,\ 2,\ t_n,\ 3,\ ...,\ t_n,\ i\}$$

在工序 n 前的 k 个质量指标，在工序 n 后的 m 个质量指标，作用于工序 n 的质量因素有 i 个，则有：

$P_n,\ 1=F_n,\ 1\ (P_{n-1},\ 1,\ P_{n-1},\ 2,\ P_{n-1},\ 3,\ ...,\ P_{n-1},\ k;\ t_n,\ 1,\ t_n,\ 2,\ t_n,\ 3,\ ...,\ t_n,\ i)$

$P_n,\ 2=F_n,\ 2\ (P_{n-1},\ 1,\ P_{n-1},\ 2,\ P_{n-1},\ 3,...,\ P_{n-1},\ k;\ t_n,\ 1,\ t_n,\ 2,\ t_n,\ 3,\ ...,\ t_n,\ i)$

$P_n,\ m=F_n,\ m\ (P_{n-1},\ 1,\ P_{n-1},\ 2,\ P_{n-1},\ 3,\ ...,\ P_{n-1},\ k;\ t_n,\ 1,\ t_n,\ 2,\ t_n,\ 3,\ ...,\ t_n,\ i)$

传质函数是质量溯源的基础，建立传质函数主要有三种方法：逻辑分析、统计分析和机制分析。如果推断是正确的，使用逻辑分析本身不会导致统计质量控制错误。通过应用统计分析技术，根据大量历史数据进行数学分析，可以得到变量之间的统计规律，其优点是不需要考虑过程机制，只应用统计回归分析建立系统的输入和输出之间的关系。而机制分析方法的使用是基于对过程的物理和化学机制的分析，推导得出描述操作变量与状态变量及输出变量之间的函数关系。

第三节　食品安全追溯系统中追溯单元分析

基于溯源和溯源供应链问题的定义，抽象出现实世界中溯源问题的主要影响因素，分析各因素之间的关系，建立相应的溯源供应链概念模型。

追溯分为向上追溯和向下追溯，向上追溯基于一个或多个标准，可以追溯到供应链中任何一点的原始标识信息和属性，一般用于出现质量或安全问题后，找到产生质量问题的根源；向下追溯一般用于产品召回，它是根据一定的识别标准，从供应链的任何一点向下，找到存放地点。

可追溯单元是肉类食品供应链一个具有独立标识的实体，从追溯的角度来看，该标识是唯一的，与供应链中其他实体的标识不同。追溯单元的定义和建立是实现质量追溯的第一步，作为单元控制的一组实物材料，追溯单元需有唯一标识被识别。根据追溯单元，不仅可以跟踪原材料批次，还可以跟踪原材料转换或包含的产品批次、运输批次等。对不同行业和不同企业、原料对质量影响的程度需要运用不同的追溯形式表现。

虽然追溯单元的定义比较明确，但是在食品的实际生产过程中，需要根据不同的生产特点、管理方式、成本要求及质量参数要求等因素，按批量的大小来组织其追溯对象，如按一定的时间段、每次的检验间隔、客户订单、单件产品等方式进行。如果将食品生产过程按照时间序列划分成一小段，可得到不同的产品状态，依据产品状态，有的按产品单件标识，有的只能依据一个大的批次标识，还有的产品处在混合了批次而无法按较准确的批次标识的状态。根据这样的划分方式，相应追溯组织形式即可分为：按单件追溯、按时间追溯、按批次追溯。

肉类食品生产过程包括两种类型：一是流程式生产，即将一种原料经过多道工艺后制成多种产品；二是混合型生产，即把各种主料与辅料混合。以牛肉肠为例，熏烤过程属于可一对一跟踪的流程生产，而填馅属于混合型生产。对于混合型生产的流程，以时间和批次的形式来追溯：在产品原材料进厂时，需要建立所有原材料的入库检验记录，可分为原辅材料和包装物材料两类；在辅线生产中，按照特定的频率进行在线采样，并在每次抽检时记录原辅材料的使用情况；对于每一种材料，当有变化或新的一批材料投入时，都需要进行检验，检验记录每个项目使用的批号（检验批号）。由此：

①灌肠过程是混合性的生产，没有明确的成品批次概念。所以成品的追溯只能是通过生产时间进行追溯，在追溯时根据具体的生产时间，查询相应时间的原辅材料和包装材料的批次。

②熏烤过程，根据每次生成的一个批次号，记录当批原料的各种投料批次。

③由于最终的成品是按照时间进行追溯的，为保证追溯的准确性，在每次主要物料换了批次后，须重新检验，记录当时的物料使用情况。以批次为依据的可追溯性管理需要有经济性、复杂性等方面的考虑。不同生产特点和特征的产品存在着一对一、一对多等多种的批次质量追溯关系。

追溯单元的活动特性分析是肉类食品安全追溯业务流程优化的基础。同时，食品追溯体系是食品安全管理的有效手段之一。与世界畜牧业发达国家相比，中国畜产品可追溯系统建设还处于初级阶段，追溯技术和方法尚不成熟。随着消费者对食品安全的关注，消费者要求产品生产过程透明化不断提高。此外，畜产品的信息化管理发展势头迅猛。同时，随着肉类产品出口的需要，追溯系统和追溯编码体系也将逐渐与国际接轨。